基于法律法规的班主任工作策略

李宜江　柳丽娜　主编

合肥工业大学出版社

图书在版编目(CIP)数据

基于法律法规的班主任工作策略/李宜江,柳丽娜主编．—合肥:合肥工业大学出版社,2011.6

ISBN 978-7-5650-0442-1

Ⅰ.①基… Ⅱ.①李… Ⅲ.①教育法令规程—中国②中小学—班主任工作
Ⅳ.①D922.16②635.16

中国版本图书馆CIP数据核字(2011)第045992号

基于法律法规的班主任工作策略

李宜江　柳丽娜　主编　　　　责任编辑　方立松　王磊

出　版	合肥工业大学出版社	版　次	2012年2月第1版
地　址	合肥市屯溪路193号	印　次	2012年2月第1次印刷
邮　编	230009	开　本	710毫米×1000毫米　1/16
电　话	总编室:0551—2903038	印　张	16
	发行部:0551—2903198	字　数	274千字
网　址	www.hfutpress.com.cn	印　刷	合肥星光印务有限责任公司
E-mail	hfutpress@163.com	发　行	全国新华书店

ISBN 978-7-5650-0442-1　　　　定价:30.00元

中小学班主任培训丛书编委会

中小学班主任培训丛书总序

中小学班主任工作既是一门科学,也是一门艺术。她的科学性要求中小学班主任老师认识规律,掌握方法,不断探索;她的艺术性要求中小学班主任老师倾注爱心,真情投入,不断创新。中小学班主任老师只有在这种不断的探索和创新中,才能时常涌现教育的灵感,才能真切体现人生的价值。而这种探索和创新的基础就是学习——一种符合中小学班主任专业成长实际需求的有效学习;以科学的精神组织起来的中小学班主任培训工作则是指导和帮助中小学班主任老师进行有效学习的必要手段。

自2009年以来,芜湖经济技术开发区社会事业局和芜湖市弋江区教育局委托我们率先对所辖中小学的班主任老师进行系统的岗位培训,并实行持证上岗制度。我们依据《中共中央和国务院关于进一步加强和改进未成年人思想道德建设的若干意见》和教育部《关于进一步加强中小学班主任工作的意见》以及教育部《中小学班主任工作规定》的精神和要求,在组织中小学班主任老师和中小学校长会同相关专家学者多次研讨的基础上,确定了中小学班主任岗位培训的目标,即让参训学员在进一步明确岗位责任与角色使命的同时,帮助他们掌握系统的有关中小学班主任工作的心理学、教育学、管理学和政策法规知识,使他们在知识储备和思想理念方面,能够符合作为"班级工作的组织者"、"班集体建设的指导者"、"学生健康成长的引领者"、"沟通家长和学校及社区的桥梁",以及"学生的人生导师"等角色要求。围绕这个培训目标,我们进行了相应的课程设计,并根据课程教学的需求,约请了安徽省该领域最具代表性的学者进行了有针对性的备课;在进行四轮培训实践后,我们再组织主要授课学者结合培训效果和深入了解到的学员需求,对教学内容进行系统的整理完善,从而形成了本套丛书。

我们编委会的成员都一致认为:我国的中小学班主任工作已经迈入了一个崭新的时代,它的主要特征就是:中小学老师只凭经验已经无法胜任班主任工作,中小学班主任必须要尽快走专业化发展的道路。我们作为教育科学理论工作者和教育系统的继续教育工作者,有责任有义务为迎接这一崭新时代的到来而做出应有的贡献!

承泽恩

2012年元月

目 录

第一章 依法治教：时代发展的必然

案例导读：某日课外活动期间，初一（4）班舒颖等十几名女学生在操场上进行踢毽比赛。初一（5）班的男生古某某（12岁）油腔滑调地冲着舒颖叫喊“大奶”。众目睽睽之下被人叫着特别难听的外号，舒颖刹那间脸涨得通红，觉得无地自容，扭头跑回了教室。睡觉前，舒颖在打水时，又碰到古某某。古某某毫无顾忌地喊“大奶”。舒颖扔下脸盆，跑回宿舍号啕大哭。同学王某某见事态扩大，连忙报告值勤老师。学校教务处主任林某根据值勤老师的反映了解了一下情况，决定让古某某写个检讨，第二天早上到教务处接受处理。

第二天早自习后，古某某拿着检讨到教务处承认错误。而此时教务处主任林某已从舒颖及其他女生那里得知的情况比预想得更严重。十多个女生反映：古某某喜欢跟女同学开玩笑，喊某同学是他老婆，叫舒颖“大奶”，喊刘培“三陪”等。她们强烈要求将古某某从她们身边赶走。教务处林主任认为古某某的行为不限于给同学起外号那么简单，已触犯了校规，决定对他大会点名批评。

上午9点，按老师的要求古某某走上令人瞩目的主席台。教务处主任林某手提扩音喇叭，向全校1800学生宣布：请大家看看台上这位同学，他是初一（5）班的古某某，他有个特点，语言不文明，经常给女同学起侮辱性绰号，这里不但要大会点名批评，而且还必须请家长来消除影响。希望大家不要向他学习，引以为戒。课间操后，古某某仿佛感到同学们都在用鄙夷、嘲讽的目光看着他，背后在议论他。连平时要好的同学也对他唯恐避之不及，孤独感、被人歧视感阵阵袭上心头。下午三时许，古某某的母亲闻讯赶到学校。教务处主任林某把事情经过做了介绍，要求把古某某带回家中严格教育。两个多小时后，古某某在家中自服敌敌畏，经抢救无效死亡。（材料来源：雷思明著：《给教师的60条法律建议》，华东师范大学出版社，2010年版，第7

页，编者有所改编。)

对于犯了错误的同学，班主任、教师该如何批评教育？轻了，不管用；重了，学生有可能心生怨恨，甚至做出极端的行为。度在哪里？度就在于班主任、教师的教育方式、方法是否恰当。班主任、教师对学生进行批评教育应当遵循一定的原则，有所为有所不为，不能突破法律的底线。

第一节　依法治教：教育管理的基本理念

教育发展是当今世界各国普遍关注的重大问题。人们越来越深刻地认识到，社会的文明和进步在很大程度上取决于教育的发展。经济的竞争、科技的竞争归根到底是人才的竞争、教育的竞争。因此，世界各国都把教育放到了重要的位置。

世界各国发展教育的一个重要经验就是通过法律这一高度专门化的社会组织手段来实现对大规模的教育事业的调控和发展。社会发展从来不是自发的过程，尤其是经济的发展不会自动带来教育的发展，不会自动解决种种社会问题。必须通过一种社会的组织手段，来保证教育的协调发展，才能使教育真正发挥它在现代社会中应有的作用。因此教育法就是现代教育发展中的一个理性选择，是世界各国发展教育的一个共同经验。

一、教育与法律①

法律是人们行为时必须遵循的一种“规矩”，是国家制定或认可的、由国家强制力保证其实施的一种社会调节手段。借助于它，一定社会的社会关系和社会秩序才得以建立和维护，社会的结构才得以完整和谐，彼此间的活动才表现得有条不紊，整个社会机体才得以运转灵活。

然而，法律的上述功能在不同的历史时期和不同的国家，其涵义是不同的，也就是说，法律发展的历史过程是同人类文明进步的历史过程相联系的。法律的发展至今已经历了数千年之久，作为一种高度专门化的社会组织形式，

① 本部分内容主要参考教育部人事司组编．高等教育法规概论［M］．北京：北京师范大学出版社，2000：1-4.

法律与道德、习俗和宗教分离并成为社会控制的主要手段，这是现代社会才出现的事情。由于人类文明的进步，社会现代化的发展，社会生活变得日益复杂。新的社会经济秩序不仅需要法律，而且需要大量的法律；不仅要求法律必须具有强制性、权威性，而且要求法律运用必须具有确定性、一致性和稳定性。现代法律不仅表现为数量的大规模增长，更主要的是表现为法律地位的增强，法律调整领域的扩大，并成为社会控制的主要手段，所有其他社会控制手段只能行使从属于法律并在法律确定范围内的权力。法律的这一变迁过程实质上就是一个法律社会化、社会法律化的过程。现代法制就是在这一过程中形成和发展起来的。

教育活动是在人类的社会生产和社会生活中产生的，反映种族繁衍、社会延续需要的一种有意识、有目的、有计划的社会实践活动。但在人类社会的早期，进学校、受教育只是少数人的特权。教育规模狭小，主要是教师、学生及其家长之间的私人活动。国家尽管要影响和控制教育，但这种影响和控制一般都具有幕后的和间接的性质，而不是直接介入教育。在这种情况下，教育与法律之间并没有什么必然的联系，也无所谓教育法。

现代教育区别于以往任何一种教育的另一特征就是教育教学活动的日益复杂化和有序化，这是教育日益普及化和社会化的一个直接结果。现代社会的发展产生了对人才数量和规格的规定性，同时也产生了对人才培养的规定性，从而形成了现代社会特有的教育制度。这种制度要求废除封建社会培养、选拔人才的做法，扩大受教育机会，广泛培养各级各类人才。这种制度要求打破传统的学校体系，同社会的人才需求结构相适应，把学校纵横联系、统一协调起来，建立统一的教学计划、教材和教学质量标准，形成一个幼儿、青少年、成人教育纵横贯通，学校、社会、家庭密切配合的一体化教育体系。显然，复杂的教育运行过程要做到有序化、科学化，仅仅依靠教师的个人努力是远远不够的。它要求教育工作必须依准于法，体现国家的整体利益，不允许任何人违背它；它要求学校的教育教学活动应有一定的行动方式和程序，一切财物的使用和管理也应有一定的规格和使用规范。只有这样，才能保证学校教育目标、方向的正确以及教育教学活动的连续性和稳定性。从世界各国的教育立法实践看，教育工作规范化、制度化的要求极大地推动了教育法的发展。在教育发展规划的制定，教育经费的筹措、管理，教育方针，学校制度的规定，教育课程、计划的编制，教科书的编写、审定，入学、升学、毕业工作，学位授予，学校教学设施的标准，班级编制标准，教师身份、工作条件、工资、职称，教师编制及培养等领域，法律的规范作用和调节作用都在不断加强。

总之，法律的发展是与社会的发展与进步紧密联系在一起的，它是社会发展的一种要求，体现了一种社会进步。教育法是现代教育发展的产物，是现代国家的一个重要的立法领域。随着现代教育的发展，它不仅表现为法律数量的大规模的增长，而且表现为法律地位的增强，法律调整范围的扩大，以及法律向教育领域的各个方面、各个层次进行的愈来愈大规模的功能扩张。

二、依法治教的涵义

依法治教是国家机关及有关机构依照有关教育的法律规定，在其职权范围内从事的治理教育的有关活动，以及各级各类学校及其他教育机构、社会组织和公民依照有关教育的法律规定，从事的办学活动、教育教学活动及其他有关教育的活动。其本质在于揭示了法律手段是管理教育的基本手段，是法律在教育中的权威体现，建立社会主义法治教育是实现教育改革的政治目标。

"依法治教"重点强调两个方面：一是法律，二是管理。前者要求加快教育法制建设，即加强教育立法，后者要求依据这些法律来管理教育事业。早在1997年，当时国家教委的负责人在讲话中曾指出："教育法制建设不断完善，教育执法力度进一步加强，依法治教的观念正在逐步形成。"[①] 从中可知，教育立法和教育执法是"依法治教"的两大支柱。到了2010年，教育部在当年的工作要点中指出："坚持依法行政、依法治教、依法治校"，[②] "依法治教"是教育行政部门"进一步转变职能，树立良好作风"的内容之一，要求政府依法行使管理教育的职能。因此，"依法治教"的提出，实为中国的教育与法律之间确立了一种目的与手段的关系，其思想主旨是反对过去计划经济体制下形成的以政策、行政手段管理教育的方式而代之以依法管理，这种认识有着重要的历史价值。[③]

依法治教的必要性。知识、科技、人才是重要的生产要素。随着社会主

① 参见《国家教委关于印发朱开轩同志在国家教委1997年教育工作会议上的讲话和〈国家教委1997年工作要点〉的通知》.

② 参见《教育部2010年工作要点》.

③ 梁兴国．法治时代的教育公共政策：从"依法治教"到"教育法治化"［J］．政法论坛，2010（6）：169-170.

义市场经济体系的完善，生产要素市场的建立、健全，特别是知识经济的到来，教育从经济社会的边缘进入经济社会中心，教育对经济发展的间接作用转变为对经济发展的内在的、直接的作用。教育以具有全局性、基础性、先导性的作用进入市场。而市场经济从本质上讲就是一种法治经济，市场经济条件下的教育也必将是一种法治的教育。实行“依法治教”，是教育事业发展的必然趋势。

1999 年九届人大一次会议通过了宪法第 13 条修正案，首次将“依法治国，建设社会主义法治国家”的宪法基本原则确立下来，“依法治教”也由此有了宪法的依据，成为教育事业必须遵循的准则，乃至追求的目标。依法治教的实质，就是要求所有的教育法律关系主体必须在合法的权限内按照合法的程序作出合法的行为。合法的权限、合法的程序、合法的行为三者缺一不可，任何有悖于这三者之一的教育行为都不能说是依法治教，而是相反。①

从广义上说，依法治教也包括依法治校，若从狭义上说，依法治教更多的是调整政府与学校的关系，而依法治校，调整的是学校内部关系。调整的关系不同，实质却是相同的。早在 2003 年，教育部就下发了《关于加强依法治校工作的若干意见》，并开展了依法治校示范校的创建活动。关于依法治校的内容本章第二节有详述，此处不再赘述。

依法治教使我们必须认识到：教育管理者必须依法行政，任何权力的行使均不能超越法律所规定的权限，否则，越权或滥用职权都是违法的。另外，在作出涉及学生、教师的根本利益或前途的决定、处分之前，必须听取对方的意见，给予申辩的机会，在条件许可的情况下，还要举行听证会，保证对方程序上权利的实现，剔除过去那种学校、管理者居于绝对权力地位的状况。在现时代，我们必须认识到：学生、教师是有权利的主体，学校必须依靠教师、学生、家长的共同参与，要扩大家长的参与权利，接受社会的监督，逐步建立尊重学生、教师人权的学校制度，建立开放、民主的学校体系，才能使学校教育获得更好的发展。追求合情、合理与合法的统一是依法治教对学校教育和管理提出的必然要求。②

---

① 尹力．论依法治教的实质［J］．中国教育学刊，2002（4）：41.

② 尹力．论依法治教的实质［J］．中国教育学刊，2002（4）：44.

三、我国依法治教的历程①

中国是一个有着优秀文化传统的文明古国，但是其现代教育制度则是从西方国家引进的，最初只是西方教育制度的一部分。1911 年，孙中山先生领导的辛亥革命推翻了统治中国几千年的封建君主专制制度，建立了“中华民国”。民国时期，各派政治力量纷纷登上历史舞台，彼此之间为推行不同的政治主张进行着激烈的交锋，它对中国教育的变革与发展产生了深刻影响。从总体上看，教育仍要打上半殖民地半封建的烙印。但是，中国教育正是在这一时期才真正迈开了从传统旧教育走向现代教育的步伐，通过学习先进国家的教育及其管理等方面的成熟经验，制定了较为系统的中国教育法规，建立了较为完整和系统的学校教育制度。

新中国成立以后，开始有了全新的教育制度和教育法。中国的教育法在 20 世纪 80 年代，有了长足的发展，教育法体系初步建立。

中国当代教育法与国家政治、经济制度的建立和发展，以及国家整体法制建设基本同步，大约可以“文化大革命”为界限，分为“文革”前、“文革”中、“文革”后三个不同的发展阶段。

新中国成立后，我们党和政府也颁布了一些教育法规，但很长一段时间内，教育法规不仅未成体系，而且执行不力，特别是“文革”期间，连宪法尚且是一纸空文，遑论教育法规。

自 1949 年新中国成立至 1966 年“文化大革命”开始，这期间教育立法出现两次高潮，一次是新中国成立初期，另一次是 60 年代初期。新中国成立初期教育立法的主要依据是《中国人民政治协商会议共同纲领》和 1954 年制定的新中国第一部宪法。新中国成立后，教育立法是围绕着“从帝国主义手里收回教育主权；妥善地接收全国的学校；取消国民党反动派对学校的法西斯教育和特务统治；建立社会主义教育制度”这一任务展开的。这些教育法规在当时起了积极的作用。

60 年代初的第二次教育立法高潮，是在 1961 年国家对教育实行调整、巩固、充实、提高的方针，纠正学习前苏联经验中出现的不切合中国实际以及忽视法制和教师主导作用的“左”的错误的基础上展开的。教育部按照中共

① 本部分内容主要参考刘立的相关研究成果，并在“文革”后教育法制化发展时期的划分上，编者增加了第四个时期（有中国特色社会主义教育法律体系初步形成时期）。刘立．教育法通论［M］．武汉：湖北教育出版社，2003：24-27.

中央的指示草拟了《教育部直属高等学校暂行工作条例》、《全日制中学暂行工作条例》、《全日制小学暂行工作条例》，即后来被简称为“高校60条、中学50条和小学40条”的三个重要法规。这些法规总结了新中国成立以来，特别是1958年教改以来的正反两方面的经验，为各级学校工作规定了明确的工作方针，维护、规范和推动了当时的全国教育工作。

自1966年“文化大革命”开始至1976年“文化大革命”结束，这一时期是我国立法的空白时期，也是教育立法的空白时期。“文革”是人类文明史上罕见的浩劫，中国的文化教育事业遭到了空前严重的摧残，所有的学校都停止了正常的教育教学活动，教师无法教书，学生无法读书。这是一个“无法无天”的疯狂年代，不仅教育法律制度被破坏殆尽，国家的一切的法律制度也都被破坏殆尽。

自1976年粉碎“四人帮”至2010年《中国教育改革和发展规划纲要》（2010—2020），这期间，教育立法经过恢复期、发展期、高涨期和有中国特色社会主义教育法律初步形成期四个时期。

教育法的恢复时期，是指从1976年粉碎“四人帮”到1982年新《中华人民共和国宪法》颁布期间，在拨乱反正的基础上，恢复了学校的教学秩序，恢复了停止十余年的高考，重新颁发了大、中、小学的《工作条例》，教育立法迎来了自己的春天：1980年全国人大常委会制定了新中国成立以来第一部有关教育的法律《中华人民共和国学位条例》。

教育法的发展时期，是指从1982年新《中华人民共和国宪法》颁布至1995年《中华人民共和国教育法》制定和施行期间。新宪法的制定是我国法制建设史上最重要的里程碑。它不仅是我国安邦治国的总纲领，也是我国教育立法的最高依据和教育法的最高最重要的渊源。新宪法以众多的条款对我国教育的方向、教育基本原则、教育基本制度作出了明确的规定，使我国教育发展和教育立法走上了有法可依的坦途。此间，不仅制定了《中华人民共和国义务教育法》（1986）和《中华人民共和国教师法》（1993）两部重要教育法律，还制定了若干重要教育行政法规和规章，并对新中国成立以来的教育法规进行了整理和汇编，还有相当数量的地方性教育法规的颁行，大大丰富和完善了我国教育法律体系。

教育法的高涨时期，是指从1995年《中华人民共和国教育法》的颁行至2006年《义务教育法》修订前夕。教育基本法的颁行既是我国教育立法的划时代的里程碑，又是我国教育立法走向成熟的标志。

有中国特色社会主义教育法律体系初步形成期，是指从2006年9月新修订的《义务教育法》颁布实施至2010年7月《中国教育改革和发展规划纲要》(2010—2020)颁布实施。“从义务教育发展来看，关乎整个民族素质的提高和民族的复兴，对整个教育的发展具有奠基性意义和深远的历史作用，是义务教育的一个新的里程碑。无论从义务教育本身、教育法制建设，乃至中国教育事业的发展来说，对《义务教育法》无论怎么评价都不为过”。[①] 义务教育均衡发展的理念首次写进《义务教育法》，是中国教育法制现代化的体现，是逐步完善中国特色社会主义教育法律体系的有益实践。2007年中共十七大报告强调指出，要全面落实依法治国基本方略，加快建设社会主义法治国家。要坚持科学立法、民主立法，完善中国特色社会主义法律体系。加强宪法和法律实施，坚持公民在法律面前一律平等，维护社会公平正义，维护社会主义法制的统一、尊严、权威。《中国教育改革和发展规划纲要》(2010—2020)进一步强调要推进依法治教。完善教育法律法规。按照全面实施依法治国基本方略的要求，加快教育法制建设进程，完善中国特色社会主义教育法律法规。根据经济社会发展和教育改革的需要，修订教育法、职业教育法、高等教育法、学位条例、教师法、民办教育促进法，制定有关考试、学校、终身学习、学前教育、家庭教育等法律。加强教育行政法规建设。各地根据当地实际，制定促进本地区教育发展的地方性法规和规章。要全面推进依法行政。大力推进依法治校。完善督导制度和监督问责机制。至此，有中国特色社会主义教育法律体系已初步形成，并在规范、调整、保护教育事业健康持续发展的过程中逐步完善，形成教育事业健康持续发展与教育法律保驾护航的良性互动态势。我国依法治教从此走上健康、快速发展的轨道。

第二节　依法治校：学校内部管理的必由之路

学校教育发展到今天，已经较为完善且复杂。中小学内部的管理日显重要，学校管理是凭借某位英雄式校长的个人经验或者远见卓识，还是凭借健全的规章制度，值得我们认真思考。“一个好校长就是一所好学校”，其实质是“人治”的一种表现。这个口号的出现，在学校教育内部管理尚不规范的

① 中国义务教育发展新的里程碑———全国人大常委李连宁解读新《义务教育法》九大突破[J]．中国农村教育，2006（10）：8.

昨天尚且可以理解，在今天，若是一个学校尤其是一个发展相对成熟的学校，还把学校自身的命运寄托在一两个“英雄式”的校长身上，就让人多少有些遗憾了。促进学校持续、健康发展的必由之路就是学校内部管理逐渐走上制度化、法治化的轨道。

一、依法治校的涵义

依法治校，简言之，就是学校管理者，依据有关法律和法规，并依据法定程序来实施学校管理的行为和过程。依法治校是法制社会对学校管理者提出的客观要求，是依法治国原则对学校管理工作的基本要求，是依法治教工作在学校管理中的具体体现。所谓“依”，是指依据和根据。要澄清一种模糊认识，即把依法治校理解为“以罚制校”，一字之差却有着重要区别，所以，不能简单地理解为仅仅是把法律作为工具和手段来治理学校和办一切事情，而是把法律作为管理学校的依据和最高权威之意，即作为管理者，要体现一种法治精神。所谓“法”，是指学校管理之法源，这里有广狭两种理解，广义的“法”不仅包括专门的教育法律、法规和规章，如《教育法》、《教师法》、《义务教育法》等，还应包括《宪法》中有关中小学校教育之内容，同时其他与学校教育有关的法律、法规和规章及规范性文件，如《未成年人保护法》、《妇女权益法》、《残疾人权益保障法》等，也涉及有关民法、刑法、行政法等各部门法。狭义上主要是专指有关中小学校教育方面的法律、法规和规章。中小学依法治校所依之法，宜从广义的角度来理解。所谓“治”，是指管理，而非管制，是管理和服务的统一；不是消极地运用法律来管治学校，而是指在学校管理中能动地开展依法育人、依法管理。不能把依法治校片面地理解为“以罚治校”，法律除了具有惩罚、警戒、预防违法行为的功能，还有评价、指引、预测人们行为，保护、奖励合法行为，以及思想教育等基本功能。中小学实行依法治校，不能仅仅注重法律的惩罚功能，而忽视法律的其他基本功能。

依法治校主体的范围十分广泛。从教育法律关系上看，因主体和对象不同，对依法治校有不同的理解。从国家机关以学校为对象进行管理的角度而言，主要是指各级权力机关，即各级人民代表大会及其常务委员会；各级审判机关、各级检察机关，即各级人民法院和人民检察院；各级行政机关，即各级人民政府及其职能部门；还有各级教育主管部门及其他有关行政部门对学校各项具体事务的依法管理。各级权力机关有权制定教育方面的法律法规，间接对学校进行管理；各级法院依法审理有关学校教育的案件；人民检察院依法进行检察监督；这就等于从外部依法管理和规范学校行为，管理与学校有关的事务，并保护学校的合法权益。从学校管理者的角度来说，是以学校的各项内部事务为对象，依法管理学校。所以，中小学依法治校，作为一个学理概念，从教育法学角度界定，是指各级机关及教育等各职能部门依法治理中小学校之意；从学校管理学的角度而言，是指中小学校校长等管理者对学校各项事务进行依法管理。

具体而言，依法治校有四层含义①：第一，学校必须依法取得办学权。在我国，按照学校举办者分类，可以分为公立学校和民办学校，前者属于国家设立的公共教育设施，后者属于社会力量使用非国家财政性经费设立的公益教育设施，尽管有此区别，但这两类学校依法都是社会主义教育事业的组成部分，共同承担培养社会主义的建设者和接班人的任务。两类学校的办学权都须依法取得。第二，学校必须依法自主行使办学权。学校依法行使办学权的“依法”，既是指学校遵循实体法的规定，也是指遵循程序法的规定。所依之法不仅是指教育法律、教育法规和教育规章，也是指其他有关的法律、法规和规章。有法必依是法治社会的一项基本准则。我国教育法律法规，对学校的自主办学权利，以及相应的义务作出了具体规定，故而学校实施的教育教学等管理行为和其他的办学行为都必须遵守法律法规的规定，实现学校运行的制度化、规范化、程序化，才能保障办学活动在法治的轨道上健康运行，才能依法保障学生、教职工、学校和举办者的合法权益。反之，不依法办学就有可能滥用自主办学权，学校运行就有可能处于无序化、随意化、专断化的状态，侵犯学生、教职工、学校举办者的合法权益就不可避免。第三，学校行使办学权必须受法律监督。学校有权依法自主办学，同样学校也要依法接受监督，这是《教育法》确定的学校的法定义务。因此学校在自主办学过程中实施的管理行为不仅应当接受教育行政部门的监督，也应当接受司法监督。在现代法治社会，学校对于受教育者的受教育权和教师的工作权的限制，在一定条件下也要接受司法审查。第四，学校违法办学、滥用办学权必须承担法律责任。违法办学是指学校违反法律法规的规定办学。滥用办学权是指学校行使办学的自主裁量权违反了法律规定的目的。“有权必有责、用权受监督、侵权要赔偿”，这是法制的基本原则，它同样适用于学校的管理工作。《教育行政处罚暂行实施办法》列举了10种学校违法办学、滥用办学权应当

---

① 张永华．论中小学依法治校（上）[J]．人民教育，2005（6）：24.

承担的行政法律责任形式。在法治社会，学校只有依法办学才能保障学校的健康发展，而违法办学、滥用办学权必然受到法律的惩罚。概而言之，学校的依法治校就是学校的办学权由法律设定，学校必须依法律规定行使办学权，学校的办学行为要接受法律监督，学校违法办学、滥用办学权应当承担法律责任。

二、依法治校的理念

提高学校领导、教师和学生的法治意识，转变学校管理理念，是依法治校的基础。只有转变观念，提高认识，形成依法治校的理念，依法治校才能成为学校管理的自觉行为。形成依法治校的理念的关键，是要在学校实际办学及日常教育教学管理中，严格依法办事、按章管理。具体说来，要努力做到以下几点①：

第一，依法建立和完善学校内部管理体制和管理制度，规范学校的办学行为。中小学校的内部管理体制，按照学校的性质，公立中小学校依法实行校长负责制，建立党支部，设立教职工代表大会（或职工代表会议），形成校长负责、党组织发挥政治核心作用、教代会参与管理与监督的学校管理体制。民办学校要根据《民办教育促进法》的规定实行董事会或者理事会领导下的校长负责制，并按照学校章程设立相应的管理机构，依法建立学校工会和教职工代表大会（或职工代表会议），保障职工参与学校的民主管理和监督。中小学校都要建立家长委员会，学校决策涉及学生权益的重要事项要接受家长委员会的监督，形成社区、学生及家长对学校管理的参与和监督制度。学校的规章制度，也称学校的管理制度，是指学校为维护学校正常的教育教学活动和生活秩序而依法制定的，要求师生员工应当共同遵守的行为规则和办事规程。学校管理制度主要有学校教育、教学、教师、学生、安全、财务、分配、物资采购、基建、后勤、校务公开、校务监督等制度。首先，要制定学校的议事规则。议事规则，一是指学校校长办公会、党政联席会等学校决策机构的议事程序制度。健全的议事程序规则是保证学校民主决策、科学决策和依法决策的重要机制。二是指学校作出涉及教职工和学生重大权益的决定的程序规则，使学校慎重作出有关教职工和学生的重大权益的决定，防止决定的随意性。其次，要完善学校管理制度。学校管理制度规定了学校的管理

① 张永华．论中小学依法治校（下）［J］．人民教育，2005（7）：22-23.

内容，涉及学校、学生和教职员工具体的权利义务。学校的管理制度不合法、不公正，就会损害学生和教师的合法权益。学校制定管理制度，一是要符合教育法律法规和规章规定的程序，涉及教师权益事项的制度，要提交教职工代表大会征求意见，草案修改后提交校长办公会审议（民办学校由校长提交学校董事会决定通过），校长签署公布。二是内容要合法、公正，不得与教育法律、法规和规章相抵触，不得损害学生和教师的合法权益。在规定学生和教师义务的同时，应当规定学生和教师权利救济的途径。三是形式要合法。学校规章制度是学校的文件，应当符合学校文件的发文形式。四是要公开，应在学校校刊和校园网公布学校的管理制度，有条件的学校可以把学校管理制度汇编成册。

第二，依法实施学校具体管理行为。学校具体的管理行为是指学校针对特定的学生和教师所作出的涉及其权利和义务的处理决定。学校实施的具体管理要做到合法合理。首先，作出具体管理行为的主体要合法。凡是涉及学校、学生、教师权利义务的决定，必须由校长或法定代表人以学校的名义作出，学校的普通工作人员和教师，未经校长授权不能以学校名义作出对学生或者教师的处理决定，当然这不是指教师批评学生、给班级奖励、请学生家长来学校等事项，而是指须以学校名义才能给学生、教师的退学、处分、停教或者奖励等行政决定。其次，学校实施的具体管理行为的内容要合法合理。处理决定不仅要有事实根据，也要有法律法规和学校的规章制度为依据，而且还要合情合理。没有事实根据，没有法律法规或者学校规章制度的依据，学校不能作出处分决定。再者，学校实施具体管理行为要符合程序公正的原则。学校作出处分学生和教师的决定，要遵循先调查后作出决定的基本程序。作出处分决定之前，要把处分决定的内容告知学生和教师，以听取学生和教师的申辩，而且不得因申辩而加重处分。在有的学校，学生或者教师因对处分不服申辩几句，学校就认为是无理狡辩而予以加重处分，这严重侵犯了学生和教师的合法权益。学校涉及学生和教师重大权益的处分，如开除记过以上处分、扣发奖金或工资等处分，在作出决定之前，可以实行校内听证制度。学校的管理决定凡涉及学校重大权益、合理回报、教师和学生奖励或处分的决定应当公示。最后，学校的处理决定要符合规定的形式，学校重大处理决定要经校长办公会作出，并且要以学校文件的形式作出。涉及教师和学生的处理决定要送达本人，并要告知被处分的学生和教师享有不服处分决定的申诉权利或者诉讼权利。处分决定不送达给本人的不发生效力。

第三，依法维护学生、教师的合法权益。维护学生和教师的合法权益是学校依法治校的重要内容。学生是学校存在的理由，学校应当依法维护学生受教育权，尊重学生人格及其他人身权利和财产权利，在这方面首先要保障学生参加教育教学活动权，有的学校为举行公开课而不让某些学生上课的做法，侵犯了学生的受教育权。其次，学校和教师不得体罚或者变相体罚及侮辱、歧视学生，这是国家法律严厉禁止的行为，教育者必须要遵守。第三，学校要按照国家规定向学生收取费用，收费标准要公示，不得乱收费。第四，建立学生心理关照、卫生关照、生活关照、活动关照、学校救助、学校处分、校内学生申诉等学生权益保护制度。最后，落实学校安全制度，建立学生安全和伤害事故的应急处理程序与报告制度，依法妥善处理学生伤害事故。教师是学校质量的保证。学校要尊重教师的合法权益。

第四，建立学校法治工作机制，保障学校在制度化、规范化、程序化的法治轨道上健康运行。依法治校不是宣传口号，也不是评先评奖，而是学校办学的一项长期的基础性工作，要使依法治校落到实处，就要有相对独立的法治工作机构来负责学校的法治工作。法治工作机构负责对学校的规章制度、各类合同及相关的法律文书的合法性进行审查和管理，处理校内教师和学生申诉，代表学校处理各类诉讼与非诉讼法律事务，协调与法律顾问的关系，并对师生进行法制教育。

三、依法治校的内容

根据学校管理的具体内容不同，中小学依法治校可以细化为学校各部门的职责。主要是在教学、管理和服务等方面实行依法管理。这项任务可以在校长的宏观管理下将其具体化，如在教学方面，应按《教师法》、《教师资格条例》、《教学成果奖励条例》及教育部有关教学方面的计划和规定去执行，引导监督教师全面贯彻教学大纲要求，制订教学计划，完成教学任务；在管理方面，应贯彻执行《教师法》及《义务教育法》、《治安处罚法》、《未成年人保护法》、《预防未成年人犯罪法》保护教师和学生的合法权益；在服务方面，后勤等教辅序列应依法履行对学校育人工作的支持职责，提供充分、有效、适当的物资和服务。如学校食堂应贯彻执行《食品卫生法》、《学校卫生工作条例》、《物价法》安排伙食、合理收费。

根据管理对象不同，学校管理可分为对教职工、学生的管理和对家长、社会其他相关对象的管理。中小学校内管理如何依法进行在前边已经讲过，而对学校周边环境、学生家长及社会其他相关对象的管理，已成为中小学依法治校的难点所在。为治理中小学校园周边环境，我国在 1999 年上半年出台的《娱乐场所管理条例》中，明令规定电子游戏厅不得开在学校周围，除节假日以外，游戏厅不得容留中小学生玩电子游戏。否则公安机关对经营者有权予以行政处罚。此项规定是对校园外其他社会主体行为的一种规范与约束。《义务教育法》则对学生家长保证子女就学的责任问题，作了明确规定。这些都从空间上体现了中小学依法治校的范围已超越了校园。实践证明，这种超越是必要的，学校教育离不开社会支持，如果教育管理者只注重校园内的依法管理，而忽视校园外某些事项的依法管理，虽然抓住了主要矛盾，但毕竟是片面的，也很难收到好的效果。

依学校管理范围的不同，学校事务分为内部与外部两方面。关于学校内部事务管理前面已经讲过，它主要是指教学、科研及学生管理等方面具体事务。但围绕学校改革与建设，学校必然涉及对外交往与合作事宜，包括国内外各方面的交往与合作，在这方面学校管理者同样要依法办事。特别是市场经济条件下，随着学校办学自主性的增强，教育的产业化实践的快速发展，以及学校办学途径的多样化，学校与社会、学校与学校之间的交往与合作不断增多，中小学校管理者特别是校长作为学校的法定代表人在各项交往中必须增强法律意识，本着对国家负责，对学校负责，对全体教师负责，对学生负责的精神，运用教育法、民法、行政法等国家法律维护好学校、教师和学生的合法权益，尽到其应尽的职责。如围绕学校的硬件建设，要善于运用法律合同等手段与其他单位和个人进行合作。

煤气中毒、食物中毒、校园暴力、消防事故……各类看似很偶然的校园安全事故频频发生，在让人扼腕叹息的同时，更多的则是对校园安全隐患的担忧。2009 年初，山东省高级人民法院在审理一起发生在校园内的连续作案 11 起、强奸女中学生 15 人的恶性系列强奸、绑架案件时发现，被告人多次犯罪之所以得逞，与学校安全管理工作存在漏洞有很大关系。据此，山东省高院向山东省教育厅提出司法建议，建议督促健全完善寄宿生管理的相关规章制度，加强学校安全管理。2009 年两会上，山东省高级人民法院院长周玉华代表认为，校园安全是社会公共安全的一部分，人民法院应尽可能地通过审判工作发现问题，然后提出司法建议，推动社会管理。这是人民法院及时参与社会治安综合治理的一项措施，也是充分发挥审判职能作用化解矛盾的表现。对于山东高院的做法，湖南省委常委、政法委书记、省公安厅厅长李江代表也肯定地说：“校园的安全就是要全社会参与，完善齐抓共管工作机制，加强综合协调，是学校及周边治安综合治理工作的基础。”校园的安全绝不能仅仅是管好学生的人身安全、学校食堂、防火用电就行了，还要管理校园周边的网吧、小摊小贩等等，“每一个细节都不能放过”。“解决校园安全不是某一项举措就能完成的，其根本应该是综合治理。”吉林省高级人民法院院长张文显代表曾担任吉林大学校长，他说自己在当校长时，就经常让学校主动和公安机关建立联系，请公安机关到校园来举办讲座，提高师生的安全意识。张文显认为，让学生自发地与潜在的治安隐患隔离是学校及周边治安综合治理工作的关键。①

第三节　依法执教：教师专业发展的制度保障

教师专业发展在当下是个比较时髦的词汇，所有的教师都在为提升自己的专业水平而努力奋斗，各级政府及教育行政主管部门都在为促进教师专业发展、提升教师专业化水平而出台系列政策。这是个好现象，值得肯定。不过，教师在提升自己学科专业水平的同时，不能忽视法律素养的提升，不能让依法执教水平原地踏步。在法治化社会的背景下，依法执教是教师专业发展的制度保障。

一、依法执教的涵义

教师依法执教是指教师遵循全面依法治教的要求，严格依照《中华人民共和国宪法》、《中华人民共和国教育法》、《中华人民共和国教师法》等法律规定，认真履行教育教学职责，坚持教师职业行为的正确方向。

教师是学生健康心理和健全人格的重要塑造者，是公民社会化进程的重要制定者，是人类文明的重要传承者。教师在个体成长和社会发展过程中的特殊地位和作用，决定了他们应当有高于常人的文明觉悟和素养。现代文明的内涵就是以科学、民主、法治精神为核心的。这里特别强调的是法治精神。教师是否具有基本的法律知识，是否具备较强的法律意识和自觉运用法律的能力将直接影响到依法执教、依法治国的治教理念和治国方略能否实现以及在多大程度上得以实现。依法治教的一个基本要求就是教师要依法执教。一个教师通常要面对几十名学生，一方面要对学生团队进行有效的教育和管理，以保证教学质量，另一方面还须尊重每一个学生的公民权利，不得在教育、

① 中国新闻网．如何让学校最安全最放心代表建议：布综治防控网［EB/OL］．http：//www. chinanews. com. cn/gn/news/2009/03-10/1595364. shtml，2009-3-10.

管理过程中侵犯学生的合法权益。当教师的管教权和学生的公民权相冲突的时候，教师应该仔细权衡并作出最恰当的选择。面对这样的要求，任何一个教师若没有较高的法律素养是很难胜任教师工作的。提高教师的法律素养，不仅是我国教育发展的必然要求，也是教师自身专业发展的迫切需要和制度保障。

依法执教是教师应遵守的原则，也是师德规范的前提教师有传道、授业、解惑的重任，肩负着培养祖国下一代的神圣使命。因此教师不仅要有渊博的知识，高超的技艺，更要有高尚的师德，要有一颗善待学生的爱心，学生在成长的过程中会出现这样或那样的错误，需要教师用心去矫正，去帮助，引导他们健康成长。过去，有不少教师在面对问题学生时，往往方法简陋，作风粗暴，因而做出一些违背师德要求的事，甚至是违法犯罪的行为，给学生带来了巨大的伤害，这些都已经引起全社会的关注。因此依法执教是规范教师行为的前提，同时它也是教师的权利。面对学生的暴力时，老师首先应该是一个公民，应当及时维护自己的切身利益，如人身权、生命权。

二、依法执教的原则①

1. 教师的主体资格合法

现代教育是一种专业化活动，要求教育者必须具备一定的条件才能从事教育教学工作。为此，许多国家实行了专门的教师资格制度。一个公民只有具备教师资格才能当教师，没有资格或者已经丧失了教师资格就不能当教师。1995 年颁布的《教师资格条例》第 2 条规定：“中国公民在各级各类学校和其他教育机构中专门从事教育教学工作，应当依法取得教师资格”《教师法》第十条也规定：“中国公民凡遵守宪法与法律，热爱教育事业，具有良好的思想品德，具备本法规定的学历或者经国家教师资格考试合格，有教育教学能力，经认定合格的，可以取得教师资格。”因此，教师主体资格的合法性是衡量教师是否依法执教的首要标准。

2. 教师的教育教学活动符合法律规定的培养目标

教育是一种有目的的活动。现代社会，多数国家对教育的法律控制首先表现在对教育要培养的人才目标进行不同层次的立法规定，一般包括：国家总的教育目标、不同类型学生的教育目标、课程的教育目标、教学课时的教

① 陈静. 论依法执教［J］. 鄂州大学学报，2007（3）：71.

学目标。如《关于减轻义务教育阶段学生过重课业负担、全面提高教育质量的指示》第五条规定："按照教学计划的规定，认真完成小学劳动课和初中劳动技术课的教育教学任务"，对学生进行职业指导教育和职业预备教育或劳动技艺教育。这些不同层次的法定教育目标是教师教育教学行为必须严格遵守的法律准则。

3. 教师教育教学活动的内容符合法律规定的要求

教育是富有创造性的活动。为了实现法律所规定的教育目标，各国的教育法律往往允许教师在开展具体的教育教学活动时可以比较自由地选择教育教学的内容。但由于教育内容与教育目标之间有一定的不可分割的联系，所以，国家也往往对教育教学内容作某些法律的界定。这些界定包括对课程开设的法律界定，如我国教育部 1998 年颁发的《中小学德育工作规程》第 18 条规定："思想品德课、思想政治课是小学生和中学生的必修课程"《关于减轻义务教育阶段学生过重课业负担、全面提高教育质量的指示》第四条规定："认真按照教学计划的规定，开设音乐课、美术课、体育课以及活动课程"，还有对课程计划和课程标准或者教学大纲和教材使用的法律界定。教师对教育教学内容的选择必须在法律界定的范围内进行。

4. 教育教学活动的形式符合法律要求

虽说教无定法，但许多国家一般也对教育教学的形式作出一些法律上的规定。如规定班级的规模，每周或每天的教学课时，每节课的时间等等。所以，无论教师采用什么样的形式施教，上述这类法律规定都不得违反。

二、依法执教的内容

了解相关的法律知识，增强法律意识，形成法制观念，具备依法执教能力，从而提高法律素养，是提升教师道德水平的基础与保证。随着我国法制建设的不断完善和法制水平的不断提高，教师依法执教的意识不断增加。因此，树立"法治"观念，了解学生的合法权益是教师依法执教的前提，在教育教学活动中，依法行使职权是教师依法执教的重要表现①。

1. 树立"法治"观念，了解学生的合法权益。新中国成立 50 多年的发展历史表明，运用法律确认并保障公民的权利是最公正、最可靠的手段。目前，我国没有专门的学生权益保护法，但是，有关学生权利的确认和保护，

① 陈静．论依法执教［J］．鄂州大学学报，2007（3）：71–72.

随着我国法制建设的发展而逐步完善。在目前，有关学生权利的法律渊源主要包括：第一，《中华人民共和国宪法》《宪法》作为母法，是一个国家法律制度的根本，是一切公民权利的源泉，《宪法》中关于公民基本权利的规定，是学生权利被确认、被尊重、被保护的最高法律依据，具有最高的法律效力。第二，《中华人民共和国民法通则》《民法通则》就是依据《宪法》的规定，具体规定公民人身权、财产权、知识产权等各项民事权利的具体内容，以及侵犯公民民事权利所应当承担的法律责任。学生作为公民的一部分，其最高利益就是人身安全的保证和人格尊严的保护问题。有关人身权利和财产权利等方面的纠纷，均适用《民法通则》的规定，特别是关于人格权、监护制度、侵权的民事责任的规定，是为学生提供法律保护的最直接、最具体的有效手段。第三，《中华人民共和国教育法》学生最大的权益是受教育权利的实现问题，《教育法》是学生实现受教育权利的根本保障。第四，《中华人民共和国义务教育法》《义务教育法》是国家保障未成年人实现受教育权，提高中华民族整体素质的重要法律。通过这样一种普及性、强制性、免费的教育制度，使所有的未成年人实现接受教育的权利，为儿童的生存和发展奠定基础。除此以外，《中华人民共和国未成年人保护法》、《中华人民共和国高等教育法》、《中华人民共和国学位条例》、《中华人民共和国职业教育法》、《中华人民共和国民办教育促进法》、《中华人民共和国教师法》、《中华人民共和国残疾人教育条例》等法律法规，对保障学生的相关权益作了具体规定。广大教师只有了解、熟悉这些法律、法规，才能在教育教学活动中，尊重学生的合法权益，做到依法执教。

2. 在教育教学活动中，依法行使教师职权。第一，依法行使教育教学改革权、对学生学业成绩评定权等。教育必须随社会的发展变化而不断更新，因此，教师要确保教育教学活动的效果，需要时常进行教育教学改革。1993年的《中华人民共和国教师法》第 7 条规定教师有“开展教育教学改革和实验”的权力。但教师行使这项改革权要受到有关法律的约束，不是想怎么改就可以怎么改的原国家教委 1993 年颁布的《关于减轻义务教育阶段学生过重课业负担、全面提高教育质量的指示》第一条中就有规定：“如因教学改革试验或教育发展基础的特殊需要，对课程、授课时数和教学要求进行调整时，应经省级教育行政部门或其授权的教育行政部门批准。”同样，《中华人民共和国教师法》规定教师有评定学生学业成绩的权利这是教师开展正常教育教学活动所必需的，但教师在行使此项权利时必须合乎公正原则，并受必要的监督和约束。第二，维护教育教学秩序。教师的教育教学活动要达到良好效果必须是在一定的秩序中进行。因此，教师在实施教育教学这项本体性工作的同时，还有一项不可推卸的辅助性职责就是维护教育教学秩序。当教师教育教学的现场有扰乱教育教学秩序的行为出现，如校外人员窜入教室干扰学生上课学习，或课堂上部分学生吵闹影响其他学生上课等等，这时，教师应当采取必要的措施予以制止，以使教育教学活动得以正常进行。第三，确保未成年学生的安全。当教师所教授的对象是未成年人时，教师的依法执教还包括确保未成年学生安全的内容《中华人民共和国民法通则》、《中华人民共和国未成年人保护法》、《中华人民共和国教师法》对此都有具体规定。因此，对于教授未成年人的教师来说，要做到依法执教，除了教好书育好人以外，还应该管好人，确保其安全。不管是在上课时间还是在课间时间，只要是在学校的教育教学时间，教师就负有这种确保未成年学生安全的责任。

四、教师依法执教的条件

教师要做到依法执教，必须具备一定的条件，即教师依法执教的客观条件和主观条件。[①]

1. 客观条件首先表现为较为完备的、良好的教育法律制度。这里的所谓“较为完备”是指有关教育的各个重要环节和重要方面都有相应的法律规范的规定；“良好”则指教育法律制度明确、科学和内部协调一致，并且其内容符合自由、民主、平等、公正等法治的基本价值原则。其次是健全的教育行政执法。完备、良好的教育法律制度要得到贯彻落实，关键是教育行政机关在管理教育的过程中做到严格执法，依法行使教育行政管理权，不越权限、不滥用权力、不失职。只有健全的教育行政执法，依法管理教育，依法管理教师，教师才能真正把法律作为自己教育教学行为的最高准则，做到依法执教。再次是学校内部的法治化管理。现代社会，教师通常是作为学校这一教育机构的一个职员进行工作的。因此，教师的教育教学行为不但受教育行政机关的教育行政管理活动的直接影响，而且更直接、更经常地受学校的内部管理行为的影响所以学校的法治化管理是教师依法执教赖以存在的重要基础。

2. 主观条件即是教师的法治素质。教师的法治素质是指已经内存于教师身上，能够比较稳定地影响教师行为、符合法治社会要求的知识观念、情感意志、心理定势等文化的和精神的因素。一个教师只有从思想观念到心理习

① 陈静．论依法执教［J］．鄂州大学学报，2007（3）：73.

惯再到行为技能都达到与法治要求相一致的一定程度时，才有可能做到依法执教。中国是一个缺乏法治传统的国家，因此，人们很难自然地从历史积淀中获得现代社会所需要的法治素养。教师和其他人一样，要学会依法办事需要一个从知识观念到行为习惯的复杂过程。教师依法执教需要上述条件，意味着这些条件是否具备会直接影响依法执教的实现程度。由于教育是面向未来、孕育未来的事业，教师只有积极主动地克服现实生活中的种种困难，遵纪守法，才能实现依法执教。

教师是人类崇高的职业，担负着塑造人类灵魂的使命，爱每一个学生是教师的天性，但这种爱不是无原则的溺爱，我们既要欣赏学生的闪光之处，也要正视存在的不足，依法执教，积极寻求解决问题的途径。只有这样，教师的事业才能在人类发展的长河中担负起文明守护者的作用，教师的形象才能留存在学生的心中。

本章小结：依法治教是依据法律来管理教育，也就是在以法律为依据的前提下，综合运用法律手段、经济手段、行政手段和其他手段来管理教育。依法治教是现代教育发展的客观要求和教育改革与发展的必然产物。当今世界，依法治教已成为各国共同的大趋势。这种客观要求主要表现在教育法的调整对象、教育行政职权和教育法制的要求几个方面。依法治教是教育发展的重要保障。依法治教的实现，就是教育管理法制化的实现。这就必须具有完备的教育法律体系、健全的民主监督制度、公正严格的执法制度、廉洁秉公的执法队伍、全民的教育法律意识等保障教育发展的条件和制度。依法治教需要学校层面的依法治校和教师层面的依法执教来具体落实。

【思考题】

1. 简述依法治教的涵义。
2. 简述依法治校的涵义。
3. 简述依法执教的涵义。
4. 论述教师依法执教的条件。
5. 案例分析：

某中学初二学生张某曾两次偷同学的钢笔，受到班主任王老师的批评，并在班里作了公开检讨。事隔不久，班里的两支日光灯被盗，而当天正好是张某值日，负责看教室，王老师认定是张某所为。第二天，王老师把张某家长找到学校，不听家长的解释，并要求家长赔偿损失，否则就停止张某上课。家长无奈，只得赔钱。王老师在班里有意无意流露出该生偷东西的意思，说如果没偷，怎么能赔呢？几天后，整个学校搞得满城风雨。最后，张某承受不了这样的压力自杀身亡。

（摘自：张维平等：《教育政策法规专题》，当代世界出版社，2005年版.）

思考：试分析案例中，班主任王老师的做法有无不妥？为什么？王老师对张某的死是否承担法律责任？

【阅读导航】

1. 余雅风. 新编教育法学［M］. 上海：华东师范大学出版社，2008年版。
2. 郑良信. 教育法学通论［M］. 南宁：广西教育出版社，2000年版。
3. 杨颖秀. 教育法学［M］. 北京：中国人民大学出版社，2008版。
4. 陈静. 论依法执教［J］. 鄂州大学学报，2007年第3期。

第二章　教育政策法规[①]

案例导读：浙江舟山群岛有大小岛屿1339个，人口98万，随着改革开放的深入，岛上居民的总体生活水平有了很大提高。但在一些偏远岛屿上，由于传统习惯及教育条件的影响，有的渔民急功近利，要子女做帮手，有的认为读书对子女没有多大的作用，因此“流失生”问题比较严重，同时也有一些家庭确因经济窘困而无力送子女上学。每当学校开学，政府教育部门和乡教育办公室的干部总是四处动员，“跑酸了腿，磨破了嘴”，到头来仍有一些家长不为所动。后来嵊泗县各乡政府依照《义务教育法》及《浙江省义务教育实施细则》的规定，决定在做好细致动员工作的同时，运用法律手段，对拒不送子女入学的家长处以900元至1200元不等的罚款，只要送子女入学即可减少或退回。

1993年第四季度，嵊泗县黄龙乡、小洋乡被处罚的22户家长对乡政府的处罚决定置之不理，既不送子女入学，又不到乡政府解释原因。两乡政府在处罚发生法律效力后，即申请人民法院予以强制执行。

嵊泗县人民法院对这种特殊类型的执行案件做了专门研究，把重点放在督促家长送子女入学上，他们采取了3种方法：①对在规定期限内送子女入学的，裁定终止执行。如黄龙乡峙岙村韩某，法院干警执行处罚时看到其家中生活非常困难，丈夫又与她离了婚，的确无力交纳书杂费，随即劝她向政府申请减免书杂费，同时向她指明让适龄子女失学是违反国家法律的。韩某非常感激，很快送子女上了学，法院对乡政府作出的处罚决定就终止执行。②对虽已报名，但未真正到校的，减轻处罚，继续做工作。如有几位报名而不入学的，干警登门采取强制措施，迫使处罚对象履行义务。③对逾期拒不

① 本章参考朱家存主编．教育学［M］．北京：高等教育出版社，2010．第十二章教育政策法规，该章由李宜江撰写。

接受政府决定，又无正当理由的实施执行。如黄龙乡金某等人，当法院去人时，避而不见，执行人员立即采取了以上各项措施，迫使其送子女入学。这样，该县适龄儿童失学的情况比以前有了很大改变。（材料来源：摘自：解立军：《校园律师》，吉林人民出版社，2005 年版。）

从上面的例子不难看到，从教育实践的层面上看，我们首先应予以明确的一个基本事实是：教育前行的每一步，都是无法同教育政策法规分开的。我们既不可想象有脱离政策指引或法律规范的教育实践，也不可想象有与教育实践毫无关系的教育政策法规的制定。在各种层次、各种类别的教育中，在教育发展的不同时期与不同阶段，教育政策法规总是或强或弱或显性或隐性地左右着教育的改革和发展。可以说，教育政策法规是维系教育生命的最关键的因素。

第一节　教育政策概述

在近代国家出现之前，教育被看成是私事，因而不时兴教育政策。随着近代国家公共教育制度的确立，国家的教育政策就变得越来越重要了。本书所谈的教育政策，具有强烈的现代化意蕴的。

一、教育政策的涵义与作用

（一）教育政策的涵义

政策从广义上讲，是政策法规的总和；从狭义上讲，是不包括法律条文在内的行政决定。但不管是哪个意义上的政策，在当今国家政治和社会生活中的重要性，都是毋庸置疑的。[①] 毛泽东同志有一句名言："政策和策略是党的生命。"没有什么语言能够比这句话更好地说明政策的重要性了。

政策的真正定义是什么？问这样的问题是没有意义的。目前有代表性的 8 种定义没有一个能回答这个问题。所有定义都是一种建构，没有能称为明确现实的事物。只要政策的提议者能为他（们）的特殊目的找出一个合理的依据，那么，这样的政策定义就必须被承认。[②] 因此，要给政策下一个公认的定

① 袁振国．教育政策学［M］．南京：江苏教育出版社，2001. 1.
② 袁振国．教育政策学［M］．南京：江苏教育出版社，2001. 263.

义是很困难的，而且也不是必须的，因为政策总是与解决特定的问题密切相关，定义的多元性恰好反映问题的复杂性。

教育政策是政策的一个组成部分，当然也存在这些共性问题。出于对教育政策的一般理解和教材编写的需要，本书倾向于将教育政策定义为："教育政策是政府在一定时期为实现一定教育目的而制定的关于教育事务的行动准则。"① 教育政策包括政策对象、政策目标和实现政策的手段三个构成要素。这三个构成要素是教育政策方案的完整性必须考虑的问题，尤其是作为行动准则的教育政策，是对象、目标和手段三位一体的，缺一不可。

（二）教育政策的作用

为什么要有教育政策？最直接的回答是要解决教育问题。政策总是与解决问题分不开的，它由问题产生，又为解决问题而定，就像有的学者所认为的："社会问题是构成政策本质的元素形式，是政策科学理论体系的逻辑起点。"② 当教育系统内部之间或教育系统内部与外部其他系统之间由于种种原因而出现不协调状态时，就会产生种种教育问题。这些问题需要各种解决策略，于是就出现了教育政策。所以，教育政策主要是政府为解决特定教育问题而制定的行动目标、行动计划和行动手段。教育政策在解决教育问题中所起的作用可以概括为：导向作用、调控作用、协调作用、制约作用、管理作用和分配作用。教育政策的作用可以下面一个图表作一简单说明。

表2－1　教育政策的作用

功能	要解决的问题（举例）	政策方案
导向作用	教育培养什么样的人	教育目的：培养德智体等方面全面发展的社会主义事业的建设者和接班人
调控作用	义务教育如何发展	义务教育均衡发展，且稳步推进。如2012年区域内初步均衡，2020年区域内基本均衡
协调作用	教育与经济发展的关系	教育要适度优先发展，教育经费投入实现"三个增长"③

① 吴志宏、陈韶峰、汤林春．教育政策与教育法规［M］．上海：华东师范大学出版社，2003.4.

② 刘斌、王春福等．政策科学研究［M］．北京：人民出版社，2000.33.

③ "三个增长"指：各级人民政府教育财政拨款的增长应当高于财政经常性收入的增长，并使按在校学生人数平均的教育费用逐步增长，保证教师工资和学生人均公用经费逐步增长。

（续表）

功能	要解决的问题（举例）	政策方案
制约作用	保护少年儿童合法权益	严禁使用童工
管理作用	教育事权的隶属	基础教育由地方负责；义务教育管理以县为主
分配作用	教育经费的保障	教育经费预算单列；建立农村义务教育经费保障新机制

二、教育政策的制定与执行

（一）教育政策制定的一般步骤

教育政策制定一般可分成5个步骤，即问题的识别、问题进入议事日程、政策目标的确认、政策方案的设计和选择、政策的合法化。①

1. 问题的识别

在开始制定任何教育政策之前，要仔细考虑究竟面对的是什么问题，如果不存在什么问题，就没有必要制定政策。在确定问题的过程中，最经常要考虑的要素有：为什么会有这个问题？谁关心这个问题？他们为什么要关心？他们的代表面有多广？问题的性质到底是什么？常常发生的情况是，越深入分析考察这些问题，你会发现所需要注意的方面就越多，纠缠于其中的不同利益就越难以一一照应周全。教育界长期以来有一些深深困扰人的问题，如择校生问题、减负问题、义务教育均衡发展问题、教师有偿家教问题等等，几乎每一个类似的问题，可以说从问题的分析、确定到政策的设计，都是非常困难的，因为其牵涉因素太多、太复杂，短时间内很难圆满解决。当然，并不是所有问题都是政策问题，只有当其被教育决策部门所考虑时，才有可能上升为教育政策问题。

2. 问题进入议事日程

现实中常会出现这样一种现象，即有些问题很早就被提出，但却迟迟不能引起政府的兴趣，上不了官方的议事日程，更不用说成为政府的政策；而另一些问题，一经提出很快就能引起政府的重视，并制定出了相应的政策。这其中究竟是什么在起作用？问题如何引起官员们的注意？他们如何作出抉

① 本部分内容主要参考吴志宏、陈韶峰、汤林春．教育政策与教育法规［M］．上海：华东师范大学出版社，2003.41-53.

择？政府的议事日程如何确定？一个建议怎样才可能水到渠成？这些问题给我们的启发是：政策研究仅仅关注分析政策问题还不够，还要分析如何使政策问题进入政府的议事日程。否则，问题可能从一开始就遭遇坎坷命运，甚至永远也成为不了政策。

3. 政策目标的确认

当问题进入议事日程之后，通常决策者并不是立即设计政策方案，而是先确定政策目标。政策目标实际上体现了决策者的政治倾向及价值偏好，同时也反映了他对这一问题认识的程度。他会思考：为什么要解决这一问题，解决到什么程度，解决了对谁有利，解决了会引起什么后果，不解决又会引起什么后果，是一揽子解决还是分步解决，等等。在思考这些问题时，决策者脑海中价值判断与事实判断相互交织，但显然前者成为影响后面决策方案选择的关键因素，任何决策者都不愿将与自己价值标准相冲突的问题带进政策的领域。

4. 政策方案的设计和选择

方案设计是政策制定过程中的最重要环节。政策问题一旦被提上政府的议事日程，大致的政策目标也确定了，接下来要做的就是要设计政策方案了。这时候要做的事包括：对原来的政策问题做出更细致的界定；对问题的原因进行更精确的分析；确认行动的原则；考虑有可能采取的各种基本措施；将可能采取的各种措施综合起来，形成一个初步的方案；对方案进行可行性论证；选择最终的方案，等等。

5. 政策的合法化

教育政策制定出来后，并不意味着政策制定过程已经完成，还有一个政策合法化的过程。“政策合法化是指经政策规划得到的政策方案上升为法律或获得合法地位的过程。它由国家有关的政权机关依据法定权限和程序所实施的一系列立法活动与审查活动所构成”。[①] 政策合法化的主要内容包括政策内容合法，决策过程合法和政策本身的法律化。

（二）教育政策执行的基本步骤

教育政策执行的过程可分为政策理解、制定执行计划、组织落实、政策宣传、具体实施、监督检查、政策执行计划的调整、执行总结、巩固提高等几个重要阶段。[②]

---

① 张金马．政策科学导论［M］．北京：中国人民大学出版社，1992. 23.

② 本部分内容主要参考袁振国．教育政策学［M］．南京：江苏教育出版社，2001. 308–320.

1. 政策理解

当某级政府和教育行政部门接到贯彻执行某项教育政策的通知或指令时，就意味着执行的过程即将开始。此时政策执行者首要的工作是理解政策。政策理解的目的，不仅要深刻理解政策的目标、精神、含义、内容等细节，而且还需要政策执行者对政策形成认同与共识。没有政策执行机构及其成员对教育政策的深刻而正确的认识，没有他们对政策的认同与共识，甚至许多执行者对政策有错误的认识和理解，或各有看法、相互矛盾，要使教育政策能得到积极、正确、顺利的贯彻执行，就很困难。

2. 制定执行计划

一项教育政策方案，往往只是提出确定目标和实现目标的基本原则和大致轮廓，是比较抽象的。为了有效地实施政策，还必须在这些比较原则的政策指导下，再结合具体实际情况，对总体目标进行分解，编制出具体的执行工作计划，明确任务的范围，合理地组织人力、物力、财力，制定实施步骤，安排进度，规定期限，将政策进一步具体化。

3. 组织落实

组织落实就是为政策执行建立一定的工作部门和机构。组织落实得如何，直接关系到政策目标的实现程度。一些常规性的教育政策，在执行时可以通过原有的执行机构加以落实，但一些非常规性的或以前从未涉及到的教育政策，则可以组建专门的工作机构。

4. 政策宣传

教育政策的执行机构确定下来后，一项非常重要的工作就是组织对政策的宣传、学习和说明，要通过各种有影响力的渠道和方式，向政策执行人员、目标群体和社会各方面宣传政策的目标、内容、要求及政策的合法性、必要性等方面的信息，以取得他们对政策的理解、认同和支持，减少对政策的误解和抵触行为，逐步形成有利于政策执行的社会舆论环境。

5. 政策和计划的具体实施

政策和计划的具体实施，是各执行组织的机制运作、发挥组织功能的过程，这一过程的健康运作，需要有合格的领导和工作人员，也需要投入其他必要的政策资源。执行人员的素质水平对具体实施过程的成效有着重要影响。

6. 监督、检查

监督、检查是政策实施过程的保障环节，其主要任务是（1）督促没有采取积极措施的执行组织迅速行动起来，避免拖延执行；（2）及时发现偏离政策目标和违背政策目标的行为及问题，对责任者进行适当的处理；（3）通过对执行情况获取的反馈信息，检查政策和执行计划本身是否存在问题。

7. 政策执行的调整

在实施教育政策的过程中，常常会出现很多意想不到的问题，这些问题的出现，有些是原有政策本身的缺陷所造成，有些则是因为对情况估计不足。为保证政策目标的顺利实现，就必须对政策作出必要的调整、修改和完善，以便有效地解决各种新出现的问题。

8. 政策执行的总结

政策执行的总结是原教育政策和执行计划调整、后续政策执行以及新教育政策制定和执行的重要基础。该项工作做得好，后续的其他工作就能在更高的认识水平和经验基础上进行。

9. 政策执行的巩固提高

在政策执行的巩固提高阶段，至少有两点很重要。第一，要有防范意识，继续加强监督检查，防止各种不符合政策目标要求现象发生；第二，要有发展和改革意识，不断深化改革，提高教育发展水平和质量水平。

需要指出的是，上述教育政策执行的九个阶段的工作并非能一劳永逸，在实际的政策执行中，它们往往需要不断加以改善，直至政策终结。

（三）教育政策执行的偏差与纠正①

教育政策的执行不可能是一帆风顺的，常常会出现各种偏差现象，偏离了原来的政策目标，从而影响了政策执行的效果。教育政策执行偏差主要有以下五种表现形式：（1）政策完全偏离。指政策完全没有执行，或者弃政策而不顾，完全与原来的政策背道而驰。（2）政策表面化。即教育政策只是在执行过程中被宣传一通，而未被进一步转化为操作性的具体措施，使政策问题依然存在，甚至更加严重。（3）政策扩大化，即政策在执行过程中被不恰当地附加了内容，从而使政策的调控对象、范围、力度以及目标超越了原定的政策要求。（4）政策缺损。即一项完整的政策在实施时只有部分被贯彻，其余则被抛弃一旁，使政策内容残缺不全。（5）政策替换。即政策在执行过程中被换入表面上与原政策一致，而事实上背离原政策精神的内容。

① 本部分内容主要参考（1）袁振国．教育政策学［M］．南京：江苏教育出版社，2001. 321-335.（2）吴志宏、陈韶峰、汤林春．教育政策与教育法规［M］．上海：华东师范大学出版社，2003. 75-81.

产生上述种种偏差现象的原因是多方面的，主要可以归结为下列原因：(1) 政策本身的缺陷。如政策制定目标过高，过于理想化。(2) 政策宣传不够。执行机构和人员未充分重视宣传工作，致使公众对新政策不理解、不信任，怀有疑虑。(3) 政策配套不够或受到其他政策的牵制。(4) 政策执行机构和人员的问题。政策制定者和政策执行者的利益并不总是一致的，它们之间常常发生利益冲突。利益冲突的结果，使得执行机构和人员有意无意在执行过程中大打折扣，以维护自身利益。针对产生种种教育政策偏差的原因，可以采取的解决对策包括：(1) 加强教育政策制定的科学性。完善政策制定的过程，力求使政策方案尽可能周详、严密、具体，符合现实情况，具有操作的条件。(2) 加大政策宣传力度，使政策得到公众的充分理解。(3) 增强公共政策之间的协调性，研究在一种公共政策的改变导致另一种公共政策受损的情况下，如何对后者进行适当的弥补。(4) 政策执行人员增强全局意识，局部利益服从集体利益。另一方面，在不损害全局利益的前提下，适当照顾地区的利益。(5) 建立健全政策执行的监督系统。

三、新中国成立以来我国教育政策价值取向的演变①

在不同的历史时期，教育政策会表现出不同的价值取向。新中国成立以来，在不同的历史阶段，我国教育政策实践的价值取向特征依次表现为：新中国成立初期“为工农服务、为生产建设服务”的价值取向；文化大革命时期“平均主义、政治至上”的价值取向；20 世纪 80 年代至 90 年代中后期“效率优先、兼顾公平”的价值取向；20 世纪 90 年代末至今“缩小差距、均衡发展”的价值取向。

(一) 新中国成立初期：服务工农大众、服务生产建设的价值取向

新中国成立初期（1949—1965 年），由于长期战争的破坏，工农业生产严重瘫痪。因此，新中国一方面面临着恢复生产、建设现代化国家的任务，另一方面则面临着如何使人民群众享受到革命胜利果实、满足劳动人民需要的任务。为此，确立了文化教育政策的两大价值取向：一是为工农大众服务，满足广大工农群众的教育需求；二是培养国家建设所需要的人才。这一时期主要政策措施有：(1) 举办工农速成中学和工农干部文化补习学校，大力开展工农业余教育。(2) 各级学校向工农及其子女开放。(3) 改革学制，保障

① 本部分内容主要参考了刘世清．论新中国成立以来我国教育政策的伦理取向及其演变机制［A］．袁振国．中国教育政策评论（2008）［C］．北京：教育科学出版社，2008. 110-124.

工农教育。(4) 大力发展高度教育，重点发展工科院校。

(二)“文化大革命”期间：平均主义、政治至上的价值取向

1966年至1976年，十年“文化大革命”使党、国家和人民遭受了新中国成立以来最严重的挫折和损失。这一时期我国社会的基本矛盾被错误地界定为阶级矛盾与阶级斗争。因此，教育政策带有浓重的“阶级利益”色彩，并表现出特殊的“平均主义”与“政治至上”的价值取向。这一时期主要政策措施有：(1) 单一化中等教育结构，盲目普及中小学教育、扩大工农受教育机会。(2) 盲目缩短学制年限，突出阶级斗争与生产劳动主课，削弱文化课。(3) 改革招生制度，突出政治标准。

(三) 20世纪80年代至20世纪末：效率优先、兼顾公平的价值取向

1978年党的十一届三中全会召开后，我国进入了改革开放的新时期。随着经济与社会各方面改革的不断深入，教育体制也随之发生了重大变革。1985年5月，《中共中央关于教育体制改革的决定》指出，教育体制改革的根本目的是“多出人才、出好人才”。因此，对教育效率的重视，即希望能够在较短时间内培养大量的各级各类建设人才，也成为这一时期教育政策的重要取向。这一时期主要政策措施有：(1) 重点学校优先发展。(2) 高等教育优先发展。(3) 区域教育优先发展。(4) 城市教育优先发展。(5) 省域内按分数录取的高考招生制度。

(四) 20世纪末至今：缩小差距、均衡发展的价值取向

进入21世纪，我国的社会变革进入了一个新的阶段，城乡差距、贫富差距持续拉大，社会各群体之间的利益差距也越来越明显。不断拉大的社会差距同样表现在教育领域，社会大众对教育的不满也越来越多。在此情况下，我国的教育政策选择了“缩小差距、均衡发展”的实践价值取向。这一时期主要政策措施有：(1) 加强薄弱学校建设。(2) 建立“以县为主”的农村义务教育管理新体制。(3) 保障进城务工人员子女的平等受教育权。

第二节　教育法规概述

教育改革与发展的深入推进，正在面临新的背景，面临新的矛盾与任务，教育所处的情势较之过去更为复杂，教育健康持续发展日益凸显教育法规规范、调整和保障的重要性。

一、教育法规的涵义与作用

（一）教育法规的涵义

教育法规有广义和狭义之分。广义的教育法规是指国家制定或认可并由国家强制力保证实施的教育行为规范体系及其实施所形成的教育法律关系和教育法律秩序的总和。广义的教育法规包括教育基本法律、教育单行法律、教育行政法规、地方性教育法规和教育规章。狭义的教育法规是指由国家权力部门制定的教育法律。在我国是指由全国人民代表大会及其常务委员会所制定的教育法律。

教育主体及其活动的多样性、教育关系的复杂性、教育活动及其关系的层级性决定了在一般意义上使用教育法规这一概念时必然是广义的，而非狭义的。这一定义可以从以下几个方面来理解：（1）教育法规是调整和规范教育活动和教育关系的规则。人的任何活动都是按一定的规则进行的，游戏有游戏的规则，球赛有球赛的规则，战争有战争的规则，教育有教育的规则。规则指明了主体活动的方向、活动的程序、活动的条件、活动的标准和执行标准所承担的后果。按照规则就能够使教育活动有序进行，不按规则就会受到一定的惩罚。教育法规就是教育主体在教育活动中的行为规则体系。（2）教育法规是国家制定或认可的教育活动规范。（3）教育法规是由国家强制力保证实施的规则。宗教戒律、道德规范、社会习俗等社会规范对人和社会组织都有一定的约束力，有些还有一定的强制性。但这些社会规范是以人的自觉自愿为前提的，其强制性也仅限于个人所能承受的范围。如果个人真的不愿意遵守，这些规范也就失去了约束作用。法律（包括教育法律）则不同，它以国家的强制力为后盾，是由专门的国家强力机关以强制力保证实施的。（4）教育法规是国家绝大多数公民意志在教育方面的体现。

（二）教育法规的作用

教育法规的作用表现为教育法规的具体作用和社会作用。

1. 教育法规的具体作用

教育法规的具体作用包括：（1）指引作用。教育法规通过规定人们的权利和义务，确定人们可以做什么，可以要求别人做什么，不该做什么，该做什么等，以此来指引人们的行为。（2）评价作用。教育法作为一种行为标准和尺度，具有判断、衡量人们行为是否有效、是否合法的作用。教育法的评价相对具有普遍性。（3）预测作用。预测作用是指根据教育法规定，人们可以预先知晓或估计到某种行为是否会发生、行为会怎样发展、会产生什么样的后果，可以避免行动的偶然性和盲目性，提高行动效率。（4）教育作用。教育法的教育作用通过对违法者的制裁和对合法行为的褒扬而影响个人今后的行为，提高公民的教育法律意识、责任感等。（5）强制作用。教育法的强制作用在于制裁教育违法行为。通过对违法行为的制裁，促使人们正确行使权利，严格履行义务和遵守禁止性规定。

2. 教育法规的社会作用

教育法规的社会作用包括：（1）确认和保障教育的性质和方向。如《教育法》在第5条中明确规定了我们国家的教育方针："教育必须为社会主义现代化建设服务，必须与生产劳动相结合，培养德、智、体等方面全面发展的社会主义事业的建设者和接班人。"（2）促进和保障教育平等。重点是强化教育普及，以教育法的形式保障公民的受教育地位平等和受教育机会均等。（3）提高教育管理的效率。教育法明确规定和保障与教育相关各教育法律关系主体的合法权益和应尽义务，促使教育法律关系主体按照教育规律办事，从而提高教育管理的效率和效益。

（三）教育法规与教育政策的关系

教育法规与教育政策有着密切的关系，既有联系，也有区别。教育法规和教育政策的联系，主要体现在三个方面：（1）一致的目的。教育法规和教育政策都是为了调整和规范教育活动和教育关系，规范和调整教育主体的权利和义务，以使教育有效地发展。（2）共同的意志。教育政策是统治阶级意志的重要体现。但为了使这种意志国家化、普遍化和现实化，就需要把政策转化为国家的意志，需要在政策的指导下制定教育法律。所以，教育政策和教育法律所体现的意志是相同的，都是国家的和人民的意志。（3）相互依存。教育政策和教育法律是相互依存的。教育政策是教育法律的雏形，而教育法律则是教育政策的依据。现有的法律是政策的依据，而法律实施则需要政策的支持，教育政策在执行过程中不断完善，那些具有普遍意义的政策就成为教育法律的重要来源。

教育法规和教育政策的区别，主要体现在三个方面：（1）制定主体不同。教育法规一般由特定的立法机关制定的。我国的立法机构是全国人民代表大会及其常务委员会和地方各级人民代表大会，国务院可以制定行政法规。政策的制定既可以是政党，也可以是国家机关和政府部门。（2）执行方式不同。教育法规的执行是以国家强制力为后盾，任何组织和个人都必须遵守，不得违反。而政策的执行方式主要是依靠行政力量或党的纪律，运用号召、宣传等方式贯彻落实，其强制力是有限的。（3）调适范围不同。政策制定的灵活性和及时性决定了政策调整的范围是特定的，有一定的时间性。相对于政策而言，教育法律更具有稳定性和长效性，适用的范围更广，对教育活动以及教育关系的规范是根本性的。

二、教育法律关系

（一）教育法律关系的含义

教育法律关系是根据教育法律规范产生的、以主体之间权利与义务关系的形式表现出来的特殊的社会关系。

法律关系按照主体之间的相互地位可以划分为隶属型的法律关系和平权型的法律关系，前者以行政法律关系最为典型，后者以民事法律关系最为典型。在教育领域中，既存在大量的行政法律关系，也存在大量的民事法律关系，还存在刑事法律关系。如学校与教育行政机关的关系是一种典型的行政法律关系；学生与学生之间的关系是民事法律关系；教师体罚学生致死，此时教师与司法机关之间的关系是刑事法律关系。

（二）教育法律关系要素

法律关系的构成要素有三：主体、客体、内容（权利和义务）。（1）教育法律关系的主体。教育法律关系主体是指教育法律关系的参加者，亦称作权利主体或权利义务主体，包括教育法律关系中权利的享受者和义务的承担者，享有权利的一方称为权利人，承担义务的一方称为义务人。任何一种法律关系，没有享有一定的权利和承担一定的义务的主体参加，都是不可能成立的。教育法律关系主体具有多样性的特点，并不只是教育行政机关、学校及其他教育机构、教育者、学生及其他受教育者才会成为教育法律关系的参加者，其他一些个人和组织也可以成为教育法律关系的参加者。（2）教育法律关系的客体。法律关系客体又称权利客体，是法律关系主体的权利与义务所指向的对象（标的）。没有客体，权利和义务就失去目标。教育法律关系的客体一般包括物质财富、非物质财富、行为三个大的方面。（3）教育法律关系的内容。教育法律关系的内容是指教育法律关系主体的权利和义务。如前所述，任何法律关系都是以人们的权利和义务为内容的。人们参加法律关系的目的，就是为了享受某种权利，同时也必须履行相应的义务。离开了权利义务，法律关系就会变得空洞无物和毫无意义。同样，教育法律关系也是以人们在教育法上的权利和义务为内容的。

三、教育法律责任与教育法律救济

（一）教育法律责任的含义

教育法律责任，是指教育法律关系主体因实施了违反教育法的行为，依法应当承担的否定性的法律后果。教育法律责任是由违法行为和相应的法律后果两个要素构成的。违法行为是承担法律责任的前提，是指具有一定主题资格的公民或组织由于主观上的过错所实施的具有一定社会危害性的依照法律应当予以追究的行为，包括侵权行为、不履行义务行为、越权行为、滥用职权行为等。任何法律责任都是基于一定的违法行为而产生的。法律后果是承担法律责任的内容，其实质是国家对各种违法行为所作的法律上的否定性评价和谴责，是国家施加于违法者或责任者的一种强制性负担，是补救受到侵害的合法权益的一种法律手段，包括法律制裁、法律负担、强制性法律义务、法律不予承认或撤销、宣布行为无效等。

依据违法行为的性质和教育法律关系主体在关系中的法律地位的不同，教育法规定了承担教育法律责任的三种主要方式，即：行政法律责任、民事法律责任和刑事法律责任。

（二）教育法律责任的归责要件和归责原则

1. 教育法律责任的归责要件

所谓归责，是指法律责任的归结。教育法设定了法律责任，但根据什么来确定教育法律责任主体呢？这就是教育法律责任主体的归责要件问题。教育法律关系主体只有具备教育法律责任的归责要件，才被认定为教育法律责任主体，承担相应法律后果。教育法律责任的归责要件包括违法行为、行为人有过错、有损害事实、违法行为与损害事实有因果关系等。[①]

违法行为，是指责任人实施了违反教育法规定的行为。当事人只有违反了教育法律规范才应承担教育法律责任，这是构成教育法律责任的前提条件。

行为人有过错，是指行为人在主观上有违反教育法的故意或过失的心理。故意是指行为人明知自己行为的不良后果，而希望或放任其发生的心理。过失是指行为人应当预见到自己行为可能发生不良后果而没有预见，或者已经

① 参见郑良信．教育法学通论［M］．南宁：广西教育出版社，2000. 224-225.

预见而轻信不会发生或自信可以避免的心理。

有损害事实，是指行为人的违法行为对受害方造成了客观存在的具体的损害后果，即有侵害教育管理、教学秩序，侵害从事教育教学活动的公民、法人和其他组织的合法权益的客观事实存在。损害事实是确定责任人承担教育法律责任的直接依据。

违法行为与损害事实之间具有因果关系，是指违法行为与损害事实之间存在着内在的本质的必然联系，即某一损害事实是由行为人的某一违法行为所直接引起的。

承担教育法律责任，必须同时具备以上四个条件，缺一不可。换言之，由于当事人主观上的过错实施了违反教育法的行为，并因此对受害方的合法权益造成了某种客观存在的损害时，应当承担相应的教育法律责任。（法律专门规定，当事人主观上虽没有过错，但也应对其行为承担相应法律责任的除外）

2. 教育法律责任的归责原则

法律责任的归责原则是指确认和承担法律责任时必须依照的标准和准则。教育法律责任的归责原则除了有一般原则外，不同的法律责任还分别有其特定的归责原则。在我国，确认和承担法律责任时，通常应遵循以下原则：（1）责任法定原则。即法律责任必须在法律上有明确具体的规定，任何人都不得向他人实施和追究法律明文规定以外的责任。（2）责任自负原则。即只有实施了违法行为的人才独立承担相应的法律责任，在追究当事人法律责任时不允许株连。（3）违法行为与法律责任相适应原则。（4）责任平等原则。任何违法行为都必须受到追究，任何人都没有逃避法律责任的特权。（5）惩罚与教育相结合原则。关于中小学校学生人身伤害事故的民事责任归责原则问题，本书第五章第四节有专门论述，此处不再赘述。

（三）教育法律救济的含义及途径

“救济”一词在日常用语中表示的是给予灾区或生活困难的人以金钱或物质上的帮助。法律救济则是法律上的一个专门概念，是指当相对人的权益受到侵害时，相对人可以通过法定程序和途径使受损害的权益获得法律上的补救。“教育法律救济，是指通过合法程序裁决教育活动中的纠纷时对受损害者的合法权益依法给予补救的法律保护制度”。① 教育法律救济在教育活动中的作用是多方面的，其中最主要的是具有保护教育权利、维护教育法律的权威、

① 郑良信．教育法学通论［M］．南宁：广西教育出版社，2000. 444.

促进教育行政部门依法行政、推进教育法制建设的作用。

教育法律救济的途径，是指在教育活动中合法权益受到侵害的一方，请求法律救济的渠道和程序。教育中的法律救济主要是通过三种方式来实现的。一是诉讼方式。凡是侵犯了相对人的合法权益，符合民事诉讼法、刑事诉讼法和行政诉讼法受案范围的，可以通过诉讼渠道来求得司法救济。二是行政方式。我国有关法律规定了行政申诉、行政复议和行政赔偿等形式的行政救济方式。行政申诉包括教育行政人员的一般申诉、教师申诉、学生申诉等。三是仲裁和调解等其他方式。主要指通过教育组织内部组织或机构以及其他民间渠道来实施法律救济。本文简要介绍教育申诉制度、教育行政复议和教育行政诉讼三种教育法律救济渠道。

1. 教育申诉制度

教育申诉制度，是指相对人在其合法权益受到损害时，向国家有权机关申诉理由，请求处理或重新处理的制度。教育申诉制度包括教师申诉制度和学生申诉制度，教育申诉制度属于非诉讼性质的申诉制度。

（1）教师申诉制度。教师申诉是指教师对学校或其他教育机构及有关政府部门作出的处理不服，或对侵犯其权益的行为，依照《教师法》的规定，向主管的行政机关申诉理由，请求处理的制度。教师申诉制度是依据《教师法》而确立的。其具体内容为：《教师法》第39条规定："教师对学校或者其他教育机构侵犯其合法权益的，或者对学校或者其他教育机构作出处理不服的，可以向教育行政部门提出申诉，教育行政部门应在接到申诉的三十日内，作出处理。""教师认为当地人民政府有关行政部门侵犯其根据本法规定享有的权利的，可以向同级人民政府或者上一级人民政府有关部门申诉，同级人民政府或者上一级人民政府有关部门应当作出处理。"

（2）学生申诉制度。学生申诉是学生在接受教育的过程中，对学校给予的处分不服，或认为学校和教师侵犯了其合法权益而向有关部门提出要求重新作出处理的制度。学生申诉制度建立的法律依据是《教育法》第42条有关学生申诉权的规定。该条第4项规定："学生对学校给予的处分不服有权向有关部门提出申诉，对学校、教师侵犯其人身权、财产权等合法权益，有权提出申诉或者依法提起诉讼。"根据此项规定，学生申诉的范围十分广泛，一般涉及学生的受教育权、公正评价权、隐私权、名誉权以及其他人身权及财产权受到学校或教师侵犯的行为。

2. 教育行政复议

教育行政复议，是指教育行政机关或个人在行使教育行政职权时，与作为被管理对象的相对人就已生效的具体行政行为发生争议，根据相对人的申请，由该教育行政机关的上一级教育行政机关，对引起争议的具体教育行政行为进行复查并作出决定的一种法律制度。

根据《行政复议法》和有关的教育法律，有下列情形之一的，公民、法人或其他组织可以依法申请行政复议。（1）对教育行政处罚行为不服的；（2）对教育行政强制措施行为不服的；（3）不作为违法的；（4）对教育行政的侵权行为等。

3. 教育行政诉讼

行政诉讼有广义和狭义两种理解。广义的行政诉讼包括现代社会解决行政争议的两种救济方式，即行政复议和行政诉讼。狭义的行政诉讼不包括行政复议。本书采用狭义之说。教育行政诉讼是指教育行政相对人公民、法人或其他组织认为教育行政机关或其他行政机关所实施的具体行政行为侵犯其合法权益，可以依法向人民法院起诉，人民法院对被诉行为的合法性进行一起审查，并依法作出裁决，以保证教育行政的公正性和合理性，保护行政相对人的合法权益。

根据《行政诉讼法》和有关的教育法律，有下列情形之一的，公民、法人或其他组织可以依法提起行政诉讼。（1）对行政处罚不服的；（2）对行政强制措施不服的；（3）对行政机关侵犯法定权限不服的；（4）对行政机关拖延或拒不履行其行政职责的；（5）行政机关违法要求其管理相对人履行义务；（6）行政机关侵犯相对人其他人身权、财产权。

第三节　教师和学生的法律地位

教师和学生，这两个学校教育活动中最重要、最活跃的主体，他们参与教育活动的状况，直接影响教育教学质量，影响学生的健康成长。因此，明确教师和学生的法律地位，规定他们在教育实践活动中的权利和义务，对于保障教师和学生各自主观能动性的充分发挥异常重要。

一、教师的法律地位

（一）教师法律地位的含义

教师的法律地位是指法律对教师职业的定位。《教师法》第 3 条规定：

“教师是履行教育教学职责的专业人员，承担教书育人，培养社会主义事业建设者和接班人、提高民族素质的使命。教师应当忠诚于人民的教育事业。”这一规定揭示了教师法律地位的内涵。对此规定，可从以下三个方面来理解：

1. 教师的身份是专业人员。专业人员，即专门从事某种专业技术工作的人。如同医生、律师一样，教师是一种从事专门职业活动的专业人员。对于教师的身份，我国的《教师法》表述为“履行教育教学职责的专业人员”。这是国家在法律上对教师地位的一种认可，是教师的本质特征。

2. 教师的职业要求其履行教育教学职责。按《教师法》第 2 条的规定，只有直接承担教育教学任务的人，才具备教师的基本条件。因此，在学校中，只承担教育教学工作的人属于教师，既承担行政管理职务或其他专业职务，同时也履行教育教学职责的人，也属于教师。而在学校中未直接从事教育教学工作，未履行教学职责的行政管理人员、校办产业公司人员、教学辅助人员等，一般不能认定为教师，与教师的法律地位也不相同。

3. 教师的使命是“教书育人，培养社会主义事业建设者和接班人、提高民族素质”。这也是《教师法》赋予教师的责任。它首先要求教师承担起对学生个体培养的责任，在教育教学过程中，既要向学生传授系统的科学文化知识，也要注意培养学生思想道德情感。其次要求教师承担起提高整个民族素质的责任，为社会主义事业培育人才。

（二）教师的权利与义务①

教师作为普通公民，其应该享有法律赋予普通公民的各项权利，履行各项义务。教师作为教育教学专业人员，其应享有特有的权利，履行特有的义务。《教育法》第 32 条规定：“教师享有法律规定的权利，履行法律规定的义务，忠诚于人民的教育事业。”《教师法》第二章第 7 条和第 8 条，专门规定了教师作为专业人员所享有的权利和应履行的义务。

1. 教师的权利

（1）进行教育教学活动，开展教育教学改革和实验。这项权利可简称教育教学权，是教师履行教育教学职责所具有的基本的职业权利。这项权利主要是指教师根据其职业特点，可以依据其所在学校的培养目标组织课堂教学；

① 本部分内容主要参考了（1）黄崴．教育法学［M］．北京：高等教育出版社，2007. 186－196.（2）杨颖秀．教育法学［M］．北京：中国人民大学出版社，2008. 231－234.（3）余雅风．新编教育法学［M］．上海：华东师范大学出版社，2008. 138－145.

可在不违背课程计划、课程标准要求的前提下，确定自己教学内容和进度；可针对学生的实际情况，在教育教学的形式、方法、内容、过程等方面进行设计、试验和改革完善。

（2）从事科学研究、学术交流，参加专业的学术团体，在学术活动中充分发表意见。这项权利可简称为科学研究权。这项权利主要是指教师在完成规定的教育教学任务的前提下，有权进行科学研究、技术开发、教育理论研究等创造性劳动；有权将研究成果发表；可以参加学术交流活动，依法成立或参加学术团体并在其中兼任工作；有自由发表学术观点的权利等。

（3）指导学生的学习和发展，评定学生的品行和学业成绩。这项权利可简称为指导评价权。这项权利主要是保障教师能够运用其专业知识和技能，以正确、科学的方式，促使学生全面发展。它包括教师有权根据学生的身心发展状况及特点，有针对性地指导学生学习；有权对学生的品德、学习、社会活动、文体活动、师生关系、同学关系等方面的表现做出客观的评价，并通过平时考查及学期、学年、毕业考试和其他方式对学生的学业成绩做出客观的评价等。

（4）按时获取工资报酬，享受国家规定的福利待遇以及寒暑假期的带薪休假。这项权利可简称为获得报酬权。这项权利是指教师作为劳动者的一员，有权要求所在学校及教育主管部门按照法律及教师聘任合同的规定，按时足额地支付工资报酬、奖金津贴等收入；有权享受国家福利待遇；教师还享有寒暑假带薪休假的特殊权利。

（5）对学校教育教学、管理工作和教育行政部门的工作提出意见和建议，通过教职工代表大会或者其他形式，参与学校的民主管理。这项权利可简称为参与教育管理权。这项权利是指教师享有对学校及其他教育行政部门工作的批评权和建议权；享有通过教职工代表大会、工会等组织形式及其他适当方式，参与学校民主管理，讨论学校改革与发展等方面的重大问题的权利。

（6）参加进修或者其他方式的培训。这项权利可简称为进修培训权。这是教师享有的接受继续教育、不断获得充实和发展的权利，是教师要求职业上的提升和进步，要求自身发展和价值升华的体现。教师有权参与进修和接受其他多种形式的培训，不断更新知识，调整知识结构，提高自己的思想品德和业务素质，保障教育教学质量。教育行政部门、学校和其他教育机构应当采取多种形式，开辟多种渠道，保证教师进修培训权的顺利行使。

2. 教师的义务

（1）遵守宪法、法律和职业道德，为人师表。教师作为中华人民共和国的公民，首先必须遵守宪法和法律。教师作为人类灵魂的工程师，承担培养下一代的重要使命，应当遵守职业道德，以高尚的品质和优良的情操来对学生的心灵产生潜移默化的影响，以敬业勤奋、诚实守信、遵纪守法、博学多才等品质，垂范学生。

（2）贯彻国家的教育方针，遵守规章制度，执行学校的教学计划，履行教师聘约，完成教育教学工作任务。教师职业与一般职业不同，教师工作的对象是人不是物，教师的工作关系到学生的未来发展。因此，教师履行教师聘约的责任比一般职业更为重要。教师应当遵守学校和教育主管部门制定的规章制度，执行学校根据国家规定的课程计划、课程标准而制定的具体教学计划，保障教育教学质量。

（3）对学生进行宪法所确定的基本原则的教育和爱国主义、民族团结的教育，法制教育以及思想品德、文化、科学技术教育，组织、带领学生开展有益的社会活动。教师的职责是“教书育人”，对学生进行思想品德教育不仅仅是思想品德教师的任务，更是所有教师不可推卸的责任。教师应当结合自己教育教学业务的特点，把思想品德教育贯穿于整个教育教学活动的始终。

（4）关心、爱护全体学生，尊重学生人格，促进学生在品德、智力、体质等方面全面发展。热爱学生是教育活动、教师职业特点及学生成长的特殊性所决定的。教师要关爱每个学生，尊重学生人格，与学生建立良性互动的师生关系。

（5）制止有害于学生的行为或者其他侵犯学生合法权益的行为，批评和抵制有害于学生健康成长的现象。这项义务主要针对侵犯学生合法权益的行为，一是在学校工作中或教育教学相关活动中，教师侵犯其所管理学生的合法权益；二是社会上一些侵犯学生合法权益的现象。保护学生的合法权益和身心健康成长，是教师义不容辞的责任。教师不仅对自己的言行要求严格，还应尽力为学生创造一个健康、安全的成长环境。

（6）不断提高思想政治觉悟和教育教学业务水平。教育教学既是专业性很强的工作，又是富有创造性和灵活性的工作。这就要求教师不断提高思想觉悟和业务水平，做到与时俱进。在当今知识经济时代，教师要想更好地工作，必须不断学习，加强自身道德修养，调整知识结构，掌握新知识和新技术，从而主动适应时代发展对自身提出的挑战。

（三）教师基本法律制度

教师基本法律制度，是指国家以立法的形式来规范教师队伍建设的所有法律法规制度的总称。教师基本法律制度通常由教师资格制度或许可制度、职务或职称制度、任用制度、培训进修制度、奖惩制度、申诉制度等组成。本书主要介绍教师资格制度、教师职务制度和教师聘任制度。

1. 教师资格制度

教师资格制度是国家对教师实行的特定的职业许可制度。教师资格是国家对专门从事教育教学人员的最基本要求，是公民获得教师岗位的法定前提条件。我国教师资格制度主要包括以下几方面的内容：

（1）教师资格的分类。《教师资格条例》第 4 条将我国教师资格分为七类：①幼儿园教师资格；②小学教师资格；③初级中学教师资格；④高级中学教师资格；⑤中等职业学校教师资格；⑥中等职业学校实习指导教师资格；⑦高等学校教师资格。

（2）教师资格条件。《教师法》第 10 条规定："中国公民凡遵守宪法和法律，热爱教育事业，具有良好的思想品德，具备本法规定的学历或者经国家教师资格考试合格，有教育教学能力，经认定合格的，可以取得教师资格。"这一句话包含了教师资格的四个要件：一是中国公民。二是思想品德要求。三是教育教学能力。四是学历要求。

（3）教师资格考试。教师资格的合格与不合格，必须通过严格的考核来体现，获取教师资格证书。根据《教师法》的规定："不具备本法规定的教师资格学历的公民，申请获得教师资格，必须通过国家教师资格考试。"考试的类型根据不同的教师资格分类及其业务水平、知识结构的不同要求，分别设立。考核的内容包括教师身体、道德、学历、知识、能力、情感等各个方面。

（4）教师资格的认定。具备《教师法》规定的四项基本要求的中国公民，并不意味着当然的取得教师资格，还必须经过法定程序和法定机构的认可才能取得教师资格。《教师法》第 13 条规定：中小学教师资格由县级以上地方人民政府的教育行政部门认定。中等专业学校、技工学校的教师资格由县级以上地方人民政府教育行政部门组织有关主管部门认定。普通高等学校的教师资格由国务院或者省、自治区、直辖市教育行政部门或者由其委托的学校认定。教师资格认定程序：一是提出申请。二是资格审查。对符合认定条件的，应当在受理期限终止之日起 30 日内颁发相应的教师资格证书。三是颁发证书。

（5）教师资格的限制与丧失。《教师法》第 14 条规定：“受到剥夺政治权利或者故意犯罪受到有期徒刑以上刑事处罚的，不能取得教师资格；已经取得教师资格的，丧失教师资格。”《教师资格条例》第 19 条还规定，有弄虚作假、骗取教师资格的或品行不良、侮辱学生，影响恶劣的，由县级以上人民政府教育行政部门撤销其教师资格。被撤销教师资格的，自撤销之日起 5 年内不得重新申请认定教师资格，其教师资格证书由县级以上人民政府教育行政部门收缴。

2. 教师职务制度

《教育法》和《教师法》都规定：“国家实行教师职务制度”。所谓教师职务制度是指国家有关部门对学校教师的岗位设置、各岗位任职的条件和获得该岗位职务的程序等方面规定的总称。

我国教师职务制度主要包括以下几方面的内容：

（1）职务系列。我国教师职务系列主要包括：高等学校教师职务、中等专业学校教师职务、中学教师职务系列、小学教师职务系列等五个方面。每个系列又分若干职务。

（2）任职条件。教师必须具备一定的任职条件，才能受聘担任相应的教师职务，从现行各教师职务的任职条件规定来看，一般包括以下几个方面：①具备各级各类学校相应的教师资格；②遵守宪法和法律，具有良好的思想政治素质和职业道德，为人师表，教书育人；③具备相应的教育教学水平、学术水平，具有教育科学理论的基础知识，能全面地、熟练地履行现职务的职责；④在做好本职工作的前提下，结合工作需要，努力进修，不断提高自身的教育教学和学术研究水平；⑤具备学历、学位要求；⑥身体健康，能正常工作。

（3）职务的评审。各级各类教师职务的获得一般由同行专家组成的教师职务评审组织根据现行各教师职务试行条例规定的任职条件来评定。

3. 教师聘任制度①

教师资格只是从事教师工作的必备条件，而不是充分条件。具有教师资格，并不意味着一定会从事教育教学工作，只有被学校或者其他教育机构聘任后，才能成为教师。因此，所谓教师聘任制度是指学校和教师在双方平等自愿和确定双方的权利、义务和责任的基础上，由学校或教育行政部门根据

① 本部分内容主要参考黄崴．教育法学［M］．北京：高等教育出版社，2007. 200-201.

教育教学需要设置的工作岗位，聘请具有教师资格的公民担任教师职务的一项制度。实行教师聘任制，有利于教师队伍的公平竞争，优胜劣汰，从而产生教师职业的责任感和紧迫感，从根本上杜绝“平均主义”和“铁饭碗”等现象，激发教师的工作积极性。

（1）教师聘任制的基本特征。①聘任是一种法律行为，它确立的是双方的法律关系，聘任制是在平等自愿的基础上学校和教师之间确立的一种法律关系，它规定了双方享有的权利、应履行的义务和承担的责任。②聘任合同具有法律效力，对双方均有约束力，聘任期间，无特殊理由不能辞聘或解聘，确需变动时，应提前与对方协商，双方达成一致协议后，方可变更或解除合同。③聘任制应体现按劳分配的原则。教师受聘后，根据聘任合同享受相应的经济待遇。

（2）教师聘任的形式。①招聘。即学校面向社会公开择优选拔具有教师资格的所需教育教学人员。招聘具有公开、公正、直接、自愿、透明度高等优点，有利于发现和合理使用人才。②续聘。续聘一般是指在聘任合同期满后，学校与教师继续签订聘任合同。③解聘。主要是学校因某种原因不适宜继续聘任教师，双方解除聘任合同关系。④辞聘。主要是教师主动请求学校解除其与学校聘任合同关系的一种法定行为。

二、学生的法律地位

（一）学生法律地位的含义

“学生”与“受教育者”这两个概念的意义基本相同。学生指的是在学校读书的人，也泛指向其他人学习知识、技能的人。而受教育者就是接受教育的人，与广义的学生是同一概念。但在法律意义上的“学生”与“受教育者”，其涵义略有不同。学生“一般是指在各级各类教育机构中的‘受教育者’，在法律上，这一范畴应包括所有在学校或其他教育机构中的‘受教育者’，在法律上，这一范畴应包括所有在学校或其他教育机构中登记注册并有教育档案或个人档案材料的人，但不包括未曾进入这种学校或教育机构的人。”① “受教育者”是指“依照法律法规尤其是教育法律法规的规定，与具体教育部门建立了具体的教育法律关系，围绕教育机构实施的有目的、有计

① 张维平．平衡与制约——20世纪的教育法［M］．济南：山东教育出版社，1995：32.

划的教育教学活动，以学习者身份构成的社会群体。”① 显然，在法律意义上受教育者比学生的范围更广。

教育法从公民有受教育的权利和义务出发，认定学生是受教育者，有其受教育的权利和义务。我国《教育法》第9条规定：“中华人民共和国公民有受教育的权利和义务。公民不分民族、种族、性别、职业、财产状况、宗教信仰，依法享有平等受教育的机会。”把“学生”作为“受教育者”是立足于教育是每一个公民的基本权利与义务，着重强调的是社会的每一个公民，在其一生每个阶段都享有受教育的权利，在义务教育阶段既有受教育的权利又有受教育的义务。虽然受教育贯穿于人的一生，但在教育法律意义上的“受教育者”指的是在正规教育机构中，正式登记注册并接受教育的学生，包括幼儿园学童、小学生、中学生、大学生、硕士研究生、博士研究生以及其他正式登记注册的学生，并不包括各种短期培训的学员。②

学生的法律地位是指学生以其权利能力和行为能力在具体法律关系中取得的一种主体资格。③ 从历史发展来看，无论是西方还是东方，人们一开始并未认为学生接受教育是其基本权利，也没有认识到学生的受教育权与其生存权、发展权的逻辑关系，相反，则极其片面地强调，接受教育是学生对国家、社会、学校和家庭应尽的义务。也就是说，学生仅仅是义务主体，而非权利主体。学生接受教育的权利是经过相当长时期，不断被接受和认可的。20世纪80年代以来，我国加大了依法治教的力度，颁布了一系列的教育法律法规。这些法律法规对各类学生的权利和义务做出了规定，确立了学生的法律地位。

（二）学生的权利与义务

学生作为普通公民，其应该享有法律赋予普通公民的各项权利，履行法律赋予普通公民的各项义务。学生作为专门人员，其应享有特有的权利，履行特有的义务。

1. 学生的权利

（1）参加教育教学计划安排的各种活动，使用教育教学设施、设备、图书资料。

这项权利可以看作是学生参加教育活动并有使用教育资源的权利。受教育就要参加教学计划安排的各种课堂教学、课外活动，使用有关教学资源，

① 郝铁川．教育法基础［M］．上海：上海教育出版社，1998：136.

② 黄崴．教育法学［M］．北京：高等教育出版社，2007. 210-211.

③ 余雅风．新编教育法学［M］．上海：华东师范大学出版社，2008. 162.

不然就谈不上受教育。所以，参加教育活动并使用学校的教育资源是每一个在校学生的基本权利。我国《教育法》第 42 条第一款规定学生有“参加教育教学计划安排的各种活动、使用教学设施、设备、图书资料”的权利。这一规定是保障学生受教育的前提和基础。

（2）按照国家有关规定获得奖学金、贷学金、助学金。

这项权利可以看作是学生享有国家给予的物质帮助的权利。为了使所有的人都有受教育的机会并鼓励学生勤奋学习，国家对一些特殊群体的学生进行经济或物质上的帮助。我国《教育法》第 42 条第二款规定：“按照国家有关规定获得奖学金、贷学金、助学金”。

（3）在学业成绩和品行上获得公正评价，完成规定的学业后获得相应的学业证书、学位证书。

这项权利可以看作是学生享有公正评价并获得相应资格证书的权利。公正评价就是对学生的学业成绩和思想品德进行实事求是、合情合理的判断。《教育法》第 42 条第三款规定学生在“学业成绩和品行上获得公正评价，完成规定的学业后获得相应的学业证书、学位证书”。

（4）对学校给予的处分不服向有关部门提出申诉，对学校、教师侵犯其人身权、财产权等合法权益，提出申诉或者依法提起诉讼。

这项权利可以看作是学生享有申诉权。申诉权是指学生在受到学校处分或认为学校、教师侵犯其人身权、财产权时，向学校或主管部门申述理由，请求处理的一种自我保护方式和权利，情节严重时还可以对侵权者提起诉讼。这是公民申诉权和诉讼权在学生身上的具体体现。其法律依据是《教育法》第 42 条第四款规定：“对学校给予的处分不服向有关部门提出申诉，对学校、教师侵犯其人身权、财产权等合法权益，提出申诉或者依法提起诉讼”。这一权利是学生受教育权得以实现，其他有关权利不受侵犯的根本保障。

（5）法律、法规规定的其他权利。

这一方面是指学生作为普通公民享有法律、法规规定的相应权利，另一方面也是立法技术问题，是给相关法律、法规规定学生的权利留白。

2. 学生的义务

我国《教育法》第 43 条规定，受教育者应当履行下列义务：

（1）遵守法律、法规。

遵守法律和法规是每一个公民必须履行的基本义务，学生也不例外。所遵守的法律和法规包括全国人民代表大会制定的宪法、法律、国务院制定的行政法规、地方人民代表大会制定的地方性法规以及根据法律法规制定的行政规章。这些法规包括教育法律、教育法规和教育规章等。对学生来说，特别要遵守这些法律法规中的有关条款。

(2) 遵守学生行为规范，尊敬师长，养成良好的思想品德和行为习惯。

学生在校必须遵守学生行为规范，这是学生必须履行的重要的义务。学生行为规范主要指教育部于2004年发布的《中小学生守则》、《小学生日常行为规范（修订)》和《中学生日常行为规范（修订)》，于2005年印发的《高等学校学生行为准则》。这些规范集中体现了国家对学生在政治、思想、品德、学习及行为等方面对学生的基本要求。同时，学生要尊敬师长，这是对学生品德的重要要求。我国有尊师重教的传统，虽然“师尊生卑”是一个错误观念，但建立在民主和平等基础上的对教师的尊敬是必需的，也是良好的教学秩序所需要的。最后，学生要自觉地养成良好的思想品德和行为习惯。要把学生行为规范的有关内容内化为良好的思想品德，外化为健康的行为习惯。

(3) 努力学习，完成规定的学习任务。

学生为履行受教育的义务，必须努力学习，完成法律法规所规定的学习任务。对义务教育阶段的学生来说，努力学习和完成规定的学业是带有强迫新制度，任何学生都不能逃避。对非义务教育阶段的学生来说，进入某一层次的学习接受教育是自己的权利，同时也有义务努力学习并完成教学计划规定的学习任务，否则就不能毕业或获得相应的学业证书。所以，任何学生都必须努力学习。

(4) 遵守其所在学校或者其他教育机构的管理制度和规定。

国有国法，校有校规。学生进入到某一所学习或某一教育机构，就必须遵守该校或该教育机构的管理制度。每一所学习都有自己学习的管理制度。学习管理制度主要有教学管理制度、学籍管理制度、品德行为制度以及其他管理制度等。教学管理制度主要有教学作息制度、学习制度、班级管理制度等；学籍管理制度主要有注册、考试、升级、留级、转学、复学、休学、退学等制度，考勤记录、纪律教育、奖励处分以及学生毕业资格的审查等管理规定；品德行为制度主要是学习校训、学生日常行为规范等；其他制度有图书管理制度、校园管理制度、体育卫生制度等等。这些制度都是依据有关法律、法规和规章制定的，是学习正常运转的保证。学生有义务遵守这些制度。

（三）对特殊学生群体的法律保护

1. 女生

在现代社会，男女本来是平等的，但由于文化以及经济或其他因素，男女不平等的现象依然存在。所以用法律法规对女子受教育权予以保护显得尤为重要。我国《教育法》第36条规定："学校和有关行政部门应当按照国家有关规定，保障女子在入学、升学、就业、授予学位、派出留学等方面享有同男子平等的权利"。

2. 经济困难的学生

每个学生都有平等受教育的机会，但并不是每一个学生都能够接受同样的教育。这有多方面的原因，其中一个重要原因是经济方面的，有些学生就是因为家庭经济困难而不能上学或辍学。为了保证家庭经济困难的学生也有平等受教育的机会，国家通过立法对这些学生进行经济资助。我国《教育法》第37条规定："国家、社会对符合入学条件、家庭经济困难的儿童、少年、青年，提供各种形式的资助。"我国《义务教育法》第6条规定：县级以上地方人民政府应当保障家庭经济困难的适龄儿童、少年接受义务教育。还规定，各级人民政府对家庭经济困难的适龄儿童、少年免费提供教科书并补助寄宿生生活费。我国《高等教育法》在第54条中规定："家庭经济有困难的学生，可以申请补助或者减免学费"。

3. 残疾人

残疾人是社会的一个特殊群体，国家有责任保障这部分人受教育的权利得到实现。我国《教育法》第38条规定："国家、社会、学校及其他教育机构应当根据残疾人身心特性和需要实施教育，并为其提供帮助和便利。"我国《义务教育法》第19条规定，县级以上地方人民政府根据需要设置相应的实施特殊教育的学校（班），对视力残疾、听力语言残疾和智力残疾的适龄儿童、少年实施义务教育。

对学生权利的法律保护，除了教育法律作出专门的规定外，我国《未成年人保护法》也对此作出了相关的规定。该法对未成年人的法律保护分为家庭保护、学校保护、社会保护、司法保护，并对未成年人保护的法律责任也做了规定。

本章小结：教育政策和教育法律由于各自不同的特点，使其在调整社会关系上，具有各自特有的优势。这就需要我们在保持教育政策与教育法律协调一致的基础上，充分发挥教育政策和教育法律的各自优势，相互配合，既要发挥教育政策对教育改革与发展的指导作用，又要维护教育法律的权威，严格依法办事，发挥教育法律的规范性作用，共同为实现教育改革与发展宏伟目标保驾护航。

【思考题】

1. 简述教育政策的涵义与作用。

2. 简述教育法规的涵义与作用。

3. 教育政策制定的一般步骤有哪些？

4. 教育政策执行有哪些基本步骤？

5. 论述我国教师的权利和义务。

6. 论述我国学生的权利和义务。

7. 案例分析：

某县第一中学深受片面追求升学率的影响。该中学领导人借口初中教室不足，对一些成绩不好、考试不及格的学生采取停课或开除的办法，要求他们“立即离校回家”。然而，这些同学刚被赶回家，该中学就又接收一部分初中毕业生，编入初三年级复读。该校因成绩不好而被责令退学转学的学生达14名，被开除学生的家长对该中学的做法极为不满，向上级行政部门提出申诉。

思考：试结合教育政策法规的基本原理分析该中学的做法。

【阅读导航】

1. 袁振国．教育政策学［M］．南京：江苏教育出版社，2001年版。

2. 吴志宏、陈韶峰、汤林春．教育政策与教育法规［M］．上海：华东师范大学出版社，2003版。

3. 张乐天．教育政策法规的理论与实践［M］．上海：华东师范大学出版社，2009年版。

4. 劳凯声．教育法学［M］．沈阳：辽宁教育出版社，2000年版。

5. 黄崴．教育法学［M］．北京：高等教育出版社，2007年版。

第三章　班主任与班级管理[①]

案例导读：李南是一位刚走上教育岗位的年轻班主任。上岗之前，他踌躇满志，想象着班主任的那些活计：开班会、组织班级活动、进行思想品德教育等是那样的简单。总之对于自己这个大学的高材生来说，要驾驭班主任工作是轻而易举的事。

然而，上岗两个月后，李南没有了往日的潇洒，他沮丧到了极点。走进教室，他发现学生比想象中的差多了，有的简直不像学生，对老师没有礼貌，时不时抓住机会向他挑衅。且不说教学内容他们不想听，即使讲轶闻趣事，有些学生也在另搞一套。课堂上还经常出现相骂打架的事情，真叫李南烦不胜烦。

李南并不认为是他自己无能，而是学生太差。他觉得，与其把时间花在这难见成效的工作上，还不如早点改行。他想辞职去做生意，但是仔细想想，就此离开教育工作，他多少又心不甘。但如果继续干下去，出路又何在？

班主任是天底下最小的“主任”，没有任何行政级别，又是天底下最大的“主任”，可以影响几十甚至几百人一生的发展。班主任是中小学生一生发展中的重要他人，扮演着非常重要的角色。

第一节　班主任

班主任不仅是班级的组织者、教育者，也是发展中的青少年儿童的精神关怀者，在班集体建设、学生发展和学校各项工作的开展和加强校内外联系

① 本章参考朱家存主编．教育学［M］．北京：高等教育出版社，2010. 第十章班主任与班级管理。

等方面扮演着多种角色，行使着多种职能。班主任在具备一个合格教师具有的各种素质前提下，还应具备当代管理者的素质。

一、班主任概述

（一）班主任的含义

“班主任”这一角色是适应近现代教育班级教学的需要而产生，它的含义是在教育实践中不断发展和得到明确的。夸美纽斯在他的《泛智学校》中设想给每个班“指派固定的教师”。[①] 这个时候，对班主任是从一种特殊的教师角色认识的。19 世纪，前苏联的班级授课制术语中，把“班级”和“教师”合在一起称为“级任教师”。后来又将“班级”与“主任”联系到一起，形成了“班主任”这一名称。前苏联的班主任制度对中国的班主任制度产生过深刻影响。在中国，1902 年的《钦定学堂章程》中就有设置班主任的思想，时称“正教员”。民国初年，逐渐出现了“级任教员”与“学校主任”等名称。中华人民共和国成立以后，曾在中小学设“级任主任”。在 1952 年教育部颁发的《小学暂行规程（草案）》和《中小学暂行规定（草案）》中，明确提出了班级设班主任。[②]

（二）班主任的角色定位

2009 年 8 月我国教育部印发的《中小学班主任工作规定》中对班主任的角色给予明确定位，具体有三个方面。

1. 班主任是中小学日常思想道德教育和学生管理工作的主要实施者

思想道德教育是中小学教育的组成部分，它要通过学校教育的多种途径来进行，包括品德与生活（社会）课、各科教学和班主任工作。由此可见，班主任本身就负有对学生进行思想道德教育的任务，并与专门的品德课和各科教学所进行的思想道德教育不同，是思想品德教育的主要实施者。

2. 班主任是中小学生健康成长的引导者

班主任在引领中小学生健康成长的过程中负有以下责任：教育的责任，即教育学生学会做人和做事；培养的责任，即创造和利用条件，使学生整体素质得到提高；发现的责任，即挖掘学生发展的潜力，发现学生的兴趣爱好、

---

① 任钟印．夸美纽斯教育论著选［C］．北京：人民教育出版社，1990：246.

② 中华人民共和国教育部．中国教育年鉴（1949—1981）［Z］．北京：中国大百科全书出版社，1984：727-731.

特殊才能等，使他们能够得到充分的发展；激活的责任[①]，即启动学生的积极意识和进取心，给予学生成功的体验，引发学生产生健康的积极的欲望和需要，最终使他们形成自我教育的要求和能力；夯实的责任，即为学生打下牢固的多方面的基础。

3. 班主任是中小学生人生导师

班主任作为学生的人生导师，在心目中规划每个学生成长的蓝图。中小学生自身的知识经验有限，也尚未形成正确的人生观、世界观和价值观，需要班主任对其人生的发展给予有力的指导。班主任在工作中，凭借自身的知识经验和在学生心目中的威信，帮助学生确定人生目标，规划人生蓝图，帮助学生提高认识水平、分析判断的水平、掌握知识的方法和解答学生所遇到的各种疑惑。

（三）班主任的地位和作用

班级是学校中的基层组织，是进行教育教学的基本单位。因此，班主任在班集体建设、学生发展和学校各项工作的开展和加强校内外联系等方面起着非常重要的作用。具体表现在以下四个方面。

1. 教育作用

班主任是班级的直接管理者，对每一个学生负有教育的责任，对每一个学生的素质起着重要的作用。在工作中，班主任按照班级工作计划，有目的、有组织地开展多项活动，并借助自己的知识、行为和威信，对学生产生有形的、无形的、多方面的、不同形式的教育影响，激发学生接受教育的追求，使学生学会做人，学会做事，促进学生健康和谐发展。

2. 组织与指导作用

良好的班集体具有显著的标志[②]：有明确的奋斗目标、有健全的组织机构、有严明的规章制度、有融洽的班级人际关系。良好的班集体对每个学生的健康发展有巨大的教育作用。培养班集体是班主任工作的重要内容，需要班主任做大量深入细致的工作，组织和指导学生确立班集体的奋斗目标，选拔培养班委会干部，培养正确的舆论和良好的班风、学风，指导学生开展多种有意义的教育活动，逐渐确证和巩固学生的主体地位对班集体进行自主管理。

---

① 白铭欣．班级管理论［M］．天津：天津教育出版社，2000：98.

② 张爱华．班主任工作艺术［M］．石家庄：河北教育出版社，2001：127.

3. 沟通与桥梁作用

中小学生的成长受到多方面因素的影响，班主任的特殊地位决定其是校内外多种教育力量的协调者，是沟通学校、家庭和社会三方面教育的桥梁。班主任要明确自己的角色和责任，以自己为纽带构建学校、家庭和社会三方面力量配合的网络。班主任通过多种方式与家长联系，对家长进行家庭教育的指导，让家长成为班级管理的助手。同时，班主任应积极参与社区工作并给予有力指导。

（四）班主任的职责与任务

班主任主要是教育管理角色，对学校工作的开展和学生的发展都有重要影响。在学校工作中承担着较为复杂繁重的任务。根据我国《中小学班主任工作规定》，班主任的职责与任务主要有以下五个方面：

1. 全面了解班级内每一个学生，深入分析学生思想、心理、学习、生活状况。关心爱护全体学生，平等对待每一个学生，尊重学生人格。采取多种方式与学生沟通，有针对性地进行思想道德教育，促进学生德智体美全面发展。

2. 认真做好班级的日常管理工作，维护班级良好秩序，培养学生的规则意识、责任意识和集体荣誉感，营造民主和谐、团结互助、健康向上的集体氛围。指导班委会和团队工作。

3. 组织、指导开展班会、团队会（日）、文体娱乐、社会实践、春（秋）游等形式多样的班级活动，注重调动学生的积极性和互动性，并做好安全防护工作。

4. 组织做好学生的综合素质评价工作，指导学生认真记载成长记录，实事求是地评定学生操行，向学校提出奖惩建议。

5. 经常与任课教师和其他教职员工沟通，主动与学生家长、学生所在社区联系，努力形成教育合力。

二、班主任的素质要求与成长

（一）班主任的素质要求

班主任处于班级管理的核心，一般由任课教师担任。《中小学班主任工作规定》中第七条明确规定：选聘班主任应当在教师任职条件的基础上突出考查三个条件，即作风正派，心理健康，为人师表；热爱学生，善于与学生、学生家长及其他任课教师沟通；爱岗敬业，具有较强的教育引导和组织管理能力。可见，作为一名班主任，在具备一个合格教师具有的各种素质前提下，还应具备当代管理者的素质。概括起来，班主任的素质要求主要有以下三个方面。

1. 思想政治素质

思想素质是班主任素质结构的重要组成部分。班主任的一言一行、一举一动中流露出来的思想境界和精神风貌对学生起着潜移默化的作用。思想素质主要包括思想意识、思想品格和工作作风①。其中，思想意识表现在具有强烈的事业心和责任感，坚持辩证唯物主义观点和全心全意为人民服务的宗旨，做到一切为了学生，根据学生和学校的客观实际情况，充分发扬民主，进行班级管理。思想品格表现在以正确的世界观、人生观和价值观为指导，积极工作，热爱学生，具有良好的职业道德，遵守社会公德。工作作风表现在实事求是、民主平等、严于律己、艰苦奋斗等方面。

政治素质是班主任应该具备的最基本的素质，要求班主任具有坚定地政治立场，坚持四项基本原则，忠诚党的教育事业；全面贯彻党的教育方针和政策；同时，班主任要有较高的政治觉悟和高度的政治警惕性。

2. 业务素质

班主任作为一名专业化的教师和管理者，其业务素质主要包括教学科研业务素质和管理业务素质。具体包括：合理的知识结构、多方面的能力结构、良好的个性素养和开拓创新的教育管理观念。只有具备了这些方面的业务素质，班主任才能有效进行创造性的班级管理。

（1）班主任的知识结构。华东师范大学叶澜教授认为教师的专业知识包含三个方面，具体有复合型的特征②。因此，班主任首先作为一名专业化教师，应具备比较广博而扎实的基础文化知识，精通自己的专业知识，掌握有关教育对象，开展教育活动、进行教育研究等教育学、心理学知识。同时，班主任作为一名专业管理者，应掌握管理理论的系统知识，具体包括三个层面，即关于管理一般性质与规律的管理学知识、班级管理所在的教育管理领域的教育管理学知识和班级管理理论知识。

（2）班主任的能力结构。能力是直接影响活动效率，使人顺利完成某种活动所必须具备的个性特征。班主任进行的班级管理是一项复杂的社会实践

① 郭毅．班级管理学［M］．北京：人民教育出版社，2002：33.

② 叶澜．新世纪教师专业素养初探［J］．教育研究与实验，1998，（1）：41-46.

活动，需要班主任具备多种能力，其中主要包括以下方面：

领导能力。如果说管理就是“领导”，班主任就是一名领导者，班主任的领导表现在对班级成员的行为和相应的各种资源进行运筹，为学生营造出最适宜于学生身心健康发展的教育环境。因此，班主任必须具有设计班级目标的能力、选择实现班级目标的途径及方法的能力、组织和引导学生并调度相应资源实现预定计划的能力以及根据班级管理过程中的反馈信息调整计划的能力等。

社交能力。班主任在工作中，需要与学生、任课教师、学校领导以及学生家长等进行交流和协调。因此，班主任必须具备较强的社会交际能力。

研究能力。班主任作为一名专业教师，要对本学科知识及其教学进行研究，成长为研究型教师。同时，班主任作为班级管理者，要不断认识管理对象，因为中小学生是一个个鲜活的个体，正处于人生发展的关键期，在认知、情感、意志等方面都具有较强的可塑性，这就决定了班主任在班级管理工作中必须着眼于具体的特殊的情境，按照学生的个性特点，遵循教育规律进行管理。同时，班级管理问题错综复杂，新问题层出不穷，已有的管理策略不能有效解决问题，也需要班主任加强研究。因此，班主任必须将管理和研究结合起来，在管理中研究，在研究中管理，充分体现班级管理工作的科学化和创造性。

3. 班主任的身心素质结构

（1）身体素质。俗话说：“身体是革命的本钱”。班主任作为班级管理者，肩负重任，每天都要处理大量的工作和事务，如果没有健康的体魄，就不会有充足的精力，也不能确保工作任务的完成。因此，班主任必须具有健康的身体素质，不仅有健康的体魄和良好的生活习惯，还应具有积极锻炼的自觉意识并能坚持锻炼，不断提高自己的身体健康水平和体能，为进行工作提供最基本的保障。

（2）心理素质。心理素质是社会对当代社会成员提出的要求，但是班级管理工作中对班主任心理素质有特别的要求。这一特别的要求可以概括为：爱好广泛、情感丰富和良好的个性品质。

首先，班主任的兴趣爱好应该多种多样，既要有广泛的兴趣也要有中心兴趣，比如琴棋书画、吹拉弹唱、体育运动和科技发展等。由于中小学生身心发展迅速，精力充沛，活泼好动，有旺盛的求知欲和广泛的兴趣爱好，所以他们希望班主任同自己一样爱好活动，有一定的特长。这样，当班主任以浓厚的兴趣组织学生开展活动时，就缩短了师生之间的距离，容易与学生打成一片。如果班主任在活动中还能一展自己的特长，就更容易受到学生的欢迎，在学生的心目中树立起自己的威信，从而增强对学生的影响力。

其次，班主任还应该有丰富的情感和稳定而适度的情绪。丰富的情感推动班主任以全部的精力投入工作，创造良好的教学氛围，热爱学生，关心学生，满足中小学生的情感需要。而稳定的情绪则会使班主任保持良好的心态，沉着应对，理性分析和处理遇到的各种问题。

最后，班主任还应有良好的个性品质，主要表现在具有积极向上的态度，坚强的意志品质和良好的性格修养。由于班主任要引导学生树立理想，奋发向上。因此，班主任自身必须坚毅、乐观、而不能悲观消沉；由于班主任常常成为学生的模仿对象，因而教师就必须慎言慎行，严于律己，而不能不拘小节；由于班主任必须经常主动与学生交往，因而就必须善于言谈，而不能沉默寡言。可见，班主任具有良好的个性品质，不但对搞好班级工作大有益处，而且会对学生产生积极而深远的影响。

4. 班主任的成长与培养

由于班主任的特殊角色地位和作用，决定了班主任必须具备一定的任职条件（如前所述）才能上岗，并且在工作中不断加强自我修养，塑造良好的自我形象。同时，作为学校领导，还应站在一定的战略高度认清提高班主任素质和修养的意义，积极探索培养班主任的有效途径和方法，以便提高班主任管理工作的科学化水平。

（1）班主任的自我修养

班主任进行自我管理，养成班级管理实践所要求的素养，就是班主任的自我修养。班主任自我修养的主要方法是“反思—学习—创新性实践”①。反思是班主任的重要品质，要求班主任一方面通过对自己教育教学和管理工作以及日常言行举止进行自省，找到自己在工作上、思想上同优秀班主任间的素质差距，努力赶上；另一方面，班主任可以通过学生来认识自己，即从学生身上发现自己在教学管理工作中的问题与不足，并通过与学生的交往互动中，了解和认识自己在学生心目中的形象，为进一步树立良好形象奠定基础。

学习是在反思过后，为解决所发现的问题而进行的学习，比起高等学校的学生新进行的专业学习，班主任的学习有明确的学习目标，学习的效率会比较高。为此，班主任应当形成坚持阅读的习惯，工作之余挤出一定的时间

① 李学农．班级管理［M］．北京：高等教育出版社，2004：243.

读书，从书籍中获得指导实践的方法。

班主任的自我修养是一个无止境的过程，而且仅有理论学习和思想认识的提高还是不够的，必须将认识转化为能力。这种能力的获得仅靠思考和阅读是不够的，最终要在实践中获得。这种实践又不是一般的实践，不是按照既定的实践方法去做，而是使自己的能力提高的实践，即是一种创新性的实践。

（2）班主任的培养

班主任的培养和训练是加强班主任队伍建设，提高学校管理质量，实现教育目标和学校管理目标的关键，具有重要意义。

在指导思想上，班主任的培养必须坚持业务素质和政治素质统一提高的原则，既重视教学管理业务素质的培养，又不忽视政治思想素质的培养。

在培养内容上，应以班主任任职条件为依据，主要包括政治理论、教育学和心理学理论、班级管理基本理论以及班主任工作技能训练等，提高班主任的创新实践能力。

在培养形式上，可以采取以自学为主、业余为主、在职为主，把短期的集中培训和长期的系统培训相结合，边学习边实践。

在培养途径上，可以通过全员培训，对合格的颁发资格证书，不合格的继续培训，从而逐步实现班主任资格证制度。对即将上任的班主任，进行岗位基本知识培训和思想教育等岗前培训，合格者颁发上岗证，不合格者继续培训，逐步实行班主任持证上岗制度。对已经在岗的班主任采取“请进来，送出去，坐下来，跟上去”的办法，提高班主任的能力素质。“请进来”是根据工作的实际需要请一些专家、学者给班主任教授有关理论知识；“送出去”就是利用假期分期分批送班主任到有关高校或科研院所学习或培训；“坐下来”就是督促班主任根据工作情况每周安排一定时间进行业务学习；“跟上去”就是充分发挥本校优秀班主任的模范带头作用，以老带新，以新促老，共同提高。

可见，班主任的自我修养和培训是班主任成长进步的必修课程。只有这样，班主任才能不断地提高自身素质，改进班级管理策略和方法，确保顺利实现班级管理目标和教育目标。

第二节 班级组织

班级是开展教育教学和管理活动的基层组织单位，也是学生生活及开展活动的集体组织，这决定了班级有自己的特点和结构。社会的需要与班级主体的多方面需要，决定了班级组织既具有社会化功能，又具有个体化功能。

一、班级组织的概述

（一）班级组织的含义

17 世纪的捷克教育家夸美纽斯在其著作《大教学论》中对班级授课制这一新教学形式的特点和应用进行了总结和论证。他提出“一个教师同时教很多学生是可能的”的假设，为班级组织的建立奠定了理论基础。从世界范围看，对班级组织的确立与推广产生重要推动作用的当数 19 世纪初在英国出现的导生制。德国教育家赫尔巴特提出的形式日益规范，前苏联教育家凯洛夫又进一步提出了分科课程论、教师主导论和课堂教学的原则、环节等，构筑了班级组织的教学论模式。

班级组织作为社会集体所发挥的教育职能是其他学校组织所不能代替的；虽然新的教学组织形式不断出现，但班级授课制依然是各国采用的主要教学组织形式。本书把班级组织定义为：班级组织是学校根据一定的任务和规章制度组织起来的有目标、有计划地执行教育教学与管理职能的正式群体。它是开展教育教学和管理活动的基层组织单位，也是学生生活及开展活动的集体组织。就目前可预见的趋势看，班级组织不是要不要的问题，而是如何扬长避短的问题。

（二）班级组织的特点

1. 班级组织的目标是促进学生的全面发展

任何社会组织都有自身的目标。班级组织的目标是促进学生的全面发展。学校班级管理不同于工厂企业管理之处在于，其管理是“人—人”的关系，管理的成效体现在学生身心发展的状况上。由此决定了班级组织管理过程必须服从服务于培养人这一目标，与教育过程有机配合，致力于创设一个优化的微观社会环境，进而使班级成员的潜能得到充分发展。

2. 班级组成具有若干规定性

任何组织的组成都有某种规定，对于其成员也有某种要求。这种规定和要求主要表现在成员特质、规模、规范和时限等若干方面。就班级组织而言，在人员特质上，构成某一特定班级的成员在年龄和文化程度上是具有限定性的，即生理、心理发展水平大致相近，知识起点水平大致相同；在规模和人数上，每一班级学生人数大体上是固定的——在接受某一类型教育的过程中（除特殊原因外）一个班的学生人数是相对稳定的；在规范和秩序上，班级有严格的规章制度，并且各种规范和秩序是基本稳定的；在时限上，班级组成时间多规定有年限，通常是某一阶段教育任务的开始到完成。目前，在我国普通中小学，班级的组成年限一般为：小学 5-6 年，初中 3 年，高中 2 年。应该说，当代各国班级组织及其管理体现的是静态和动态的统一。

3. 班级组织中师生交往的直接性与多面性

班级组织中师生是一种直接的面对面的互动。班级作为学校开展教育教学和管理活动的基本单位，为了实现育人目标，依照教育的有关政策法规制定教育目标、教育内容及课时分配，其活动本身就要求班级中的师生、生生间的互动是直接的、面对面的。从教师方面说，教师要在认识学生的特性、当前的心理状态、对教学内容的理解程度之后，才能对学生施加有针对性的影响，而教师对学生所采取的认知策略会对儿童在班级的活动产生影响，尤其是教师与学生的人际关系，在班级管理与学生指导中极为重要。

班级组织中师生的交往具有多面性。在现实的班级活动中，班主任和教师与学生之间、学生与学生之间的交往常常是多方面的，既有知识传递与接受的交往，也有情感方面的交流与分享，等等。日本学者片冈德雄认为，班级应该满足学生六个方面的需求：“懂”的满足（知识的认识领会）；“会”的满足（技能方面的进步）；“变好”的满足（道德态度的转化）；“快乐”的满足（解放感的获得）；“得到承认”的满足（承认与被承认的问题）；“有用”的满足（贡献与成果的问题）。在实现班级这些功能时，既有教师与学生、学生与学生之间正式角色的关系，又有他们之间的各种非正式关系；而在班级交往中成员的个性暴露得比较充分，感情投入得也比较深厚——良好的班级组织能满足学生社交和归属的需要，能满足学生自尊和自我实现的需要①。因此，班主任和教师要重视通过多种途径与学生广泛的交往，促进学生

① ［日］片冈德雄．班级社会学［M］．贺小星译．北京：北京教育出版社，1993：8.

之间的深入交往，从而在满足班级主体多方面需要的过程中实现班级组织的目标和功能。

4. 情感是班级主体间的纽带

情感是一种体验，它反映的是主体与客体的关系。一个人的需要得到满足与否会产生不同的情感体验。需要得到满足时会产生某种积极的情感体验，成为一种巨大的教育力量。班级组织的健康发展，在很大程度上取决于班主任和教师的情感状况以及以此为基础形成的对班级成员的认知与理解程度。班主任和教师的教育艺术就在于，使班级组织对学生产生巨大的吸引力，让学生对班级产生向往感、荣誉感、友爱感，使学生的良好个性也能在班级组织中得以培养。班主任和教师要处理好发挥规章制度、纪律等强制性手段作用与发挥专业权力（闻道在先、术有专攻）、人格示范等非强制性影响的作用，紧紧抓住班级成员之间的情感纽带，与学生建立互动的、互信的、和谐的人际关系，提高班级活动的效率，促进班级目标的实现。

（三）班级组织在学校教育教学中的地位与作用

班级是学校教育教学活动的基本单位。学生学习文化科学知识，发展智力和体力，形成优良的道德品质和个性品质，主要是以班级为单位进行的。同时，课外校外活动的开展以及学生在学校的日常生活，也需要以班级为单位来组织。学校以班级为单位开展教育教学活动，既可以保证文化学习的层次性和教学的针对性，又能使教师面对固定的教学对象和教学内容，师生之间、学生之间建立起各种联系和深厚的感情，学生通过班级集体活动和个体活动得到身心的全面发展。

班级是学校进行组织管理的基层单位。班级有健全的组织机构和领导，对班级的活动进行领导和控制；班级有严格的规章制度，对班级成员的行为和观念进行规范和引导；班级有确定目标、制订计划、组织实施、监督检查、总结提高的管理过程；班级有全面的工作计划来安排学生的学习等活动。

（四）班级内的同伴关系

同伴关系是在同学之间进行交往和相互作用的基础上建立起来的同学之间的关系，它是除教师之外的班级成员间关系的总和，包括学生个体之间的关系、班级内的学生群体之间的关系以及学生群体与个体之间的关系。按照同学之间是相互吸引还是相互排斥，可将同伴关系分为友好型、对立型与疏远型。友好型关系是指同学之间在心理上彼此相容，相互接近、相互吸引的关系，表现为融洽、信任、亲密、友好。友好关系本身又有性质与程度上的区别：有健康、积极的友好关系，也有不健康、消极的友好关系；有感情深厚的友好关系，也有感情一般的友好关系；对立型关系是指同学之间在心理上彼此不相容、相互排斥的关系，表现为摩擦、反感、冲突等。对立型关系也有性质与程度上的不同：既有原则性对立，也有非原则性的对立；有公开的、剧烈的冲突，也有非公开的、一般性的排斥。疏远型关系是同学之间在心理上相互忽视，他们之间的关系若有若无，表现为同学之间情感淡漠、相互之间很少交往，几乎不进行非正式的交往。如果一个班级中疏远型的同伴关系太多，那么这个班级势必缺乏凝聚力。

班级内的同伴关系影响学生的学习。同伴关系的好坏不仅影响着个别学生的学习成绩，也会影响班级整体的学习效率和学习成绩。同学之间友好的或敌视的关系对学习有很大的影响，在友好的、相互关怀的同伴关系中得到支持的学生比受到同伴排斥的学生在学习上更能发挥潜力。在一个班集体中，良好的同伴关系使学生感到精神和谐、愉快，避免了因同伴关系不良而带来的紧张、焦虑、冷淡、攻击等消极心理状态，进而促进了学生的学习。另外，良好的同伴关系有利于教学工作的进行和教学目标的实现，使教师不因解决学生之间矛盾而烦恼，全身心投入教学，提高了学生的学习效率。

班级内的同伴关系对学生的社会化及社会能力的获得也有重要影响。同伴间的交往为学生的社会化提供了演习、观摩及模仿的机会和场所，提供了榜样和强化，学生通过与同伴的交往来学习、练习、巩固与内化各种社会行为规范。另外，班级内的同伴关系对学生的心理健康有很大影响。与人交往和合作是心理健康的主要指标之一。研究发现，孤独儿童会表现出高焦虑、低自尊、情绪不稳、出现回避行为或攻击性行为等一系列不正常行为。

二、班级组织的结构

班级是一种社会组织，主要由班主任、任课教师和学生等成员构成，通过成员间的相互影响和共同努力实现预定的教育目标。班级组织的结构主要包括职权结构、角色结构和信息沟通结构。

职权结构。班级的职权结构是指班级组织中各种正式权力的分配关系，其作用在于班级工作任务的完成与班级目标的实现①。在班级组织中，在班主任的指导下产生班级委员会，班委会成员再进行明确分工，如设立学习委员、

① 鲁洁、吴康宁．教育社会学［M］．北京：人民教育出版社，2001：399-400.

生活委员、文娱委员、劳动委员等；同时还有班级团组织、少先队组织，其成员通过彼此负责和领导与被领导的关系联系起来，如班级团支部委员要服从团支部书记的领导。

角色结构。班级组织结构也是一种角色结构。班级组织的角色常常成对出现，成为对偶角色，如教师与学生、集体与个体等。同时，班级组织的角色结构还具有多重性特点，如教师不仅要教书还要育人，对于学生来说既是管理者，又是合作者，也是学生效仿的榜样。每个学生在班级组织中除了扮演学习者的主要角色外，还充当其他各种角色，比如有的是班干部、有的是普通学生；有的是在学生在班级正式群体中是被排斥的角色，而在非正式群体中是被拥护的角色。学生的角色变化要求班主任和任课教师以全面、发展的眼光评价和引导学生，充分发挥每一位学生在班级组织建设中的积极作用。班主任和任课教师除了扮演自己的中心角色外，也会由于时空和条件变化而扮演不同角色，比如在某些教学活动或课外活动中，班主任和任课教师则可能充当学生的角色。因此，班主任和任课教师既要强化角色意识，认真履行自己的职责，同时也要善于转变角色，发扬教学民主，教学相长。

信息沟通结构。信息沟通结构是班级组织的神经系统，只有通过信息沟通，班级才会有活力。班级信息包括知识信息和人的思想、态度、情感与行为等方面的信息，主要在师生之间和同学之间进行语言与非语言的沟通。同时，由于班级组织系统的开放性，又要求班级与班级之间以及学校、家庭进行沟通。因此，班主任和任课教师应确保向学生提供正确的信息源，同时广泛收集学生在学习、思想等方面的信息，并做好班级信息的储存、分析与管理。

三、班级组织的功能发挥

班级是学校工作——教育教学、管理的基本单位，是学生得以成长的“载体”。在社会学的视野中，班级还是一社会组织，是由不同个体组成的群体。社会的需要与班级主体的多方面需要，决定了班级组织既具有社会化功能，又具有个体化功能。

（一）班级组织的社会化功能

班级组织的社会化功能，体现在以下四个方面：

第一，传递社会价值观，指导生活目标。班级作为一种社会组织，应按照社会需要、教育目的和特定学校培养目标，在组织学生开展学习、劳动、交往和社会实践活动中，向学生传递社会主流价值观，指导他们把个人愿望与社会需要结合起来，逐步形成科学的人生观、世界观，确立符合社会期望的人生理想，进而成为造福社会和人民的集体主义者。第二，传授科学文化知识，获得社会生活的基本技能。班级教学目标的规范性、课程结构的系统性以及教学过程的简约性和可控性，是学生学习文化知识和技能的独特条件，而教育者正是在这样的独特的条件下把科学文化和知识技能传递给学生，并为进一步发展和创新社会文化奠定基础。第三，教导社会规范和训练社会行为。班级是社会的缩影。班级组织的教育教学和管理活动是在一定社会规范约束下通过交往实现的。在各种交互活动中，班级组织的成员包括学生和教师，都扮演中传递社会规范的角色，从而使生活于其中的班级成员，在潜移默化中受到社会规范与行为方式的学习、熏陶。第四，提供角色学习条件，培养社会角色。班级组织为学生的社会角色学习提供了机会和条件，如班级目标、规范与特定的角色结构对学生提出了明确的角色期望，在班级教学过程中的师生交往和小组学习活动以及集体生活的多种情境，有利于学生积累交往经验、学习变换角色、提高角色扮演能力。

（二）班级组织的个体化功能，主要体现在以下三个方面：

第一，促进发展的功能。班级组织的目标是学生的发展，学生的发展是班级组织的最高目的。班级组织为学生的发展提供了多方面的机会和条件。学生的发展体现在认知的发展、情感的发展、兴趣态度的发展以及社会技能的发展等四个领域。第二，满足需求的功能。需要是人的行为的终极原因；人的需要大多是在组织环境中产生并得到不同程度的满足的。班级组织既能满足班级成员社交、依存、归属等基本需要，又能创设满足尊重、自我实现等高层次需要的途径与机会。第三，诊断与矫正功能。诊断是矫正的前提。班级组织是一个学习型组织。在这个组织中，学生的成长是在专职教育工作者的指导下进行的。当学生较长时间置身于班级组织中时，他们在各方面的优势和缺陷就会暴露无遗，比如情绪不稳定、过度利己主义等，这为班主任、任课教师的“诊断”和“矫正”创造了最佳机遇和环境，使班主任和任课教师能够有针对性地开展教育工作，从而达到“长善救失”。

需要特别指出的是，班级组织的功能发挥并不能自动实现的，上述功能的发挥必须以班级形成积极的团体规范和组织氛围为前提。

第三节 班级建设与管理

所谓班级建设与管理就是班主任、任课教师和学生通过对班级教育条件的理顺，采取适当的方法，建构良好的班集体，有效组织和推进各种教育活动的过程。班级建设与管理应以促进和实现班级成员的发展为目标，在班主任的教育指导下，充分发挥学生的主体作用，采取多种策略，从班级组织、制度、文化和活动开展等方面进行。

一、班级建设与管理概述

（一）班级建设与管理的目标

班级建设与管理的目标是指为实现学校的培养目标，从本班级实际情况出发确定的班级建设与管理活动所要达到的预期结果或理想状态。班级是一种教育组织，班级建设与管理的旨趣在于促进和实现班级成员的发展。

班级建设与管理的目标要依据学校培养目标来制定。班级是学校的基层组织，学校培养目标的实现，有赖于班级目标的实现，因而学校培养目标规定了班级组织目标的方向。同时，班级建设与管理目标也体现了学校培养目标的要求。

班级建设与管理目标是班级管理设计的核心，对班级管理工作的实施有重要作用。第一，导向作用。班级建设与管理目标为班级所有成员的行动指明方向。目标导向作用的实现，有赖于班级管理者努力使班级建设与管理目标成为班级全体成员的共同奋斗目标。第二，聚合作用。班级建设与管理目标可以作为班级成员共同目标聚合班级力量。要做到这一点，班级建设与管理目标必须能够反映班级成员的发展需要，又确实能够使班级成员在行动中获得一定的满足。第三，激励作用。班级建设与管理目标如确实能成为班级成员的理想，就会发挥激励的作用。这要求班级管理者制定具体、可行的目标，给班级成员提供一个发展的美好前景，这样的前景会对班级成员有很大的魅力，成为班级成员的普遍追求。

（二）班级建设与管理的任务

依据教育方针、教育目标和学校教育的具体要求确定班级建设与管理的任务，以保证班级的正常秩序和各项教育活动的进行，从而促进学生的健康发展。基于这些认识，班级建设与管理的任务主要有以下几个方面。

1. 落实学校的教育管理目标，制定班级工作计划并保证顺利实施

班级建设与管理的首要任务是依据教育方针和学校教育管理目标确定班级管理目标，包括远期、中期和近期目标，并进一步把班级管理目标具体化为班级各项工作的计划。确定班级管理目标，既要有规定性，又要有创造性，同时还要有广泛的学生基础及实施的保证。制定班级工作计划，要求紧扣学校管理目标和贴近学生实际情况。计划和实施是一个问题的两步，前者是前提，后者是保证，所以班级管理人员必须采取有效措施保证各项计划的顺利实施。

2. 组织建设班级集体

班级集体既是班级管理的对象，又是进行班级管理的作用因素和不可缺少的条件，健康、成熟的班级集体能够促进班级管理目标的实现。因此，班级建设与管理的任务之一就是健全组织机构，充分调动学生的积极性和主动性，为班级共同目标而努力，并形成良好的班级氛围和正确的集体舆论。

3. 协调任课教师、家长等教育力量共同做好班级工作

班级是学校的一个基层单位，同时又是社会系统中的小群体，并通过学生与每个学生的家庭发生着多方面的联系。因此，班级管理工作离不开学校各部门和任课教师，也离不开学生家长的配合和支持。班主任必须做好各方面教育力量的协调工作，以形成教育的合力。

4. 做好班级的日常管理工作

班级日常管理不仅是落实班级工作计划的具体工作，也使班级正常运作的必要条件。班级的日常管理涉及的具体内容很多，主要是保证学生正常的学习、生活以及其他各项活动的开展。班主任进行班级日常管理，主要是提出要求、监督运行、匡正不合规范的行为、及时地评价、调解矛盾及其他具体问题的处理。班级日常管理工作非常琐碎，班主任要抓住主要矛盾，突出管理的主题，使班级管理工作不出现疏漏，以保证各项活动有条不紊地开展。

（三）班级建设与管理的主体

1. 学生

班级管理是班主任与学生的共同活动。在班级管理中，学生既是被管理者，又是管理的主体，任何教育的成果都只能在这个前提下形成。忽视学生的主体地位，班主任会陷入重重矛盾之中难以自拔，学生的潜力和内驱力也无从表现；学生虽然是被管理者，但也不能把学生当作“容器”而置于被动

的地位上。因此，班主任必须从观念上、理论上、情感上摆脱传统的陈旧影响以及工作上某种演习的模式，摆正学生的地位，提高工作的效果。

首先，学生是资源的主体，是发展的、动态的、有个性的人。明确这一点，要认识到学生的禀赋、素质对他们作为“资源”的重要意义，也要认识到学生是一种资源基础，这种基础决定了他们可以通过开发而成才。为此，要营造适合主体成长发展的环境，做到不压抑、有营养、有益于学生发展、健康的心理环境，让学生获得成就感和受鼓励的体验，发挥积极的群体心理效应。

其次，学生是情感的主体，其自身条件，如成长环境、在团体中的地位、学习情况、表现状态以及身体状况、家庭状况等，都会决定或影响他们对各种外部条件所持的观点和态度。学生作为情感主题，其情感表现有很大的自主性。一般来说，在宽松、舒展的状态下，这种自主性容易释放和表露，进而也使情感处于积极的状态。这时候的学生对学习有积极性，对生活有热情，对克服困难有信心；在得不到尊重或处在经常受挫情况下，自主情感就会受到压抑，从而失去信心。

再次，学生是动机的主体，会影响到学生在接受教育过程中的选择和需要，进而产生切实的驱动力量。学生作为动机的主体，其动机的产生和发展是多层次的，递进的，因而实现动机是个无休止的过程，而动机主体的各种需要又是由强到弱的（满足了“需要”之后），并且是多种需要共同影响着“主体”的行为。学生作为动机主体更为重要的一点是他们希望得到赞许和满足自己的成就感。正是这种成就动机推动着他们去努力和进取。

2. 班主任

在班级管理中班主任的地位常常被扭曲，特别突出的是把班主任视为学生的“看管者”。这种错误定位必然导致班主任的居高临下，师生之间无民主可言；在工作上导致对学生的“堵”、“禁”和工作方法的简单粗暴，忽视学生的主体能动性，学生只会看班主任的“眼色”行事，成为被动的个体。因此，要正确理解班主任在班级管理中的地位。

首先，班主任是教育者和管理者，这种定位决定了班主任要发挥教育管理作用，必须清晰把握班级管理的目标、进程、对象及活动。其次，班主任在班级管理中处于主导者的地位，必须尊重学生的主体选择，融洽与学生的情感，激活学生的积极性，使学生最大限度地参与班级管理活动。再次，班主任在班级管理中又处于协调者的地位，要求班主任在班级管理中不断地化解各种各样的矛盾，做好沟通与协调。

对班主任来说，明确自身在班级管理中的地位也并不是简单的“确定”，从观念到情感，从态度到作风，从管理方法到处理学生的矛盾，都可能使班主任出现“定位”不当的问题，所以这需要班主任不断加强修养，反复磨炼。

二、班级建设与管理的要素

（一）班级组织建设

班级管理目标的实现，首要的任务就是班级组织建设。在班级建立之初，只是一群青少年儿童的随机组合，仅仅具备了组织的形式。要使班级成为真正意义上的组织，静态角度必须从形成组织目标、确立组织规范和建立组织机构等方面进行建设；动态角度必须把一个松散的群体，凝聚为一个组织，在进而把这个组织建设成为集体。班级组织建设是班级其他建设的基础。班级组织建设的实质，就是根据组织标准和特定班级组织的发展阶段以及各种主客观条件，通过班集体的建设和作用的发挥，推动班级组织各项工作的开展以达成班级组织促进学生成长的目标。

1. 班级组织发展的设计

班级组织作为一个社会组织。为了有效地实现班级组织的目标，必须对班级组织的发展进行设计。班级组织设计要考虑两个方面的因素。一是社会要求，即一定社会的政治经济和文化发展对青少年发展素质的要求，它具体体现为宏观的国家的教育方针和中观的特定级类学校的培养目标；二是班级群体现有的发展水平，即在对班级周围环境、有关各方的需求、主客观条件把握的基础上，充分发挥班级主体积极性，提出相对理想的班级发展模式。

一般认为，班级组织的发育大体可分为三个阶段。第一阶段是松散型班级群体阶段。这是班级组织发育的初始阶段。此时班级主体缺乏必要的了解，还没有形成大家认同并愿意遵守的行为规范，群体意识薄弱。教师尤其是班主任尝试着用各种方式了解、掌握学生的各方面情况；学生更是把注意力集中于了解班主任和教师，尝试建立与同学的稳定关系，形成了各种基于亲缘及游戏、兴趣倾向等精神因素结合起来的小团体。第二阶段是合作型班级群体阶段。这是班级组织发育的中级阶段。此时大家已经有了必要的了解，小团体也基本稳定，班级成员们试图在进一步的交往中满足各种需求。这一阶段还可依次分三个小的时期，但是焦点都是团体要求与个人属性之间的矛盾。第一个时期是师生矛盾时期。这个时候班级的多数学生的注意力集中在教师尤其是班主任身上，以是否获得班主任和教师的认同作为满足自身自尊和成就感的标准。如果此时教师尤其是班主任能较快形成起骨干作用的班干部队伍并有效地发挥他们的作用，师生的矛盾将得以转移、缓解，学生的自治能力也将得到及早而有效地培养。第二个时期是师生、生生矛盾交织时期。此时班干部在教师尤其是班主任的支持和指导下带领全班开展活动，班级主体的注意力大多集中到活动的内容、决定与班干部的做法上。由于大家对引发矛盾的来源与原因的归因不同，因此，此时的矛盾既可能是生生之间的，也可能是师生之间的，甚至于可能是教师之间的。但从总体上说，这时候学生在班级活动中对干部、教师尤其是班主任的依赖感还较强。第三个时期是学生团体之间的矛盾时期。此时在教师和班主任的指导下已组成以班干部为核心的群体，由于他们开始开展活动，班主任、教师与学生之间的矛盾减少了，而学生之间尤其是“干部群以及支持干部的学生”与“在野的学生反对派”之间的矛盾则明显增多。这种矛盾是考察班级主体群体素质包括教师、班主任素质的重要指标。第三阶段是集体阶段。这是班级组织发育的高级阶段。进入这一阶段，班级中的大多数学生已接受团体的要求，班级组织内部的主要矛盾已不是个人属性之间的矛盾，也不是团体与个人属性之间的矛盾，实际上是在承认班级规范前提下的矛盾——这些矛盾虽然有时候也体现为个人之间或个人与团体之间的矛盾，但与前两个阶段的矛盾迥然不同，其实质已不是要不要做、做什么的问题，而是如何做才更好的问题；这一阶段的矛盾虽然较多地表现在“管理权”的竞争上，但此时的矛盾已主要不是情感上的对立，而是认识深浅、价值多元、个性体验等造成的逻辑和思路的差异。班级组织的每一个发展阶段代表着一定的成熟度，班级组织设计也要遵循班级自身发展的客观规律、不同年龄阶段班级组织的发展特点，具体分析和确定班级的正式群体和非正式群体，参照不同发展阶段班级组织的群体特征，分析班级组织的现有发展水平，确定班级未来的发展目标。

衡量一个班集体组织水平高低的标准是：（1）群体目标导向的亲社会性与成员对目标的内化水平；（2）健康舆论对集体的整合性与对成员的参照水平；（3）人际关系的民主平等性与成员的归属感水平；（4）共同活动的动机、目的、价值的中介性与成员对活动的积极水平；（5）管理与自我管理机构的完善性与成员的自主、自觉性水平；（6）班级成员的个性与能力得到充分发展。这些是班级组织设计的重要依据和达成目标。

2. 充分发挥班集体的教育作用

班级组织建设的中心工作是发挥好班集体的在促进学生发展中的作用。建设和培养良好的班级组织，发挥好集体的教育作用，需要做好以下工作：

(1) 培养集体意识，使班集体中的全体成员能够自觉按照集体的目标信念、价值标准和行为规范要求自己，正确认识和处理个人与集体、个人与社会的关系，确立“个人归属集体、献身社会”的道德和社会信念。(2) 培养集体主义情感，引导学生在集体中友好合作、乐于助人、平等交往、相互团结，形成和发展热爱集体的荣誉感、自豪感、责任感等积极的情感体验。(3) 培养学生具有组织集体和管理集体的能力和技能。(4) 培养学生自觉遵守纪律的行为和习惯，勇于批判错误舆论，善于坚持正确意见，敏于接受新生事物，进取开拓的集体主义自决能力。(5) 培养公民意识，使集体中每个成员自觉地意识自己在集体中的地位，扮演好不同的成员角色，为适应未来的社会生活打好基础。

(二) 班级制度建设与执行

由于班级所进行的教育教学和管理活动需要教师、学生的参与，师生交往或生生交往过程中必然形成各种规章制度，同时，班级中的各种规章制度也是维护班级正常教育教学活动秩序的保证。

班级制度是社会制度、学校制度的一个组成部分，其形成要受多种因素的影响。班级制度建设要充分考虑社会的政治经济制度和文化规范，既要反映国家的教育方针政策、法令、条例等宏观层次的内容，又要反映学校的规章制度和班级自身情况等微观层次的内容。班级制度建设是班级发展成熟与否的重要指标。对于学生而言，最具体的班级制度就是学生守则或班级公约，可以让学生的言行“有章可依”。班级制度建设还应做到“有章必依”，一方面调节团体与个人的行为，保证班级共同活动目标得以实现，另一方面保护个体在团体中的权益，使班级的每一个成员都获得充分发展。通过制度进行管理就是所谓的常规管理，具有基础性、操作性和强制性等特点，每一个班级都应遵守和服从规章制度，这是衡量和评价班级工作的标准之一。

必须指出的是，强调班级制度管理应避免“控制主义的层级化管理”，即班主任或教师按照校领导的要求，直接或间接地通过班干部，借助一定的规章制度去约束学生，实现对学生思想行为的单向控制。这种管理方式虽然是必要的，但如果强调过分，容易导致教师只关心制度的约束和矫正功能，而进入教师视野的更多的是学生表现出来的形形色色的错误行为，与此相对应，学生只是关心如何表面地、形式地应对规章制度；学生干部只是“上传”、“下达”，行使的是“代表”与“警察”的职能。显然，这种“控制主义”管理容易使集体与个人对立起来，学生的积极性和愿望处在抽象化状态，被具体落实的往往是规章制度的遵守和群体行为的划一。而“层级化管理”则人为地凸显师生尤其是学生个体在班级中的地位差异并促进学生的分化。长此以往，学生的社会化将沿着学会服从和循规蹈矩的方向发展，这不符合民主化的时代精神和当代教育民主化的理念。

（三）班级文化建设与管理

班级文化是社会文化的一个组成部分，是文化大系统中的一个子系统，属于“亚文化”中的“组织文化”的范畴。班级文化可以从多方面进行分类。作为由班级主体从事其活动时创造的精神活动成果，班级文化同时也是促进班级主体素质提高的精神因素。根据文化的这一特性，班级文化具有丰富的德育、智育、体育、美育等多方面的教育因素。

班级文化建设的真谛和真正意义在于塑造文化集体和文化人格。由于各个班级的特点不同，条件不一样，班级文化建设的点与具体操作也会有所不同。在此仅对班级文化建设提出若干对策性建议①。

1. 把握好班级文化建设中的若干基本关系。班级文化建设与班级内外的方方面面都发生着密切的联系，受校内外、班内外诸多因素的影响。班级文化建设要准确把握以下若干基本关系：（1）班级文化与社会文化背景的关系；（2）课堂教学（显性课程）与非课堂教学（隐性课程）的关系；（3）学生主体与教师主体（主导）的关系；（4）普及与提高的关系；（5）满足需求与引导升华的关系。

2. 着力于营造良好的班级文化环境。所谓营造班级文化环境，主要是指美化班级文化环境，优化班级文化环境，强化班级文化气氛。具体地说，美化班级文化环境，要做到高雅、文明、整洁、规范；优化班级文化环境，要从设施上给学生提供文化条件，如休息时欣赏高雅的音乐、为学生准备书报和其他文化用品等，同时要从人际关系上突出和谐、互爱互助，提倡先人后己，不妨碍别人；强化班级文化气氛，要在学生之间提倡文化交往，帮助学生增加对文化交往的认识和给学生提供文化交往的机会。

3. 拓宽班级文化活动的渠道和范围。班级文化是通过一定的载体发生着影响作用的。常见的有班级文化设施，如班级的书报刊物园地、图书角之类；班级的墙壁文化、走廊文化、班级刊物和黑板报之类；班级文化成果的展示，如美术、书法、演奏、演出以及班级内的文化活动小组等。在

① 白铭欣．班级管理论［M］．天津：天津教育出版社，2000：294-298.

进行班级文化建设中，班主任要扩展学生文化活动的范围和渠道，课内外结合、班内外结合并拓展到社会的广阔天地中。这些活动可以以多种方式进行：如建构有特色的班级文化活动，组织多种兴趣和创造小组，开办适合学生的文化讲座，开展社会调查、开展社会服务活动，成立班级艺术活动小组，组织读书及书评活动，演讲比赛、摄影美术比赛，组织古典诗文记诵活动等等。

4. 突出班级文化建设的教育性。班级文化的教育性也体现在各个领域、各个层面。班级文化与其他文化形态在教育性上的区别主要表现为其教育性是有意识的、具有明确的目的性。但是不应回避的是，实际的班级文化活动容易产生某种偏向，较为突出的如注重文化活动的形式、气氛、追赶热点等。可见，班级文化能否产生预期的教育作用，或者说班级文化的教育意义的大小，是班级文化建设时始终要思考的问题，绝不能因为对形式、气氛和热点的关注而忽视教育性。

（四）班级活动开展与管理

班级活动的多种多样，可以从各个角度分类。按活动方式分，可分为课内活动和课外活动；按活动内容分，可分为思想品德教育、文化学习活动、科技活动、文艺活动、劳动活动、游戏活动、综合活动等；按活动的目的分，可分为目标内化活动、建设舆论活动、建立良好人际关系活动、班级常规管理活动、培养自觉遵守纪律活动、培养学习兴趣活动等。班级活动实质是班级成员为了满足自身需要，有目的地作用于客观事物的相互配合的动作系统。

如此丰富多彩、形式多样的活动，要确保其有效开展，必须通盘考虑，整体筹划。班主任和教师加强对活动的管理和指导，确保达到应有的成效。具体地说，班级活动要体现三个要求①：

一是要注重整体性。随着素质教育的深入，班级活动内容会得到进一步充实。因此在班级活动设计中，要有整体观念，把各项活动纳入班级规划，综合推进，整体提高。在发展过程中要讲究层次性，逐步完善。

二是要凸显教育性。班级组织以学生发展为目标，各项活动必须有预期的目的，富于教育性，应以全面贯彻国家教育方针，全面推进素质教育为宗旨。三是要体现独特性。个性和特色是班级建设的生命所在。有特色、高质量是班级组织活动追求的一个重要目标，班级活动理应追求特色，体现特色。

---

① 葛金国．校园文化建设导论［M］．合肥：安徽大学出版社，2003：235、239-240.

班级活动开展的关键是要切实可行。一方面，班级活动上要从实际出发，力戒随意性和短期行为，不搞形式主义的“面子工程”。例如思想教育活动要努力形成一种有效的运行机制，即有达成目标、有活动原则、有基本内容、有活动的安排、有考核办法，保证活动的实效性。另一方面要集思广益，动员班级成员积极参与并使其内化为自觉的行为。如对体育卫生活动，班主任和教师要帮助和督促学生养成良好的体育锻炼习惯和卫生习惯，如按时上早操和课间操、按时作息、科学地安排时间等。优秀班主任魏书生在班级活动管理中的做法值得学习借鉴。

需要指出的是，在上述形式多样的班级活动中，教学活动是班级活动的中心。同样，班级中的教学活动管理在某种意义上也就成为班级各项活动的中心。

本章小结：班级是学校教育教学与管理的基本单位。班级管理是学校管理的基本组成部分。现代学校教育的使命已经把班级组织与班主任工作联系起来。班级是学校为实现一定的教育的目的，将年龄相同、文化程度大体相同的学生按一定的人数规模建立起来的教育组织，是学校的基本单位，也是学校行政管理的最基层组织。班级不仅是学生接受知识教育的资源、也是学生社会化的资源、学生进行自我教育的资源。班级教学是现代最具代表性的一种教育形态。一个班级通常是由一位或几位学科教师与一群学生共同组成，整个学校教育功能的发挥主要是在班级活动中实现的。民主型班集体应是班级建设的目标，为此班主任需要利用一切可以利用的资源，从班级的实际出发，采用科学、民主、可行的班级建设策略，营造民主和谐、积极健康向上的班集体。

【思考题】

1. 如何理解班主任的角色定位？

2. 结合中小学实际，从角色定位和职责履行上体会班主任的素质要求。

3. 什么是班级组织？班级组织的结构包括哪些方面？

4. 如何发挥班级组织的功能？

5. 根据所见所闻思考班级组织发展各阶段中可能存在的问题并尝试提出对策。

【阅读导航】

1. 《中小学班主任工作规定》，2009 年 8 月 12 日教育部印发。

2. 全国十二所重点师范大学联合编写：《教育学基础》，教育科学出版社，2002 年版。

3. 魏书生．班主任工作漫谈［M］．桂林：漓江出版社，2008 年版。

4. 李镇西．做最好的班主任［M］．桂林：漓江出版社，2008 年版。

第四章　中小学常见违法行为分析

案例导读：河南省某城镇中学初中三（5）五班学生夏某，是个性格内向、自尊心极强的女同学，她平时有写日记的习惯。某上午课间休息时，夏某和其他几名女生结伙去操场游戏，这时，其同学李某无意间发现夏某书包中的日记是打开的，就好奇地拿出来翻，当她看到夏某日记中记录其爱情心理活动的一段文字时，就摘录了下来，然后把夏某的日记放回其书包里。放学以后，学生李某故意拖延时间留下来，并把自己摘录夏某日记的内容告诉给班主任赵老师。

第二天上课时，赵老师将学生夏某的日记内容，在全班同学面前朗读出来，并且斥责地说："作为一名即将中考的学生，不好好学习，竟然还有心思谈恋爱，一个女同学，也不检点一点儿。"夏某在赵老师的一番说辞之下，有口不能辩，不由得失声痛哭起来。赵老师见状不仅不反思自己言行的过失，反而以为学生夏某的行为是对他的不尊重，于是，他对夏某吼道："要哭，出去哭，知道要面子就别写那样的日记！"此后几天里，班里、学校里到处都有人对学生夏某指指点点，说三道四。在这种情况下，夏某自己感到再也无脸见人，前途更是无望。3 月 17 日下午，夏某偷偷回到家中，找出家中的毒药，独自一人在城镇菜场的草棚里服下磷化锌自杀。（材料来源：摘自：张维平，张乃翼：《教育政策法规专题》，当代世界出版社，2005 年版）

班主任赵某除泄露学生夏某的隐私外，还用挖苦的语言在全班训斥学生夏某，这是侮辱学生尊严的行为，违反了有关教育法律中"保护未成年人的工作，应当……尊重未成年人的人格尊严"和"学校、幼儿园的教职员应当尊重未成年人的人格尊严"的规定。由于赵某违反了法律规定，损害了学生的名誉和人格，引起学生夏某自杀，赵某对其侵权行为应承担相应的法律责任。因此，新时期的班主任要想杜绝此类事件的发生，维护学生的合法权益，保证学生健康成长，必须学习和掌握教育法律的基本要求，明确法律责任。

第一节 中小学常见违法行为类型及其表现

中小学依法治校局面初步形成，学校作为开展基础教育教学活动、培养人才的社会组织，在加强法制宣传，增强国民法制意识方面起着十分重要的作用。但在现实生活中，由于种种原因，导致发生在校园内的违法现象屡见不鲜，这不仅侵害了相应法律主体的合法权益，而且违背了教育规律，阻碍了教育的改革和发展，应引起高度重视。发生在校园内的违法现象因其目的、原因、表现形式、违法后果、责任承担等千差万别，情况比较复杂。但以违法主体为划分标准，通常有以下几类：

一、学校违法

学校违法主要是学校管理者或决策者在管理学校过程中违反了法律规定的行为。学校在进行教育教学以及教育管理的过程中，面临着许多的法律问题，有的时候是学校在行使自己权利的过程中，其管理举措或处理决定侵害了教职工或学生的权利，有时候是没有履行好义务使教职工或学生的权益受到损害。

学校违法的具体表现如下：

（一）行使权利不当

1. 制度违法。这有两种情况，一类是学校无章程，制度不健全。《教育法》规定，学校“有组织机构和章程”是“学校必须具备的首要的基本条件”。学校章程是学校自主管理及接受监督的基本依据，是我国教育法制体系的延伸和组成部分，对学校内部的机构活动具有确定的规范性。但目前，大多数中小学没有《章程》可依据，学校得以运行的制度既不健全，又缺乏规范，导致现有的规章制度涵盖学校管理层面相当狭窄，其作用也是微乎其微。另外一种情况是，制度不合法，废立很随意。主要是指制度所体现的内容有违背法律法规倾向，制度制定和废止很随意，缺乏正当合理程序。一些学校没有建立和完善听取意见、民主决策和监督检查等合理程序，制定制度或是照搬原有的习惯条文装点门面，应付检查；或由领导层为方便管理和评价而独出心裁制定“土政策”，只注重学校管理的控制性和效力性，而有意无意忽视其合法性及被管理者合法权益的保护。制度缺位或制定制度合理程序的缺位，导致学校违法运行的实质。

2. 开除学生学籍或剥夺学生受教育权。按《教育法》规定，学校有对受教育者进行学籍管理，实施奖励或者处分的权利。但学校在行使权利的时候，也必须合理合法，特别是不能损害学生受教育的权利。我国实行九年义务教育，受教育是每个处于义务教育阶段的学生的基本权利。《中华人民共和国未成年人保护法》第十四条规定："学校应当尊重未成年学生的受教育权，不得随意开除未成年学生。"《宪法》中明确规定我国公民有受教育的权利和义务。我国《义务教育法》第四条也明确规定："国家、社会、学生和家长依法保障适龄儿童、少年接受义务教育的权利。"这里所指的受教育权主要包括学生有权参加学校为实现教育方针而依法组织的各种教育教学活动，其中包括有权按照课程听教师讲课。如果无正当理由不让学生到课堂听课，或随意将学习有困难、违反纪律的学生停学、开除，就是剥夺学生受教育权，是一种侵权行为。包括：学校随意开除学生；学校随意停止学生上课：学校随意占用学生上课时间，或改动教学计划：剥夺学生正常的休息时间等。而在现实当中有不少中小学通过开除学生学籍或变相手段让一些学习和表现较差的所谓"差生"离开学校，剥夺了他们受教育的权利，有些未成年学生因此走向犯罪道路。

3. 对学生课以罚款。罚款属于行政处罚的性质。学校有无行政处罚权呢？我国《行政处罚法》第15条规定："行政处罚由具有行政处罚权的行政机关在法定职权范围内实施。"第17条规定："法律、法规授权的具有管理公共事务职能的组织可以在法定授权范围内实施行政处罚。"可见，只有国家行政机关和经授权的管理公共事务的组织，具有行政主体资格，才拥有行政处罚权。学校是事业单位，当然也就没有行政处罚权，无权对学生进行罚款。但是，中小学对学生的罚款还是屡见不鲜。

江西抚州东乡铜矿子弟学校学生家长乐女士向当地媒体反映，她的孩子上网后被学校罚了200元，校方还称罚款要捐给希望工程。据报道，该校校长说，这项制度是学校从2002年9月新学年开始时制定的，已取得大多数家长认同。制度规定，两次以上到校外网吧上网的学生，学校规定将给予200元罚款。乐女士孩子9次到外上网并写了3次检讨，公开检讨一次，屡次犯错才遭此处理。

在我们看来，学校对犯错违纪的学生进行批评教育，必要的情况下给予一定的校纪处分，本来是无可厚非。但是，如果学校对学生课以罚款，则是一种典型的违法行为。

（二）学校没履行好义务

1. 学校违反教学计划、任意加减课程、课时。按《教育法》规定，贯彻国家的教育方针，执行国家教育教学标准，保证教育教学质量，理应中小学履行的神圣的义务。令人忧虑的是，近年来在全面推进素质教育的高潮中，应试教育的“分数至上”、“升学第一”的幽灵，依然困扰着学校，很多中小学为所谓的提高教学质量和教学水平，违反教学计划，统一规定加班加点，学生不堪重负，背离教育方针，忽视全体学生，忽视全面发展。主要表现为：违反课程计划增加或变相增加教学的学时：没有开足、上足国家规定的各类课程：随意停课、调课：随意延长学生每日在校用于教育教学活动的时间，节假日、双休日和寒暑假进行校内或校外的大面积组织学生集体补课或上新课。无论是中学生还是小学生，没有课业负担是不现实的，没有压力是不可能的，我们现在即使还做不到愉快学习，快乐学习，但至少也应保证学生健康成长。

2. 学校公布学生考试分数。受传统应试教育影响，目前的考试制度对中小学教育影响极大，考试分数的功能被异化，长期以来，将学生的考试成绩被按照分数高低排名次并随意当众公布的现象，在我国中小学屡见不鲜。这种做法侵犯了学生的隐私权，严重摧残了学生的身心健康，这是不正常的。如果是学校履行义务为受教育者及其监护人了解受教育者的学业成绩及其他有关情况提供便利，那么这是犯了严重的方式上的错误。

当然，我们不会幼稚地推出结论——仅仅是由于按分数高低排名并公布于众导致了种种悲剧，因为还有更深层更复杂的原因。但是，我们必须看到，按分数排名次和公布于众恶化了学生的生存环境：常常成为悲剧的催化剂和导火索。

3. 中小学违规收费。2009 年 2 月 1 日，教育部党组召开会议，会议指出，要按照中央要求，继续治理教育收费中的突出问题，完善城乡义务教育经费保障机制，坚决治理中小学违规办学、违规收费行为，遵照国家有关规定收取费用并公开收费项目，也是中小学应履行的义务。但教育部抽查的结果令人惊讶，在 1998—2003 年的 5 间，全国中小学乱收费高达 15 亿元，据《法制日报》报道，教育部纪检监察部门透露，1999 年共清理出中小学违规收费 2. 38 亿元，2000 年为 4. 09 亿元。如此巨额乱收费，令人触目惊心。比起其他类型的违法现象，中小学违规收费，可谓是遍地开花，以其数量多、花样多而列居各行业之首。有的省份比例相当高，如 2000 年山西省各级机关对普教经费进行审计，结果受审计的1147个教育部门和1137个中小学中，有70%左右的单位不同程度存在乱收费、乱摊派的问题。诸如此类新闻媒体的有关报道不可胜数，全国各省市或多或少都有。从列举的两则报道，可见一斑：

例一，《乱收费二十五万，攀枝花市一小学校长被免职》，攀枝花市某小学以改善办学条件为由，假借他人名义，于2004年2月成立民办“攀星艺术学校”，获该市某区教育局批准。该校自成立之日起，就以租赁方式使用学校教学场地、设备、设施和图书资料等；该校业务主任、会计、出纳、教师分别由学校校长、会计、出纳及教师担任，财务收支也由学校校长审签。自2005年春季开学以来，生源全部来自学校在校学生。2006年春季开学，该校增设“国粹教育”、“数学奥赛”、“阅读写作”等课程，向学生违规收取资金25万余元。经查全额清退，免去该校校长职务，追究相关人员责任。

例二，河南省某实验中学收费项目汇总表显示，其收费项目有29种。从名目上看，与招生入学挂钩的有择校费、赞助费、插班费、扩招费等；与教材相关的有资料费等；与课程教学相关的有补课费、超课时费等；还有各种变换手法、擅立名目或强制收取的如保险费、配套物品费、小升初衔接教育费等。2005年仅对初高中部学生收取的学杂费就达8691万元。

有的学校收费自立项目，收费混乱，乱收费名目繁多而离奇，有饮水费、自行车看管费、铺板费、床罩费、磁带费、辛苦费等、桌椅押金、学生证费、试卷费、军训费、勤工俭学费、赞助费、择校费、试卷费、晚修费、建校费……

（三）学校责任事故

学校责任事故是指学校由于过失，未尽到相应的教育管理职责而造成学生的伤害事故。学校拥有合法的自主管理权，但不等于所有的管理行为都合法。管理有不到位或过激的表现，都可能导致学校责任事故发生。

日益增多的学生意外伤亡事故已成为学校最为头痛的事情之一。2000年我国中小学生因安全事故、食物中毒、溺水、交通事故、自杀等死亡的平均每天有40多人，即每天有一个教学班消失。据有关部门统计，我国中小学生每年意外伤害事故死亡人数在万人以上，平均每天有几十个孩子，因意外伤害事故死于非命。据北京市教委统计，2000—2003年该市18个区县发生了校园伤害事故360多起。据衡阳市教委的调查统计，拥有110万学生的衡阳市，每年的学生死亡率约近万分之一。在3年时间，该市共发生学生伤害事故166

起，这是惊人的惨痛的事实。其中相当一部分发生在学校的学校责任事故。2006年，我国18岁以下的未成年人口约3.67亿，意外伤害人数约为四千万人次，到医院接受治疗的人数为一千万人次全国约有1.6万名中小学生和3000名大学生非正常死亡。45%的事故是因为学生安全意识淡薄引起的，18%的事故是因为学校管理问题而发生的。调查显示，在所发生的各类校园事故中，有80%是可以通过教育、防范和加强管理来提前采取措施避免的。

目前处理学校责任事故的主要依据是2002年9月1日起实施的《学生伤害事故处理办法》，该办法对学生伤害事故的学校责任作了规定，基本上明确了学校的责任范围。依据《办法》第九条规定，学校责任事故有以下12种：

1. 学校的校舍、场地、其他公共设施，以及学校提供给学生使用的学具、教育教学和生活设施、设备不符合国家规定的标准，或者有明显不安全因素的。

2. 学校的安全保卫、消防、设施设备管理等安全管理制度有明显疏漏，或者管理混乱，存在重大安全隐患，而未及时采取措施的。

3. 学校向学生提供的药品、食品、饮用水等不符合国家或者行业的有关标准、要求的。

4. 学校组织学生参加教育教学活动或者校外活动，未对学生进行相应的安全教育，并未在可预见的范围内采取必要的安全措施的。

5. 学校知道教师或者其他工作人员患有不适宜担任教育教学工作的疾病，但未采取必要措施的。

6. 学校违反有关规定，组织或者安排未成年学生从事不宜未成年人参加的劳动、体育运动或者其他活动的。

7. 学生有特异体质或者特定疾病，不宜参加某种教育教学活动，学校知道或者应当知道，但未予以必要的注意的。

8. 学生在校期间突发疾病或者受到伤害，学校发现，但未根据实际情况及时采取相应措施，导致不良后果加重的。

9. 学校教师或者其他工作人员体罚或者变相体罚学生，或者在履行职责过程中违反工作要求、操作规程、职业道德或者其他有关规定的。

10. 学校教师或者其他工作人员在负有组织、管理未成年学生的职责期间，发现学生行为具有危险性，但未进行必要的管理、告诫或者制止的。

11. 对未成年学生擅自离校等与学生人身安全直接相关的信息，学校发现或者知道，但未及时告知未成年学生的监护人，导致未成年学生因脱离监护人的保护而发生伤害的。

12. 学校有未依法履行职责的其他情形的。

另外，在发生不可抗力、校外侵害、学生自杀、自伤、及具有对抗性或者具有风险性的体育竞赛活动中造成的学生伤害事故，学校没有履行相应的职责、行为措施存在不当等情况的，也要承担相应的责任。

当然，学校也并非对任何责任事故都要负责，根据规定，下列10种情形学校不承担责任：（1）由不可抗力造成的事故；（2）学校能证明，学校不知道或者难以知道学生有特异体质或特异疾病，在教育活动中发生事故；（3）学校能证明，学校和教师完全履行了职责，仍不能避免事故；（4）在对抗性或者具有风险性的体育竞赛活动中意外发生事故。（5）学生自行上学、放学、返校、离校途中发生事故；（6）学生在学校教育教学或集体活动期间擅自外出发生事故；（7）学生违反学校规定在非教学活动期间自行到校活动，或者放学后自行滞留学校期间发生事故；（8）在教学活动期间，学校和学生之外的第三人造成事故；（9）学生对自己实施人身伤害的；（10）其他在学校管理职责范围以外发生事故的。

案例：学校与教师不负法律责任

天津王某起诉天津某中学。王某15女儿在该中学初三就读，因与同学发生纠纷，并对班主任白某和教导主任郭某批评不服，在学校教导处服毒自杀，经抢救无效在医院死亡。王某将该中学告上法庭，要求学校对造成其女死亡并造成其经济损失一事承担损害赔偿责任。

经有关部门调查：（1）班主任白某和教导主任郭某在处理学生的纠纷时工作方法恰当，无打骂、侮辱、体罚现象；（2）处理问题时态度公正，无偏袒；（3）教师的教育行为与王某之女非正常死亡之间无因果。

法院判决：学校和教师不负任何法律责任

二、教师违法

在21世纪到来的时候，人们清醒地看到，教育对一个民族、一个国家、乃至全世界都有着无可估量的作用。“科教兴国”战略的实施已经充分地说明了这一点。与此同时，教师作为振兴教育的关键也成为政治、社会的关注所在。然而一个时期以来，教师队伍的政治素质、业务素质的相对落后是不争的事实，还有教师管理体制的建设不足，缺乏一定的法制性，导致部分教师的法律意识淡薄，甚至在中小学教师中出现了一系列的教师违法行为。在诸多的事实面前，提出“依法治教”是及时而正确的，它是“依法治国”的重要组成部分，是发展教育的必然要求。

在日常工作中，教师实际上充当着两方面的角色，对于学生来说，教师是施教者、管理者；而对于学校和教育行政机关来说，教师则成为被管理者。在教育教学过程中，教师既在享受权利，又是在履行义务。教师如果超越了法定的权利或没能履行既定的义务，往往酿成违法。

就目前来说，我国中小学教师常见的违法行为主要有以下几个方面：

（一）教学过程中的违法行为

1. 教师超标准教学，对学生的身心造成损害。我国《义务教育法实施细则》第二十条规定："实施义务教育学校的教育教学工作，应当适应全体学生身心发展的需要。"义务教育的教学内容的难度和强度要符合儿童、少年的年龄特征，不能超过大多数未成年学生的身心发展所能达到的程度。为此，国家专门制定和颁布了教学计划和教学大纲，对各科教学做了明确规定。但在具体教学中，个别教师对学生进行超标准教学。这样，不但教学目的不能很好实现，反而会出现教学意外事故，损害学生的身心发展。

江苏省宝庄县某镇中心小学一班级学生在上体育课时，体育老师在教学中因怕麻烦，没有按教学计划和教学大纲的要求选用教学器材，擅自决定用板凳代替正规体育器材来让学生进行障碍跑。造成一学生当场摔倒在地，受伤较重不能行走，经诊断为：膝关节十字韧带断裂，胫骨平台撒裂性骨折。

2. 教师擅离课堂，随意停课。教师的职责是教书育人。《教育法》第八条规定："教师应贯彻国家的教育方针，遵守规章制度，执行学校的教学计划，履行教师聘约，完成教育教学工作任务。"我国《义务教育法》第十六条规定："任何组织或个人不得扰乱教学秩序。"然而个别中小学教师不忠于职责，没有按照教学计划进行教育教学活动，随便停止上课，扰乱了教学秩序。黑龙江友谊农场某小学教师在上课时间打麻将，并指派学生轮流站岗放哨。这所小学长期以来管理十分松散。据了解，只要工作时间教师凑够人手，就至少有两个班级因教师打麻将而停课，出现了教师在办公室里打麻将、学生没课上的现象。更令人气愤的是，为防止校长突然出现，教师们在打麻将时竟指派学生轮流站岗放哨。这些教师随便停课打麻将，不认真教学，扰乱了教学秩序；同时也侵犯了学生受教育权，误人子弟，给学生身心发展带来不良影响。

3. 教师偷取、泄露考题。教师应严格遵守学校各项规章制度，执行并完成学校的教学任务。个别教师由于不能按照教学计划进行教育教学活泛，扰乱了教学秩序，降低了教学质量。为了弥补教育过失，取得好的教学成绩，有的教师偷取考题并泄露给学生，这是严重的违法违纪行为。

（二）教育过程中的违法行为

1. 教师对学生进行负面宣传。作为教师应该自觉地对学生进行正确的思想政治教育。《教师法》第八条和《中小学教师职业道德规范》在思想方面对教师提出三个要求：一是教师应该努力学习马克思主义和党的路线、方针、政策，不断提高思想政治觉悟；二是对学生应该进行宪法所确定的基本原则教育和其他方面的思想品行教育；三是对学生的思想教育应坚持正面教育，教师应以身作则。起到表率作用。但是个别教师不能提高自己的思想觉悟，反而在课堂上散布对国家和政府的不满言论，对学生造成了负面的影响。这种做法是法律所不允许的。

2. 教师对学生实施体罚或变相体罚。我国《义务教育法》和《未成年人保护法》明确规定：学校和教师不得对学生实施体罚、变相体罚或者其他侮辱人格尊严的行为。体罚和变相体罚学生极易造成学生的对立情绪，使学生产生自卑、怯弱心理。严重的甚至会造成学生肢体损伤，对学生身心健康发展造成十分恶劣的后果。教师体罚学生的情况，由于法制观念的深入已经逐渐减少，然而教师对学生实施变相体罚却还是很多。变相体罚表现在教师对学生实行罚站、罚跑、罚冻、罚饿、罚做作业、罚劳动等。中小学教师往往对直接体罚认识较深，运用较谨慎。但对变相体罚认识模糊，误以为合理合法，错而不知，故时有使用。

3. 教师泄露学生的隐私。《未成年人保护法》中规定：教师不得拆看未成年学生的信件，不得披露未成年学生的个人隐私。在学校的具体教学中，有些教师出于好意私藏、私拆学生信件，或者在课堂上揭露学生的隐私，结果适得其反。

4. 教师对学生实施侮辱人格尊严的行为。人格权是公民的基本权利。我国《宪法》第三十八条明确规定：“中华人民共和国公民的人格尊严不受侵犯。”《未成年人保护法》第四条规定：“尊重未成年人的人格尊严”。《教师法》第八条规定：“教师应当履行下列义务：……（四）关心、爱护全体学生，尊重学生人格。”教师如果作出侮辱学生人格的行为，会造成学生精神上的痛苦和心理上的创伤，使他们的名誉受损，得不到他人的尊重和信赖。总之，教师对学生实施侮辱人格尊严的行为，是一种严重的违法行为。

（三）管理过程中的违法行为

1. 教师对学生乱收费、乱罚款。我国《义务教育法》第十条规定：“国家对接受义务教育的学生免收学费。”各学校可向学生收取一定的杂费，除此之外，任何其他行政机关和学校不得违反国家有关规定，自行制定收费的项目及标准，不得向学生乱收费。有些教师对学生迟到、早退、不按时完成作业、考试不合格、打架、骂人等违反校纪校规的行为不能进行正确的教育，而是采取罚款、收押金的方式。这样做虽然暂时起到规范学生行为的作用，但实际上已触犯了法律。

2. 教师随意剥夺学生受教育权。我国实行九年义务教育，受教育是每个处于义务教育阶段的学生的基本权利。《宪法》中明确规定我国公民有受教育的权利和义务。我国《义务教育法》第四条也明确规定：“国家、社会、学生和家长依法保障适龄儿童、少年接受义务教育的权利。”这里所指的受教育权主要包括学生有权参加学校为实现教育方针而依法组织的各种教育教学活动，其中包括有权按照课程听教师讲课。如果无正当理由不让学生到课堂听课，或随意将学习有困难、违反纪律的学生停学、开除，就是剥夺学生受教育权，是一种侵权行为。包括：教师随意停止学生上课；教师随意占用学生上课时间，或改动教学计划；剥夺学生正常的休息时间等。

3. 教师奸污学生。教师不仅要向学生传授知识，更重要的是育人。因此教师应具备良好的道德素质。然而极个别品行不良的教师，做出了侮辱学生、影响恶劣的行为，是要受到《刑法》相应规定的制裁。

4. 教师对学生进行伤害。包括：由于教师的精神和心理问题对学生进行伤害；为获钱财，绑架残害学生；教师泄私愤伤害学生等。

5. 教师对在校生未尽责任。未成年人的中小学生在校求学期间，学校教师具有对未成年学生管理和教育职责。学校不得将未成年学生置于有害于学生身体健康的环境之中。这其中包括了在没有取得家长同样的情况下，不得将未成年学生交给不认识的人带走、不得带领未成人学生救火、不得未经过家长同意带领未成年学生出去旅游等。

三、学生违法

（一）校园暴力

1. 打架斗殴。这在中学里是经常发生的，通常是一些品德较差的大同学，自以为有力气，就以大欺小、以强凌弱来殴打校内外的学生。除此以多此一举这有这伙中学生与另一伙中学生相互殴打的现象，也称为学生打群架。中学生打架斗殴破坏了学校的正常秩序，给学校带来了不好的声誉，对学生的身心造成伤害，其危害性是显而易见的。

2. 抢东西。一种是大同学抢小同学的玩具、学习用品或钱等，突然袭击，逃之夭夭，低幼学生无法防备，另一种是有的中学生专抢社会上弱者（如妇女、残疾人、老人和小孩等）的东西，乘人不备，突然抢到手后迅速地跑走。

3. 强索钱财。这是近几年来发生在上海、北京、广州、南京等大城市的一种社会现象，往往发生在中小学校门口或附近地区，大年龄的中学生向低幼学生强索钱财，以暴力相威胁，逼迫低年龄学生交出零用钱或学习用品等，并不准他们告诉学校和家长。此类事件不仅摧残了被袭击儿童的心灵，影响他们的学习生活，而且造成许多家长人心惶惶，工作不安心。

4. 毁坏物品。有的中学生由于心中的不满、怨恨等情绪作用，通过毁坏物品来表现和发泄。在一些中学里可以看到被学生破坏的课桌椅、墙壁、门窗等，其中一部分就是有的学生发泄情绪实施攻击的结果。这类攻击行为的目标不是人，而是物。当然也可以表现为攻击社会上的公共物品和私人的物品，但目的同样是为了发泄内心的情绪。

（二）不正当性行为

1. 攻击性不正当性行为。指使用暴力或胁迫、诱骗手段强制对女性实施猥亵或奸污，这类不正当性行为具有严重的危害性，是触犯我国刑事法律的。

2. 不纯的异性交往。现代社会承认和允许青少年男女之间正当交往。但是，少男少女之间在不良性意识的支配下，发生性行为和其他淫乱的行为，是不纯的异性交往，是非常有害的。目前，我国对青少年婚前性行为和未成年人性行为的舆论谴责程度降低，并对此类行为有一定程度的容忍性。同时，少男少女不易控制自已的性冲动，在好奇心和朦胧的性意识支配下，在一些中学里，发生了男女学生的性越轨行为，有的还多次发生性关系。说明青少年在外界不良诱因的影响下，容易产生不良的性意识。

（三）逃学（旷课）

这是指学生没有正当理由而拒绝上学。生活中常见的逃学或旷课有两种：一种是偶尔为之；一种是反复长期的，逃学的中学生中，成绩差的是多数，成绩好的极少。

（四）欺骗

1. 青少年说谎行为的表现。包括对父母说谎；对老师说谎；对同学说谎；对他人说谎。

2. 少年作弊行为的表现。无论是中国不是外国，都存在考虑作弊现象。

不过目前我国青少年作弊行为的情况是严重的，这也是目前教育的一大问题。

(五) 偷窃

根据近几年的情况要析，在青少年偷窃中，中学生偷窃为数不少。应当说，许多中学生的偷窃都是小偷小摸，有的既构不成犯罪，也谈不上治安处罚，都是属于轻微的。但也有少数中学生的偷窃行为是严重的，甚至触犯了《刑法》，构成了犯罪。

以上三种主体的违法不是孤立存在，往往是交织在一起，错综复杂。学校、教师、学生权利和义务是相互的，某一主体的权利经常是另外主体的义务，反之亦然。而且有些权利同时又是义务，权利义务合一，行使权利时，也在履行义务。学校、教师、学生三者的违法，往往跟主体的权利意识、义务意识及他们对权利、意识的理解发生偏差有关。

以上列举的中小学校违法行为在中小学是比较常见的，正如其他违法行为主体一样，中小学校违法行为也是多方面的，这里无法穷尽罗列，只是为了说明中小学在推进依法治校的过程中还存在很多不尽如人意的现象，以引起有关人士的重视。

第二节　中小学常见违法现象的成因分析

当前，中小学违法现象时有发生，这对我国教育事业的发展十分不利。中小学违法行为，不仅伤害学生，也伤害着家庭和社会，更损害了学校教书育人、教师“德高为师，行正为范”的崇高形象，同时践踏了国家法律的尊严，其社会影响是恶劣的。

究竟是什么原因造成中小学违法现象的产生呢？有其内在和外在原因。

一、外在原因

(一) 立法不全

在实施依法治国方略和推进依法治校的过程中，我国加快了教育立法，先后制定了6部重要教育法律、10余项教育行政法规和200多项教育部门规章以及100余项地方性教育法规或规章，为依法治教提供了必要的法律依据。但是我们也应清醒地认识到，由于我国目前仍处于社会主义民主与法制建设期，现有的教育法律法规仍有许多不完善之处，主要表现为以下几方面：

1. 教育立法缺乏适应性。社会生活中事件的不可预测性和人类语言本身的局限性导致法律虽然有其明确性，但在具体案件发生时，仍会出现界定不明，缺乏适用性。许多教育法律法规缺乏它本身应有的权威性、确定性和稳定性；某些权利义务关系和职责权限关系还不甚明确；已有的教育法规之间存在着某些重复乃至混乱的现象等。从理论上讲，“法治”所要求的法律应是内部和谐、结构严谨、层次分明、规范明确的体系，但由于法律所面对的对象广泛、复杂、多变，而人的认识能力有局限性，总难免出现法律内部矛盾的冲突以及应规定而未规定、不应规定的作出了规定和已作出的规定不合理不到位等瑕疵、缺陷。

2. 地方教育法规建设相对落后。中央、省级政府依据普遍适用原则，制定了一些大的法规框架、总的规则。然而，由于社会经济、政治、文化背景状况迥异，各地区发展是不一致的。发展程度不同的地区，可能出现的事件也不尽相同；即使是同类事件，其发生频率和事态都可能极不相同。这些因素使总的法规条文在对地方具体事件实施上易缺少较强的针对性和可操作性。在此情况下，一方面是学校、教师和学生的合法权益难以得到充分的法律保护，导致学校违法；另一方面也给学校留下了打法律“擦边球”的机会。

（二）执法不严

法律的明确性可以有效地杜绝立法者、执法者的恣意和滥用职权，但由于法律面临的现实情况复杂、多变，而人的认识能力有限，不可能对所有问题作出明确规定，因此法律留有许多自由裁量的余地，这在一定程度上弥补了“明确性”的不足。同时，这又给滥用自由裁量权开了方便之门。一个被授予权力的人总是面临着滥用权力的诱惑，面临着逾越正义与道德界线的诱惑。部分教育人员正是抵制不住这种诱惑，做出违反教育法规的行为。部分行政管理人员、执法人员对给学生身心造成重大伤害的学校管理者和“严师”只做出行政处罚等表面文章，甚至某些地方私立法规、篡改事实，进行地方保护。

这些都对学校正确认识法律、法规，严格遵守法律、法规极为不利，极大地损害了教育法规的威严，造成极坏的社会影响。另外有些执法人员，以同情心代替法律规定，认为学校、教师的违法行为中有些是出于“德育”的需要而采取的必要措施，导致“姑息养奸”。

（三）普法不深

普及全社会的教育法律意识，是“依法治教”、“依法治校”的基础。公众只有了解教育法规，真正理解教育法规，将外在法律法规内化为主体自觉意识的时候，法律才能切实发挥其效力并得以完全实施。

我国学校的法制教育，只是学习一般法规，而有关教育法制方面的专题教育极少。而且，没有统一标准的法律教学大纲和教材，部分法律知识只是在一些思想政治课中略有体现，且缺少实例教育。从小学到大学多是重复地、机械地记忆法律内容的条条框框以做“应试”之备，而没有理解法规本身的内涵和意义。只是把法看成一种神圣威严、远离自己的东西，认为它纯粹是一种强制手段、统治工具。对法规到底是什么，思想上没有搞清，也没形成自我保护意识，对自觉依法办事表现出暂时性和不稳定性。

（四）管理体制关系不顺

我国目前处于社会主义计划经济向社会主义市场经济转化时期，两种经济体制交叉并存。计划经济以政府调控为主，以行政为主要管理手段；市场经济则以市场调控为主，依法办事，公平竞争。由计划经济转为市场经济，是政府放权的过程，是社会法制化的过程，也是各方面利益不断调整的过程。在这个过程中，政府为了维护自身的权威，放权的过程很慢，致使计划经济体制和市场经济体制共同作用于社会生活和经济生活，引发一些社会问题。在教育管理上，一方面积极向市场化和法制化迈进，大力实施校长负责制、教师聘任制、多种形式办学等改革举措；另一方面是政府及其主管部门不愿放权，学校自主权有限，使各种教育改革措施大打折扣。在这种情况下，学校难以治校，背上了沉重的经济负担和社会负担，本质功能被弱化。同时学校在计划经济体制和市场经济体制之间又有较大的自由空间，容易找到逃避法律责任的避风港和保护伞，矫正违法行为和追究法律责任十分困难。

（五）政府的教育行为不到位

政府的教育行为就是政府对教育的投入、保护、管理、指导等有利于教育发展的行为。政府的教育行为不到位是因为政府的行为能力有限，其一，政府可利用的财力资源、人力资源、信息资源有限；其二，政府行政部门人员与机构部分权责不明，削弱了政府的权威性；其三，在以直接行政为主要手段的管理方式下，缺乏通畅的行政渠道和相应的监督。政府教育行为不到位的突出表现是投入不足，保护措施不力。国家财政性教育经费占国内生产总值比例近几年虽然逐年上升，但截止到 2009 年，仍未达到 4% 的目标（2009 年为 3.59%）。[①] 政府对教育的保护就是政府通过行政措施来改善教育环境，保证教育的健康发展。目前，由于人们对教育本质的误解，社会向学校伸手的现象比较突出，学校社会负担沉重已成为事实。同时，教育效果弱化、教育体制改革缓慢、教育资源配置不合理等问题也日益明显，而政府在解决诸如此类问题的措施还不尽如人意。

二、内在原因

（一）中小学校长、学校行政管理人员及教师的法制观念淡薄

目前教育法规的宣传，在给中国人的法治观念带来深刻变化的同时，也使人们的法治观念陷入了误区：在指导思想上，简单地认为学法知法就能依法守法，而且防民治民的意识浓厚；操作上，知识的普及重于观念的确立，对义务、禁令的宣传重于对权利、自由的启蒙。这导致人们没有认识法律的真正功能，片面追求法规的惩罚、警戒、预防功能，忽视法律评估、指引、保护、思想教育等功能。人们在对法律意义有了基本的认识的前提下，只是努力记忆法律条文，而不去理解它、运用它。没有根源于头脑的法理，就无法在行为前形成正确法规概念，无法自觉指导实践。

（二）未能建立良好的管理学校的规章、制度

1. 规章、制度的制定方面。制度根据上的偏离。学校在进行法制管理的过程中可以制定一些必要的规章制度，但必须在国家相关的法律、法规与政策的基础上进行。法律、法规可以按照规范内容的不同性质分为义务性规范、禁止性规范与授权性规范。实践中根源于此而形成的瑕疵也主要有这么三种类型：第一种类型是对于相关的义务性规范的消极排斥；第二种类型是对于相关的禁止性规范的积极侵犯；第三种类型是对相关的授权性规范的变相歪曲和滥用。

第一，制定程序上不规范。制度的生命在于其相对的科学性、规范性与稳定性，而规范性、稳定性的属性都是建立在科学性的基础之上的。制度之所以相对科学就因为有一套严整制定程序以及由这个程序所保障的民主合议

---

① 来自教育部网站：教育部国家统计局财政部关于 2009 年全国教育经费执行情况统计公告。不过令人欣喜的是，《国家中长期教育改革和发展规划纲要（2010—2020 年）》，指出，提高国家财政性教育经费支出占国内生产总值比例，2012 年达到 4%。

的切实运作，集思广益，通盘考虑，在最大程度上克服个人知识的不足与利害关系在其中的消极影响。而一些学校在制定规章制度的过程中存在着问题：首先，有权制定学校规章制度的组织机构不明。学校的每一个具体职能部门，甚至是领导个人都能制定规章制度，这样就难以避免“首长意志”与“政出多门”；其次，虽然有些学校明确规定了教代会是学校规章制度的制定机关，但教代会不能真正行使职权。由于缺乏明确的机构内部的“合议”机制，结果只能是要么“合而不议”，要么是“合而议不成”，一些以教代会名义出台的规章制度也往往只是由个别领导闭门造车，再署上一个教代会的名义。一些关涉到学校发展大计和教职工切身利益的规章制度就是在这种情况下出笼的，其品质与后果可想而知。

第二，制度内容上不科学。制度内容上的瑕疵主要是指规章制度在调整范围、方法、程序上的法制视野下的不足。这种瑕疵不只是与现有的国家相关法律明确规定的直接抵触，也包括在法律规定不明或法律根本没有也没有必要进行规定的情况下学校规章制度所作出的不恰当的规定。

2. 规章、制度的执行方面。在执行过程中的法制瑕疵主要体现在：重义务轻权利；重实体轻程序；重拘束轻参与。从规章制度的执行结果上看，也存在着两种不令人满意的状况。第一，执行不严格，实施不到位。学校的规章制度在执行过程中也难以完全避免一些诸如人情、关系的冲击或干扰。往往是在某件事上开了口子于前，便旋即有更多变通尾随于后，直至一些正确的规章制度的权威荡然无存，徒留一纸空文。合理的学校的规章制度一旦制定，就应当严格执行，体现作为规章制度的稳定性、规范性。第二，执行僵化，缺乏与时俱进。诚然在学校规章制度的执行中不应当有无原则的“变通”，但是，由于规章制度本身不可避免地存有这样或那样的不足，需要作必要的修正时，就应当及时调整，而不能走向僵化的一极。

3. 规章、制度的监督方面。第一，监督的主体不明确具体。一些中小学在规章制度的监督上也有一些看似丰富的规定：什么与什么相配合，什么又与什么相统一，往往是面面俱到，但又徒有虚名。第二，监督程序不明确清晰。有的学校虽然也赋予了比如教代会等以监督的权利，但并没有具体的关于监督程序的规定，结果是造成监督机构似乎无不监督，而又最终无可监督的尴尬局面。第三，监督的内容不全面。同法律监督一样，学校规章制度的监督也包括规章制度的制定与执行两个完整的环节。而实践中，一些学校在规章制度的监督上只片面地强调对其创制环节的监督，而对其执行环节的监督却缺乏具体的机制加以保障。所谓的监督也只能是年终听取一下“官样报告”，不真正地深入到具体的操作过程中，就很难发现与纠正其间的问题与错误。一些报章披露的与学校有关的违法犯罪的案例也清楚地反映了这一问题。监督内容的不全面还体现在重群众而忽视领导成员上，这样就难以真正消除“优势不对等现象”。

4. 经不起社会不良风气、丑恶现象的影响。有些中小学领导认为个人付出的和党给予的相差太悬殊了，忽视了自身良好形象的塑造，世界观、人生观、价值观、功利观出现偏差，产生了拜金主义、利己主义和享乐主义。在这种补偿心理的支配下，一有机会就想贪占，明拿不行就暗取，以权谋私，权钱交易，以致走上违法违纪和犯罪的道路。某些教师受社会不正之风侵蚀，私吞教育经费，甚至挪用学校用地谋取私利：有的教师为求各人名利，在课堂上推销复习资料或一些食杂品，甚至盗取考试试卷翻卖给考生获取私利等。

5. 学生缺少必要的安全意识。《未成年人保护法》规定：“学校不得使未成年学生在危及人身安全、健康的校舍和其他教育教学设施中活动。”《中小学校园管理的暂行规定》中，第十三条规定：“学校要建立安全教育制度，在教育设施、饮水饮食、取暖、用电、开展体育、劳动和其他集体活动等方面采取安全防范措施，保证师生安全。”但是，未成年学生由于正处于生理、心理和智力的发育阶段，对主、客观世界的认识还不完全，自我保护意识未完全建立，自我保护能力较弱，所以容易发生意外事故。

第三节　中小学常见违法现象的预防策略

中小学常见的违法现象，有相当一部分是可以预防的、可以避免的。只是我们在平时的工作中，不太注意，往往是出了问题才去找原因，追责任。

一、健全教育法规，严格教育执法，加强教育法规的执法监督

（一）加强教育立法，做到有法可依，这是依法治校的前提

教育立法是一项十分严肃的工作，加强教育立法必须坚持正确的指导思想。首先，必须坚持四项基本原则，这是我国的立国之本，更是保证教育法规社会主义性质的根本前提。其次，还必须坚持实事求是的原则，教育立法一定要切合我国实际。第三，必须坚持教育立法的民主性与科学性，坚持走群众路线，充分听取广大人民群众尤其是教育工作者的意见和建议。同时，

还要重视理论上的指导，进行充分的科学论证。第四，应注意教育法规的稳定性与连续性，对教育法规的制定既要积极又要慎重，对于那些被实践证明已经成熟了的方针政策可用法律的形式固定下来，对于那些已经不能满足社会经济发展需要的法规内容要及时地进行废、改。制定教育法规时，还要充分注意具体条文的可操作性，尽量避免和减少那种笼统的甚至模棱两可而无法操作的规定和表述。尤其要注意法律责任的可操作性，这就要求在法律责任方面，从内容上要尽可能写得明白、具体、可行，如由谁来承担责任，谁来罚，怎样罚等都要清楚明白，以便执行。第五，合理借鉴其他发达国家依法治校的经验。

（二）严格教育执法，做到有法必依，这是依法治校的关键

建立严格、公正的教育执法制度，培养高素质的教育执法队伍，保证教育执法的实效性。制定法规固然重要，但法规的实施更为紧要。立法需要执法，有法可依还必须有法必依，违法必究，否则的话，法律的尊严和权威就难以维护，所制定出来的法律很可能会成为一纸空文。

为保证教育法规的顺利实施，必须做好宣传工作，加大宣传力度。教育法规一经公布，教育行政部门的各级领导就要及时组织广大教育工作者认真学习，深刻领会其精神实质，同时还要积极做好宣传工作。因为贯彻执行教育法规，绝不只是教育部门的事，而是全社会的共同责任。为此，必须充分利用各种新闻媒介宣传教育法规，通过“广播电视”、“板报”、“知识竞赛”，等灵活多样的形式，加大宣传力度，使之家喻户晓，深入人心，使守法的主体即公民和社会组织做到知法、懂法、用法、守法。

教育法规的实施仅靠宣传和自觉遵守远远不够，还必须充分发挥法律的强制性作用，严格执法。我国的教育执法是一个比较薄弱的环节，其突出表现就是执法不够严格。在执行教育法规时还需要辅以强有力的行政措施，它是国家行政机关执行教育法规时所采取的步骤和方法，但所采取的行政措施必须是合法而又切实可行的。此外，教育法规的执行，也要充分发挥乡规民约的作用，这样可以促使群众共同遵守教育法规。

（三）加强教育法规的执法监督，做到违法必究，这是依法治校的重要保证

要保证教育法规的顺利贯彻实施，实现依法治教，就必须建立健全法律监督机制，加大监督力度，对教育法规的执行进行有效的监督，这是实现依法治教的重要保证。

教育法规的监督就是对宪法中规定的有关教育的条款、教育法律、教育行政法规、教育规章在全国范围内的统一监督，以及对地方性教育法规、规章在本地域范围内的正确适用、遵守、执行进行的监督。要加强教育法规的执法监督，就要充分发挥权力机关监督、行政监督、检察监督、党的监督、审计监督、群众监督和社会监督的作用，要使各种监督手段形成一股强劲的力量，保证监督做到经常化、制度化。特别要充分发挥各级人民代表大会的法律监督作用，各级教育部门和其他有关部门要配合同级人大机构做好严格的监督检查工作。在教育法规的监督上，教育督导的作用也不容忽视。我国之所以建立教育督导制度，就是为了加强对教育工作的行政监督，其主要任务就在于对下级人民政府的教育工作和下级教育行政部门和学校的工作进行监督、检查、评估、指导，保证国家有关教育的法规、方针政策的贯彻执行和教育目标的实现。通过督导机构的专门的监督、视察、指导，可以充分发挥对教育法规实施的行政监督作用。对于违反教育法规的行为，督导机构或督学有权予以制止。

（四）理顺各种关系，依法保护各方面的合法权益

政府要增强教育行为，加大对教育的投入，落实各项教育法律法规和政策，优化教育外部环境，整治社会向学校伸手的现象。要切实减轻中小学校不应有的社会负担，减轻学校社会性事务的压力。教育行政部门要转变管理方式，下放权力，依法行政，由微观管理向宏观调控转变，进一步落实学校的办学自主权，学校与校办企业、教师、学生及家长等明确法律关系，明确各方面的权利和义务，避免因法律不明而产生法律纠纷。在教育法律关系主体遭受不法侵害时，学校要拿起法律武器，依法维护自己的合法权益。

二、加强中小学校自身的法制建设

（一）学校管理者应树立依法治校观念

学校管理者能否树立明确的法治观念，认清依法治校必要性和迫切性，是学校实施法制化管理的前提和基础。学校管理者应该把依法治校上升到依法治国的高度，并作为其重要组成部分来认识。

1. 中小学校长要提高法律意识。学校是育人的地方，作为一校之长，他的法律意识直接影响着教师的法律意识，教师的法律意识有影响着学生及其家庭的法律意识，所以强化校长的法律意识关系到整个社会的法制进程。改革开放和经济建设的深入发展，使我国中小学校长的经济意识、市场意识、

竞争意识教学意识等有所增加。这无疑是一件好事。但另一方面，其法律意识却没有相应增强，相当一部分校长法律意识淡薄。国家施行依法治教，对学校的依法管理和学校内部的依法管理，要求作为学校主要负责人的中小学校长必须强化法律意识。没有法制观念，不依法办事，国家的教育任务就没法完成，教师的权利和义务就得不到保障，学生的受教育权也就不能实现。因此，强化校长的法律意识不是可有可无的，而是依法治校的需要。

2. 教师要自觉增强法律意识。党的十五大明确提出了“增强全民的法律意识”的要求，广大教师无疑应当在这方面发挥带头作用，把坚持正确的职业行为方向的问题自觉地提高到遵守法律、依法办事的高度来认识。除了作为国家的根本大法的《宪法》和作为教育基本法的《教育法》之外，与中小学教师职业行为密切相关的还有《教师法》、《义务教育法》、《为成年人保护法》、《预防未成年人犯罪法》等一系列法律法规。对于每个教师来说，认真学习、掌握和贯彻《教育法》等法律法规，无疑是十分重要的。在这个过程中，教师首先应当明确自己依法承担的重大历史使命，自觉地忠诚于人民教育事业；其次应当增强法律义务意识，懂得不履行或违背法律规定教师应该担负什么责任。这样，才能促进自己在教育实践中更自觉地端正行为方向。

（二）加强教育法制宣传

由于学校干部是学校的管理者和决策者，是教育教学活动的主要组织者，更需要学习法律知识，提高法律意识。普及教育法律，重点是普及教育法律法规及与教育有密切关系的法律，依法办学、依法执教、依法维护学校及教师的合法权益，用法律指导干部教师的教育教学和管理行为。普及教育法律要结合教育工作实际，引导广大干部、教师树立法制观念，改进工作方法，改变工作作风，转变思维方式、行为方式和工作方式，实施素质教育，推进民主管理。针对有些同志对法制教育认识不足的状况，可以组织学校领导与教师，认真学习邓小平关于“法制教育要从娃娃抓起”等有关指示，学习党的“依法治国”、“以德治国”方略，引导中小学管理者深刻认识抓好青少年法制教育，是国家民主法制建设的一项战略任务，是实现依法治校的一项基础性工程，从而使大家达成了共识。

对学生进行法制教育，必须遵循学校教育和学生成长的规律，采取多种形式，分层实施，才能提高教育效果。（1）坚持上好法制课，系统传授法律知识，按照《国家教委、司法部关于加强学校法制教育的意见》和“四五”普法教育规划要求，在小学三年级以上学生中开设法律常识课，列入课表。

(2) 加强学科渗透，促进法制教育深化，可以通过各学科教学，有机地渗透法律知识，是对学生进行法制教育的一条重要渠道。(3) 巩固课外教育阵地。一是运用各种宣传教育阵地。不少学校创建了校园电视台、广播站，校报、校刊，开办法制专栏或专刊；运用影视、录像、幻灯、图片、编排校园系列短剧等，重点宣传法制内容，收到良好的教育效果；学校还可以开办了业余党校、团校、"少年法制学校"，"雏鹰普法学校"等，组织学生学习法律常识；学校的德育工作也应该设有法制教育板块，定期对学生进行教育，增强了学生的遵纪守法观念。二是开展多种形式的教育活动。举办主题班队会、模拟法庭、开展社会调查、知识竞赛、社会实践等活动，是学校开展法制教育重要形式。目前，青少年犯罪依然是一大严重的社会问题，加强对青少年进行法制教育，是解决问题的重要途径。

在宣传教育过程中，校领导要率先垂范，带头学法，使校园内从管理者到广大教师和学生都了解掌握相关的法律法规，从而为管理者依法实施学校管理、教师依法从教奠定基础。

（三）正确处理法与国家政策、法与学校规章制度的关系

在实施依法治校的过程中应消除一种非此即彼的错误认识，即不能简单地认为依法治校就排斥学校管理中的政策性规范及领导者发挥工作主动性制定的各项具体措施。实践证明，国家政策只要和法律相一致，就要贯彻执行，学校的规章制度只要和法律不矛盾，也要继续遵守，而且它们对国家法律是一种有效支持，会对学校管理产生推动作用，是绝对不可偏废的。有些政策性的东西可提升为法律规定下来，有些法律还应制定具体措施去落实。光靠法律或光靠政策措施都不行，二者必须相辅相成。如协调学校与家长、学校与社会关系时要订立相关的合同。学校对教师、学生等方面进行管理时，可把法律、法规延伸，制定规章制度，把学校法制能动地与学校内部规章制度相结合。依法治校体现的是一种法治精神，强调的是依法办事，并不排斥学校管理中运用经济手段、行政手段及其他手段。

（四）建立健全中小学依法治校的管理体制

要把依法治校落到实处，必须建立健全依法治校的管理体制。

1. 制定《办学章程》，统领学校管理。依法管理学校各项事务是依法治校的核心内容。我国学校章程的制定工作起步较晚，1995 年，制定学校章程才在《中华人民共和国教育法》中正式提出来，并把它作为设定学校的基本条件之一。教育法颁布之后，学校章程的制定工作仍然进展缓慢。很多学校

都已形成系统的学校规章制度，但就是没依法制定这种规章制度的母法——学校章程。

制定学校章程，以“章”治校，是依法治校的内在要求。学校章程不仅规范全体教职工的行为，而且也是教职工监督校长的重要武器。《办学章程》及与其相配套的各项规章制度使学校各方面的工作和各级各类人员岗位职责置于统一规范和要求之下，它是一种约束机制，采取这种机制，可以强化学校的科学管理，推进学校自主管理、自我发展运行机制的形成。当然，校长要正确理解依法治校，有些校长认为依法治校就是建立、健全学校的各项规章制度，然后坚决地、严格地执行这些规章制度，任何人包括校长在内都不能违反，这样似乎就达到了“有法可依、有法必依、执法必严、违法必究”的法制建设基本要求，从而使学校工作走上了法制化、规范化的轨道。这种认识是错误的，至少是片面的，因为依法治校的首要要求就是合法性，如果学校制定的规章制度中有不合乎法律要求的条款，那么，对规章制度执行越坚决，违法现象越严重。

2. 责任到位，各司其职。依法治校并不是一两个人的事情，需要全体员工的共同努力，各职能部门及所属员工要严格依照法律规定履行各自的职责。学校的保卫部门应依法保护广大教师学生的人身权、财产权、维持正常的教学秩序；学校的教务部门应依法招生、颁发文凭，监督管理不同层次的教学工作；财务、后勤和基建等部门应依法管理学校的一切物质财产；人事部门应依法搞好教师的进选任用、职务聘任、培养培训、考核奖惩工作；学生管理部门要依法作好学生的思想政治工作，严禁教师打骂、体罚学生。

3. 理顺学校监督体制。我国《教育法》第 30 条第三款明确规定：“学校及其他教育机构应当按照国家有关规定，通过以教师为主体的教职工代表大会等组织形式，保障教职工参与民主管理和监督。”教职工代表大会是教职工参与学校内部管理活动，行使民主管理和监督权利的基本组织形式。不论是国家举办的学校，还是社会力量举办的学校，都应当根据国家的法律、法规和政策的规定。通过教职工代表大会、监事会等形式，保障教职工对学校管理活动进行监督，以确保学校管理活动的顺利有效实施，提高教育质量。加强学校内部监督，是全面实现依法治校的一个重要条件。

本章小结：学校是有目的、有计划、有组织地进行教育教学活动的重要场所，在走向教育法制化的进程中，学校正日益成为教育法律法规调整的重要对象。为使学校能充分地行使自己的办学自主权，并切实地履行自身在教育和管理中的职责义务，现有的法律法规对学校的权利和义务作出了明确的规定。“徒法不能以自行”。再好的法律也不会自己去执行，必须要有一支素质优良、作风严明的执法队伍。教育法律在学校的贯彻落实，离不开校长及其他学校管理者、教师、班主任等各类学校工作主体的共同努力，营造依法治校的良好氛围。

【思考题】

1. 简述学校违法的常见表现。
2. 简述教师违法的常见表现。
3. 简述学生违法的常见表现。
4. 试分析中小学违法现象产生的原因。
5. 论述中小学常见违法现象的预防策略。

【阅读导航】

1. 教育部. 学生伤害事故处理办法［EB/OL］. 教育部网页。

http：//202. 205. 177. 9/edoas/website18/level3. jsp？ tablename = 38&infoid =479

2. 褚宏启. 中小学法律问题分析（理论篇）［M］. 红旗出版社，2003年版。

3. 褚宏启. 中小学法律问题分析（案例篇）［M］. 红旗出版社，2003年版。

4. 姚云. 与学校对簿公堂：校园官司启示录［M］. 广西师范大学出版社，2003年版。

第五章　班主任应具有的教育法律观

案例导读： 2006年9月11日《人民日报》刊登的一篇文章说：前几天，武汉市汉口的一所中学初一新生报到，家长们发现，奥赛获奖的学生全分在了中间两个班。家长们纷纷议论，这不就是变相分快慢班吗？于是，许多家长找到校方，纷纷要求为孩子调班，但学校领导并不承认分班的做法，解释说：所有的班级都是一样的师资、一样的教学设备，不存在所谓快慢班。家长们大发感慨：明知学校分了快慢班，却又抓不到把柄，取消重点班谈何容易！

记者近日在采访中发现，北京市的一些著名中学，仍有按成绩对初一新生进行分班的做法，还有一些学校新办了英语等各种“实验班”。有的中学还在办初、高中六年一贯制实验班，以分数来选拔学生，实际就是换汤不换药的重点班。

据了解，目前许多地方都存在这种现象：一些所谓的重点校、重点班，经过改头换面，乔装打扮，摇身一变，竟成了“示范校”、“实验校”、“实验班”、“电教班”、“特长班”，翻牌现象五花八门，大有“乱花渐欲迷人眼”之势。

从上述材料提供的情况看，学校分设重点班，必然会给这些班优先配置师资等，开“小灶”培养“尖子生”，使得教育资源很难均衡，这种做法不符合新修订的《义务教育法》的基本精神。当然，要求学校均衡发展，强调的是学校办学条件和发展空间的均衡，而不是强制拉齐学校的办学水平。学校要贯彻面向全体学生、促进学生全面发展的原则，平等教育、公正评价每一个学生，在公平的起点上，办出特色、办出水平，提供更加优质的教育。班主任层面的工作，对于推进校内均衡发展有着不可忽视的价值。

第一节 正确的权利与义务观

权利和义务是法律关系的核心内容，是明确法律关系主体参加法律活动的重要保障。同样，班主任的工作应由法律明确其权利和义务，这一点立法已有很大进步，特别是在教育部2009年颁发的《中小学班主任工作规定》中有所体现。但更为重要的是，在实际的班主任工作中，班主任拥有怎样的权利和义务观呢？这将直接影响班主任工作的有效开展。

一、对等观

教师和学生的权利和义务都是对等的，既没有只享有权利不履行义务的教师或学生，也不存在只履行义务而不享有权利的教师或学生。这一点在《教师法》和《教育法》的相关规定中就可发现。如：(1)《教师法》第7条第1款规定教师有进行教育教学活动，开展教育教学改革和实验的权利，同时第8条第2款规定教师负有贯彻国家的教育方针，遵守规章制度，执行学校的教学计划，履行教师聘约，完成教育教学工作任务的义务。所以教师不是想教就教，不是想怎么教就怎么教，而是必须要接受有关义务的约束。(2)《教育法》第42条第四款规定受教育者对学校给予的处分不服可以向有关部门提出申诉，对学校、教师侵犯其人身权、财产权等合法权益，有权提起申诉或者依法提起诉讼；同时《教育法》第43条第2、4款分别规定受教育者负有遵守学生行为规范，尊敬师长，养成良好的思想品德和习惯的义务；负有遵守所在学校或其他教育机构的管理制度的义务。这表明学生不仅有依法律途径维护自己合法权益的权利，同时也负有维护学校日常教学秩序及管理的义务。

材料5-1

学校是否侵犯了谢某休病假的权利?

某中学计算机教师谢某，1996年7月参加工作，工作中其他教师多次发现他利用学校的计算机设备为校外人员制作与教学无关的东西，学校领导曾对其给予批评教育。1999年2月开学初谢某交来一张病假条，以“神经性头痛”为由请假一周。后一直未见其来校上班。原由他担任的高一、高二及初二年级的计算机课因此而停课，尤其是高一年级的计算机会考因此而延误。

学校通过其母亲与其联系，说明其做法的严重性及影响，并就市教委有关文件精神再次对其教育和做工作，而谢某态度强硬，不仅不承认错误，反而强调自己有权利休病假，在身体未康复前不能到校上班。除了一张病假条之外，谢某从未再交来任何证明。1999 年 9 月，又一个学年开学后，仍不见谢某回校，学校根据谢某的表现事实，按市教委关于“自动离职，劝告无效，超过三个月期限者以自动离职除名处理”的规定对谢某予以除名处理，并以书面通知书寄送谢某本人。

（材料来源：褚宏启主编：《中小学法律问题分析（理论篇）》，红旗出版社，2003 年，第 63 页。）

《教育法》第 32 条明确规定：“教师享有法律规定的权利，履行法律规定的义务，忠诚于人民的教育事业。”教师的权利和义务是相辅相成的统一体。教育教学既是教师的权利，更是教师的义务，教师只有在履行了这一基本义务之后，才能享有相应的“职业权”。同时，教师生病休病假的权利也应当符合学校的规章制度，而谢某只交了一张病假条，就以此为理由不来上班，而且不在家休养，“跑到深圳去应聘就职”，致使“他担任的高一、高二及初二年级的计算机课因此而停课，尤其使高一年级的计算机会考因此而延误”，给教育教学工作造成了重大损失。《教师法》第 37 条规定：“有下列情形之一者，由所在学校、其他教育机构或者教育行政部门给予行政处分或者解聘：（一）故意不完成教学任务，给教育教学工作造成损失的……”因此，学校对谢某的“自动离职除名处理”是非常恰当的。①

材料 5－2

学生违反学校管理制度

1994 年 5 月，某校初三年级学生李某（15 岁，男）在上语文课时，不注意听讲，并发出怪叫声，扰乱课堂秩序。经语文老师多次提醒后仍不改正其错误行为，还顶撞老师，语文老师遂让其出教室到思教处，李仍不服从。语文老师叫同班一同学到思教处找来了思教处副主任刘某。刘老师在问清情况后，即走到李跟前，叫其出教室到思教处接受批评教育。李仍不从，并当众骂人。这时，刘老师揪其衣服走出了教室。在楼道里，李仍在骂人。这时，刘老师气极之下，打了该生。事后，该生家长找到学校，称该生被打不能参

① 褚宏启．中小学法律问题分析（理论篇）［M］．北京：红旗出版社，2003：63.

加中考，要求学校保留其学籍，并要求赔偿医疗费、营养费5000元。该生家长还向区教育局提出申诉。事实上，该生被打的程度并不严重，有医院的证明为证，并没有影响到该生继续学习的能力。经教育局领导及学校领导做了大量的工作后，作出了以下几点处理意见：（1）学校校长及刘老师本人向该生及家长道歉；（2）刘老师写出书面检查，并受行政警告处分，此外还要赔偿该生的医疗费；（3）对学生李某给予全校通报批评。以上意见，该生及家长未反对。

（材料来源：褚宏启主编：《中小学法律问题分析（理论篇）》，红旗出版社，2003年，第129-130页。）

笼统地看，该案例讲的是教师体罚学生事件，教师（代表学校）是义务人，学生是权利人，学校侵犯了学生的身体健康权。如果仔细分析，事情并不那么简单。教师为什么打学生呢？教师为什么只打李某而未打其他学生呢？是因为李某上课不守纪律，扰乱课堂秩序，干扰了教学活动的正常进行。在刘老师未打李某之前，显然，学生李某是义务人，李某没有履行法定的义务，学校是权利人，学校有权利对违纪学生依法作出处理。学生李某的行为显然是违法行为。但学校不应该以违法行为去制止另一种违法行为，不能错上加错。①

二、位次观

位次观是指，教师（班主任）应该将自己的义务和权利，如何加以排序的问题。即教师（班主任）是将自己的义务放第一位，权利放第二位，还是将自己的权利放第一位，义务放第二位呢？

按照一般的认识，管理者往往把被管理者的义务放在第一位，把被管理者的权利放在第二位。而被管理者往往把自己的权利放在第一位，把自己的义务放在第二位。由于管理者与被管理者之间不同的权利与义务位次观，往往会发生一些误会、矛盾，甚至是冲突。具体到学校领域，学校的管理者（如校长、中层管理干部等）往往会把普通教师的义务放在第一位，把普通教师的权利放在第二位。他们安排某位教师去做某件事情的时候，不是不考虑教师的权利问题或者说待遇问题。而是先考虑教师的义务问题，再考虑教师的权利问题。换句话说，学校管理者对于教师权利的尊重是建立在教师义务履行的基础之上。作为普通教师，往往会把自己的权利放在第一位，义务放

① 褚宏启．中小学法律问题分析（理论篇）［M］．北京：红旗出版社，2003：129-130.

在第二位。他们在去做某件事情的时候，不是不考虑自己的义务问题或者说职责问题，而是先考虑教师的权利问题，再考虑教师的义务问题。换句话说，教师对于自己义务的履行是建立在权利的尊重之上的。学校管理者与教师之间权利与义务位次观的错位，往往会带来不必要的矛盾。比如说，校长安排某位老师去做某件事情，某位老师可能会问校长，做这件事情能有什么待遇。校长可能回答，事情都还没有做，谈什么待遇呢？事情做好了自然会有待遇的。而教师则认为，待遇没有事先说好，就不好去做事情。你校长给一分钱我教师干一份活，你给一份钱，我干两份活，那是奉献在明处。其实，校长和教师的权利与义务位次观，可以学习其他职业的“行规”。比如坐出租车，就是乘客先享有权利，由出租车司机将自己送到指定的地点，然后再履行义务，支付车资。出租车司机就是先履行义务，将乘客送到指定的地点，然后再享有权利，接受车资。出租车司机不用担心乘客到了目的地不给钱，乘客也不用担心事先未给钱，出租车司机不将自己送到位。（当然，别有用心的乘客或司机属特例，不在讨论之列）而坐长途区间车则是另外一种“行规”。即乘客要先履行义务（买票，支付车资），然后才能享有权利（运输公司将其送到目的地）。运输公司是先享有权利（收钱），然后再履行自己的义务，将乘客送到既定的车站。

鉴于此，教师（班主任）正确的权利与义务位次观应是，将自己的义务放在第一位，权利放在第二位。凡是属于自己职责范围内的事情，不管待遇如何先去做好它，做好了再去申请自己应该享有的权利。眼睛不能只盯着教师（班主任）的权利。作为学校的管理者，正确的权利与义务位次观应是，将教师（班主任）的权利放在第一位，义务放在第二位。凡是需要安排教师（班主任）去做的事情，应该事先考虑好教师（班主任）的回报问题。眼睛不能只盯着教师（班主任）的义务。长此以往，就会像出租车或者长途运输公司那样形成良好的行规。否则，教师（班主任）尽几次义务，没有获得相应的权利后，教师（班主任）也就不再相信学校管理者，学校管理者从此将会失去群众基础，将来的管理定会更加麻烦与复杂。

三、回报观

回报观是指，教师（班主任）在履行自己的义务之后，甚至是在为学校或学生发展做了奉献之后，该有怎样的回报观。即教师（班主任）该怎样看待学校对自己付出的回报。

教师（班主任）正确的回报观至少包括三个方面：一是对称观。即教师

（班主任）的付出与学校给予的回报是对称的，相称的。二是滞后观。即教师（班主任）付出后，学校未必能及时的给予相应的回报。有的甚至会拖延较长的时间。三是非物质回报观。即教师（班主任）的辛勤劳动并非都一定能给予物质的回报，有的只能是精神鼓励，有的是在给予一定的物质奖励后，同时给予精神奖励。有的甚至连精神奖励也没有，可能只是为教师（班主任）的自我发展创造一些更好的机会罢了。

上述正确回报观的三个方面，教师（班主任）尤其要引起注意的是滞后观和非物质回报观。从教师（班主任）促进学生的发展来说，本身就是非常滞后的，非物质回报的。正所谓十年树木百年树人。从教师（班主任）促进学校的发展来说，也具有很强的滞后性，姑且不说许多老师具有高尚的情操，不计较个人得失，付出不图回报。就是对图回报的老师而言，只有学校发展好了，一荣俱荣，方能体现学校对教师的回报。尤其对于身处薄弱学校或者农村学校的教师（班主任）而言，更是这样。因为那些学校本身的资源非常有限，对于老师的付出无法一一量化，也无法一一给予相称的回报。很多时候是滞后的回报，不足的回报，非物质的回报。这些教师（班主任）值得尊敬、值得佩服。他们要么是在高尚地工作着，要么是在凭着教师（班主任）的一份责任感在工作着，要么是凭着一份对教师职业的良心在工作着。不论是哪种情形，他们都让人敬仰。

第二节　义务教育均衡发展观

义务教育均衡发展，已经成为我国教育政策的一个重要价值取向。作为工作在第一线的班主任来说，树立义务教育均衡发展观，平等、公平的对待班里的每一个学生，显得格外重要。因为，这才是学生个体所能感受到的“均衡发展”。

一、教育公平是社会公平的重要基础

公平是人类的永恒追求。社会的发展证明，教育是人类社会迈向和平、自由、社会公平和正义必不可少的途径①。胡锦涛总书记在十七大报告中明确

① 联合国教科文组织．教育——财富蕴藏其中［M］．北京：教育科学出版社，1996.

提出，教育是民族振兴的基石，教育公平是社会公平的重要基础。党的十六届六中全会通过的《中共中央关于构建社会主义和谐社会若干重大问题的决定》将坚持教育优先发展、促进教育公平摆在突出位置。温家宝总理在2007年“两会”《政府工作报告》中提出：教育是国家发展的基石，教育公平是重要的社会公平，要坚持把教育放在优先发展的战略地位，加快各级各类教育发展。教育不公平是人类最大的不公平。

教育公平是社会公平的重要基础。收入不公平影响人一时，教育不公平影响人一生。党的十七大把社会公平正义提到了前所未有的高度，把教育公平摆在了突出位置，把促进教育公平作为我国教育的基本政策。这是对我国教育发展任务的历史定位，具有重要的现实意义和深远的历史意义。①

所谓教育公平，是指国家对教育资源进行配置时所依据的合理性的规范或原则，是指每个社会成员在享受公共教育资源时受到公正和平等的对待。教育公平包括三个层次：起点的公平，即确保人人都享有平等的受教育的权利和义务，这是教育公平的前提和基础；过程的公平，即提供给受教育者相对平等的受教育的条件；结果的公平，即教育成功机会和教育结果的公平。②

从政治角度看，教育公平是建设和谐社会的基础。和谐社会是社会系统和自然生态系统之间以及社会系统内部协调发展、和谐相处的社会。公平正义作为和谐社会的重要原则和目标，其目的就是要使社会各个领域的利益关系得到妥善协调，使社会成员能公平分享改革开放和社会现代化的发展成果，切实维护社会各个领域的公正、公平，建设和谐社会就是建设协调发展的公平社会。教育公平是社会公平的重要组成部分，是社会公平在教育领域的独特体现，教育由于其在现代经济社会中的基础性、主导性、全局性的特征，而成为社会协调发展、促进社会公平最重要的途径。教育资源的分配在较大范围和较长时期内调整利益格局，给予各种生存状态下的群体公平获得社会发展成果的机会，因此教育公平不仅是现代教育的基本价值，是每个人发展的基本前提，而且是实现社会公平的最基本途径和最有效手段。教育不公意味着教育资源与教育发展成果在社会成员间分配不公，这将会严重影响社会公平的实现。因此，坚持教育的社会主义性质和公益性原则，保障人民享有接受良好教育的机会，促进教育公平，对保障社会公平、构建社会主义和谐

① 第七战略专题调研组（组长：陶西平、袁振国）．加强统筹协调促进教育公平［J］．教育研究，2010（7）：39.

② 李明阳．论教育公平［J］．安徽大学学报（哲学社会科学版），2009（1）：145.

社会具有重要意义。

从法律的角度看，教育公平是法律赋予政府的义务。《世界人权宣言》第26条第1款规定："人人都有受教育的权利。"我国《义务教育法》规定：国家、社会、学校和家庭依法保障适龄儿童、少年接受义务教育的权利。国家对接受义务教育的学生免收学费。国家设立助学金，帮助贫困学生就学。实施义务教育所需事业费和基本建设投资，由国务院和地方各级人民政府负责筹措，予以保证。

从国际社会看，教育公平是各国关注的焦点。联合国教科文组织教育局根据会员国在第46届国际教育大会（2001年）上提交的国家报告开展的研究表明：与上世纪80年代相比，国家的教育政策目标中越来越重视受教育是一种人权；教育提高个人的能力和抉择的能力；教育加强人类社会共同发展的能力。各国也把提高教育质量和推进教育平等作为重要国策。2001年1月，美国总统布什向国会提交了《不让一个儿童落后法》的教育改革计划，宣布："在这片被称作美利坚的伟大土地上，不让一个孩子落后。"英国通过推进教育机会均等、韩国通过推进"教育平准化"来推进本国的教育公平。

从传统文化的角度看，教育公平的观念源远流长，追求教育公平是人类社会古老的理念，教育公平是先哲孜孜以求的境界。孔子明确提出"有教无类"的主张，认为应该扩大受教育的对象，只要诚心求教，不分贵贱贫富，都应热心教诲。《荀子·法行》记载：南郭惠子问于子贡曰："夫子之门何其杂也?"子贡曰："君子正身以俟，欲来者不拒，欲去者不止。且夫良医之门多病人，是以杂也。"

从西方历史看，古希腊大思想家柏拉图最早提出教育公平的思想，亚里士多德则首先提出通过法律保证自由公民的受教育权利。近代西方资产阶级致力于寻求教育公平，18世纪末，教育公平的思想已在一些西方国家转化为立法措施，在法律上确定了人人都有受教育的平等机会。①

二、义务教育公平是最基本的教育公平

促进义务教育均衡发展是2006年新修订的《义务教育法》的亮点之一。在该法中，均衡发展体现在政府责任、经费保障、师资配置、教育督导、责任追究等各个方面。这是1986年制定的《义务教育法》中所没有的。

① 李明阳．论教育公平［J］．安徽大学学报（哲学社会科学版），2009（1）：145-146.

新修订的《义务教育法》关注义务教育均衡，有其强烈的现实针对性。20年来，义务教育在全球有了显著进展，170多个国家通过立法和宣布政策实施义务教育，虽然年限不同，但都是为了保障学龄儿童受教育的基本权利。尤其是从1990年开始的全民教育运动，更使这样属于国家行为的教育成为国际社会共同关注和联手推进的行动。20世纪90年代以后，我国义务教育发生了翻天覆地的变化，比如“普九”如期实现。这些变化表明，我们对保障公民基本受教育权利等方面的认识与实践提高到一个新的水平。大家迫切感觉到，当义务教育普及到一定程度后，机会公平和均衡程度将会提到更加重要的位置上来。1986年的《义务教育法》优先解决的是让孩子有学上的问题，新修订的《义务教育法》关注的是让孩子接受什么质量的教育：是差距大的教育还是区域内相对均衡的教育？国际和国内背景这些变化，都必然使得新修订的《义务教育法》特别关注均衡发展。

作为一种教育形式，义务教育公平具有教育公平的一般涵义。但义务教育属于政府提供的主要公共物品之一，它与私人性较强的职业教育、高等教育等其他教育形式有着本质不同，同时，它又是一种基础性教育，这种基础性不仅是个人发展的基础，更是教育发展乃至国家发展的基础，具有极其鲜明的公益性。所以，义务教育公平具有不同于其他阶段教育公平的特殊内涵。首先，义务教育公平是一种基本权利的平等。权利包括基本权利和非基本权利，基本权利是人们生存和发展的必要的，最低的权利，也就是人权；而非基本权利是满足基本需要以外的包括政治、经济和教育等方面比较高级需要的权利。权利平等有两层含义：一方面，人人所享有的基本权利应该完全平等；另一方面，人人所享有的非基本权利应该比例平等，也就是说，谁的贡献较大，谁便应该享有较多的非基本权利①。第二，义务教育公平是“同质”平等观下的教育机会均等。瑞典著名教育学家胡森（Torsten Husén）认为，在追求教育公平的过程中经常会遇到许多“均等不相容”的状况，一方面，由于遗传性差异，人与人之间是生而不平等的，即遗传性差异与平等之间的不相容性；另一方面，当代社会对分工要求过高、过细以及专业性过强等都与教育平等之间形成了不相容性。当义务教育领域遇到“均等不相容”问题时，则必须坚持平等原则对差别原则的优先性，也就是坚持同质的教育平等

① 李江源．教育平等新论［J］．浙江社会科学，2001，（2）：116-117.

观[1]，从而保证起点意义上的教育平等，即每个人不受性别、种族、出身、经济地位、居住环境等条件的影响，均有开始其学习生涯的机会；受教育过程中的机会均等，即每个人在教育过程中对公共教育资源的平等分享，以及教育结果的大致均等，即每个学生在完成义务教育时获得大致相同的学业成就。正如，科尔曼所言，教育机会均等的观念应该从学校资源投入的均等转向学校教学效果的均等；学校的责任已从公平地增加与分配它的“均等”，变为增加学生学业成就的均等[2]。第三，义务教育公平不仅意味着要对所有适龄儿童进行符合义务教育标准的充分教育，即消除义务教育的绝对贫困，而且要努力缩小因各种原因而造成的义务教育的差距，即减少义务教育的相对贫困。第四，转型时期的义务教育公平还意味着对个人教育选择权的适当尊重。人是差异性的存在，个人选择是差异性的最本质的反映。市场经济体制不仅对个人教育选择权提出了要求，而且也为此创造了可能。虽然在理想的层面上，个人教育选择的自由可以不受限制，但由于我国社会转型时期特定的社会结构和教育发展格局，以及义务教育的本质，决定了这种选择并不是无限制的，个人只能在一定的范围内对接受义务教育的场所、形式和内容做出选择。尊重个人的教育选择权就是要兼顾不同利益群体的教育需求，以最大程度地提高人们的教育满意度。[3]

尽管近年来我国各地义务教育都有了新发展，但城乡之间、地区之间、学校之间仍存在明显的教育不均衡现象。因此，新修订的《义务教育法》真正树立起公平观念和均衡发展的理念，合理配置教育资源，保障所有少年儿童平等地接受义务教育的权利。因为教育公平既是和谐社会的重要内容，又是和谐社会的重要基础，还是和谐社会的实现途径。义务教育是国家必须予以保障的公益型事业，是纯公共产品，尽管义务教育的直接受益人是个人，但关系到民族的素质和国家的命运，关系到社会公平的实现，关系到和谐社会的建设。因此，义务教育的公平是最基本的公平。

三、义务教育均衡发展的责任主要在政府

新修订的《义务教育法》关于推进义务教育均衡发展的规定是相当明确、

---

① 刘复兴．教育政策的价值分析［M］．北京：教育科学出版社，2003：196-197.

② ［美］詹姆斯·科尔曼．教育机会均等的观念［C］．张人杰．外国教育社会学基本文选［M］．上海：华东师范大学出版社，1989：191.

③ 此部分内容主要参考了鲍传友．转型时期我国义务教育公平的内涵与政策取向［J］．教育科学，2007（5）：2-3.

相当全面的。从《义务教育法》修订的过程看，有个基本的价值取向即更加均衡地配置义务教育资源。这必然会涵盖经费投入、教师配置、办学条件、校长、督导等各方面。需要着重指出的是，第22条明确了均衡发展的主要责任落在政府的身上。政府在义务教育方面的责任是促进机会公平和保障受教育机会的平等，这是此次修订的显著特色。作出这种重大法律修订的政治基础是在党的十六大之后逐步完备的，党中央发布的一系列重大文件都要求，深化行政体制改革，转变政府职能，政府要在“社会管理、公共服务”方面负起更大责任。从教育领域来讲，重要标志之一是要看义务教育是不是置于公共财政保障范围之内，是不是把法定责任理解到位，然后贯彻到财政拨款、师资配置、教学条件的改善。义务教育均衡与否，成为检验政府责任是否到位的重要指标。所以，《义务教育法》的修订，不仅是教育发展的重大问题，而且是在社会主义市场经济条件下、建设公共服务型政府的一个非常重要的举措。

材料5－3

安徽省铜陵市义务教育均衡发展的经验

据铜陵市的一些市民说，在10年前，铜陵市的“择校风”也很盛行，在当地还流传着这样一个故事：一位学生家长找到铜陵市某重点中学的校长，双膝跪下，恳求说：“只要我的孩子能上你这所学校，你要什么都行，就是让我从你的裤裆下爬过去，我也愿意。”

“择校风”是从什么时候慢慢在铜陵市消失的？为什么家长们不再热衷于让孩子“择校”？按照铜陵市教育局局长金燕的话说，解决“择校”问题，关键要加强薄弱学校建设，让薄弱学校的基础设施和教学质量都提高上去，基本达到重点学校的水平，使“择校”失去意义。

铜陵市教育局有关负责人说，铜陵市作为一座老工业城市，尽管1994年就在安徽省率先通过了“两基”评估验收，但基础教育欠账过多，发展很不均衡，地处市区外围和城乡结合部的学校，从基础设施到教育质量都远不如市区学校。办学水平的参差不齐和群众接受优质教育的需求之间的矛盾日益突出，对义务教育阶段尤其是初中教育出现的“择校”现象，市民很有意见。为了解决市民反映比较强烈的“择校”问题，铜陵市在1995年时，对全市教育布局进行了整体规划，优化教育资源配置，重点扶持、改造和建设薄弱学校。

“说实话，在1995年刚刚开始这项工作时，并没有想到教育均衡问题，当时的目的只是为了解决薄弱学校的生源问题，以实现划片招生，就近入学。”铜陵市教育局局长金燕在接受媒体采访时说，随着这项工作的深入，他们才认识到，教育的均衡发展是社会、经济持续发展的基础，只有加强对薄弱学校的建设，把每一所学校办好，才能使教育均衡发展和实现教育公平，也才能从根本上解决“择校”问题。

（材料来源：http：//news. sina. com. cn/c/p/2005-08-25/11247591813. shtml 2005-8-25。）

四、班主任是校内均衡的润滑剂

2009年教育部印发的《中小学班主任工作规定》指出：班主任是中小学日常思想道德教育和学生管理工作的主要实施者，是中小学生健康成长的引领者，班主任要努力成为中小学生的人生导师。班主任要经常与任课教师和其他教职员工沟通，主动与学生家长、学生所在社区联系，努力形成教育合力。的确班主任是中小学生在学阶段，接触最多的教师之一，学生所有的欢笑会带回班级与同学分享，学生所有的伤悲需要班级为其提供一个避风的港湾。班主任的人格魅力与管理艺术，会抚平学生在学校甚至在家庭所遇到的诸多不愉快，会固化、激发学生在学校所体验到的成功与快乐。不管国家宏观教育政策如何，甚至也不管学校的“大政方针”，学生感受最深刻、最直接的是在班级如何，是与同学的关系如何，是与课任老师的关系如何等等。所以，班主任是校内均衡的润滑剂。当学校层面均衡做得很好的时候，班主任是锦上添花；当学校层面均衡做得不够好的时候，当课任教师做得不够好的时候，班主任是雪中送炭，决不能雪上加霜。所以说，班主任不是人当的，也不是什么人都能当的。因此，做班主任的第一要素应该是宽容和耐心，应该有一种宽广的胸襟和战略的眼光，相信学生会一天天好起来，而且真得为此付诸行动，促进学生不断发展进步。至少不能让学生在自己做班主任期间，一天天“坏”下去。

第三节　素质教育观

素质教育已经写进2006年新修订的《义务教育法》，成为立法的一个理念。素质教育绝不仅是一个具体的模式或做法，它是一种理念，是一种随着时代发展，不断吐故纳新的教育改革指导思想。树立素质教育观，随着时代发展，不断赋予学生多元素质的成长，是班主任工作的重要职责之一。

一、素质教育已有政府倡导上升为国家意志

素质教育经过20年的发展，可把它分为3个阶段。从1985年至1993年，是素质教育的酝酿和讨论阶段。1993年，素质教育被写进《中国教育改革与发展纲要》，从那时开始到第二次全国教育工作会议的召开，素质教育主要处于区域性实验探索阶段。1999年第三次全国教育工作会议召开，国务院决定会议的主题是“深化教育改革，全面推进素质教育”，素质教育的推进迎来新的机遇。1999年到现在是素质教育全面推进的阶段。

新修订的《义务教育法》把素质教育写进法律，纳入了国家重要的法律体系。这就把素质教育由一种政府倡导行为转变为国家意志，这种法律行为体现了国家意志，代表了一个国家一个民族长远的根本利益。从政府、教育部门倡导实施到法律保障实施，这是一次非常大的转变。

素质教育写进法律，首先表明素质教育不再仅仅是理论上的探索和教育观念的转变，经过多年的实践已经为全社会所普遍接受，上升为人民的普遍意愿和国家意志，成为社会各方面和教育工作者必须践行的法定义务。其次，推进素质教育，也不再是工作层面的要求，而具有了法律的强制性和约束力。任何部门和个人不得违反法律规定向学校提出与素质教育不符的要求；学校和教师也不得有违反素质教育的办学行为。第三，素质教育也不再仅仅是教育部门的工作，而成为全社会必须遵守的法律准则。因为《义务教育法》不仅规范学校的教育教学行为，而且规范全社会的教育行为。要求进一步提高依法治教、依法行政的自觉意识，制定和完善相关法律法规和政策措施，清理与之不符的各种政策规定，把整个教育工作纳入依法推进素质教育、依法保障素质教育、依法规范素质教育的轨道。

二、素质教育向纵深推进离不开法律保障

素质教育已经由国家的一项基本政策，上升为国家的法律，这已经迈出了依法治教的关键一步。但是仅此还不够，素质教育向纵深推进，只靠一部单行的《义务教育法》是不行的。它一方面需要各级政府和其他社会力量，在实践中贯彻落实《义务教育法》，另一方面更需要制定保障《义务教育法》有效实施的法律法规体系，构建以《义务教育法》为核心的义务教育法律体系。

1. 各级政府都应当重视，政府要带头倡导，组织学好法律，贯彻落实好法律。什么是硬法，什么是软法，一部法律贯彻实施了就是硬法，一部法律即使规定得很具体，很有针对性，如不能贯彻实施，不依法办事就是一纸空文。

2. 以全面推进基础教育课程改革、加强教师队伍建设和推进教育信息化为工作平台。基础教育课程改革是实施素质教育的制度化措施，教师是实施素质教育的主要实施者，教育信息化是新时期推进素质教育的重要平台。我们必须把基础教育课程改革摆上重要位置，坚持方向，完善措施，加快推进。尽快建立和完善符合素质教育要求的课程体系、教学体系和质量保证体系，加快构建面向全体教师的业务提升平台和制度化建设；利用远程教育把优质教育资源、示范课更大范围地向农村辐射，大面积地提高农村地区教学质量。

3. 以改革考试评价制度为突破口。考试评价制度是推进素质教育的关键环节，也是现行学校工作的重要的指挥棒。在总结各地近年来的改革经验的基础上，要加快在全国范围内推行中考改革，将学生成长记录纳入综合素质评价范围，促进日常评价结果与毕业考试评价相结合。积极推动高考制度改革朝着有利于中小学校实施素质教育、有利于培养高层次创新人才的方向发展。

4. 以形成全社会的强大合力和良好环境为重要保证。《义务教育法》关于实施素质教育的要求也是规范社会各方面的法律规定。我们应当提高按照素质教育要求领导教育工作的能力，树立和宣扬符合素质教育的政绩观、教育观、人才观，提高全民族实施素质教育的自觉意识，形成社会各方面共同努力的工作格局。

材料5－4

南京推广30条素质教育案例

南京市教育局印发的《南京市学校素质教育实践指导30条》，以30个案例的形式，介绍了南京部分学校创造出并被证明行之有效的一些素质教育实践典型，包括反映课程改革新探索的“课程超市”、“做中学”，反映素质教育新形式的“陶老师热线”、“学生生涯规划”，反映素质教育新机制的“校园家长开放日”、“周末大世界”等等。

据了解，南京从上世纪80年代中期开始素质教育的实践与探索，至今先后经历了“萌动试点、转变观念”、“由点到面、全线推开”、“由规模到内涵、由外围到核心”三个阶段。20年来，南京素质教育的改革与探索十分活跃，创造出许多新鲜经验，如金陵中学“研究性学习”、东庐中学“讲学稿”、琅琊路小学“愉快教育”和全市的“才艺拓展计划”等，在全国开创先河，产生了良好影响。南京的素质教育多次受到教育部有关领导和许多全国知名专家的充分肯定。

从这次推出的30条典型案例中，不同地区、不同学校都可以找到可借鉴的案例。南京市教育局在《通知》中强调，进一步推进素质教育，要坚定不移地坚持九个“必须”：必须致力于观念的深刻转变，必须突破“应试升学”的束缚，追求功利的超越，必须重实践、求实效，必须进行持之以恒的努力，必须加强基本条件的建设，必须建设高素质的教师队伍，必须深入实施课程改革，必须积极探索评价和考试制度改革，必须坚持分类指导、分层推进、分步实施。这次首推的“30条”并非南京市素质教育实践的全部，而是其中具有原创意义和推广价值的范例；“30条”不是“一刀切”的规定，而是一份“菜单式”、“自选式”的指导文件；“30条”也不是封闭僵化的，而是动态的、开放的，会随着今后实践的深入不断地丰富和发展。

附：《南京市学校素质教育实践指导30条》目录

1. 课程超市；2. 校本课程；3. 东庐“讲学稿”；4. 研究性学习；5. 小班化教学；6. “做中学”科学教育；7. 项目教学；8. 中学生导师制；9. 重考申请制；10. “三证五卡”制；11. 职教学分制；12. 学生成长全记录；13. 发展性绩效评估；14. 愉快教育；15. 情智教育；16. 赏识教育；17. 求真教育；18. 陶老师热线；19. 成人仪式教育；20. 学生生涯规划；21. 中小学生才艺拓展；22. 素质教育校外基地；23. “模拟———体验”教育；24. 校园学生节日；25. 周末大世界；26. 假日生活实践指南；27. 跨境“手拉手”；28. 校园家长开放日；29. 数字化校园；30. 南京学校“五室”建设。

（材料来源：http：//www. scol. com. cn/technology/wjzx/20050926/2005926154902. htm 2005-9-26。）

三、素质教育的本质在于让学生成为他自己

美国哈佛大学教授加德纳认为，人类的智力是多元的，人除了语言智能和逻辑—数学智能两种基本智能以外，还有其他七种智能，它们是空间智能、

音乐智能、身体一运动智能、人际智能、自我认识智能、自然智能、存在智能。①

“我们可以将多元智能理论看作是一个框架。这个框架的中心是认识、尊重和充分利用个体智能差异。个体差异是人的基本特征之一。充分发挥每个人的智力潜能，最大限度地利用个人特点，就是因材施教，就能努力做到人尽其才。不可忘记，框架又是有限制的，这种限制一方面表现在多元智能本身所涉及的范围、讨论的问题是有限制的，另一方面，我们在运用多元智能理论时要权衡多方面因素。中国人常说‘和而不同’，运用到我们所讨论的问题上，就是说，个人特性和团体协作要平衡，自由发展和社会准则要平衡，充分发展儿童个性与成人对儿童的指导性培养要平衡。”

“我们还可以将多元智能理论比作一枚透镜。它能让我们看到的是多彩光而非单色光，光谱的颜色不同，波长不等，却组成了最和谐的自然光。换句话说，每一个儿童都是一束自然光。儿童的智能差异不是谁有谁无的问题，而是组成形式的问题。了解儿童不仅应认识其每一单色光以及它的波长和特点，更重要的是认识如何能够巧妙地把不同波长的光组合在一起，最大程度地促进每一个儿童的全面发展，这才是多元智能理论在教育运用中的基点和实质。”②

在多元智能理论面前，不是所有的孩子都是聪明的，更不是所有的孩子都是一样聪明的。所有的孩子在多元智能面前，是差异的多元，他们的先天遗传仍然十分重要。“我从来没有说过‘按照多元智能理论，每个人都是聪明的。’我不相信生活是公平的：有些人很幸运，具有多方面的智能强项，而另些人则不幸运，没有任何一方面的特殊强项。当然，几乎所有的人都可能在某些方面相对擅长一些。多元智能理论认为人们的特长不是平面的，也就是说某一方面可能是你的强项，另一方面可能就是你的弱项，而在其他一或两个方面你很一般。比如说你在语言智能方面很‘幸运’，你在音乐智能或者

① 在《智力的结构》一书中，加德纳只提出了语言智力、逻辑—数学智力、空间智力、音乐智力、身体运动智力、人际关系智力、自我认识智力七种智力。自然观智力和存在智力是后期提出的．而且对于存在智力是否存在，其本人也有不确定性，所以，加德纳提出八又二分之一智力。“到目前为止，我仍然坚持自己提出的八又二分之一种智能（包括音乐、身体运动、数学逻辑、语言、空间、人际、自我认识和博物学家智能），所谓‘二分之一’是指‘存在智能’。但是我敢断言有那么一天，智能的数目将会增加，或者智能之间的界限被重新确定。”（见［美］加德纳．多元智能理论二十年——在美国教育研究协会上的演讲［J］．沈致隆译．人民教育，2003（17）：10.）

② 陈杰琦．多元智能理论应用中需澄清的三个问题［J］．人民教育，2004（22）：11.

自然认知智能方面可能就不那么‘幸运’。”①

教育最能够提供给未成年人的只是一座通往理想彼岸的桥梁。再夸大一些教育的作用，它只是一条捷径，但是缘于不同学生的起点、理想不同，他们穿越这座桥梁的时间或者穿越哪座桥梁的选择是不同的。我们又凭什么规定他们在同一时间上桥，同一时间内穿越呢？更加可怕的是我们要求他们穿越同一座桥。

教育最大的魅力就是引导学生成为他（她）自己，若能成为一个对合理有序社会有价值的自己就是教育最大的骄傲了。所以，素质教育的本质在于让学生能够发展成为他本应该成为的自己。否则，我们的教育，我们的班主任，我们的老师会因此而带给学生终生的遗憾。

第四节 法律责任与救济观

有违法就要承担责任，有权利必有救济。这是基本的法律常识，但这个法律常识并不是那么容易走进“寻常百姓家”，这里既有政府层面立法与执法的责任，也有普通公民法律意识的问题。作为，新时期的班主任应有正确的法律责任与法律救济观。

一、法律责任是班主任侵权行为的法律后果

（一）教育法律责任概述

教育法律责任的上位概念是法律责任，法律责任有广义和狭义两种解释。广义的法律责任，是指任何组织和公民都有遵守法律的义务，自觉维护法律的尊严。此含义与法律义务同义。狭义的法律责任是指法律关系主体实施了违法行为而必须承担的否定性的法律后果。在司法上，通常把法律责任作狭义解释。

基于上述对法律责任的理解，本书对教育法律责任的定义是：教育法律关系主体因实施了违反教育法的行为，依照有关法律、法规的规定，应当承担的否定性的法律后果。

由此可知，教育法律责任是同教育违法行为联系在一起的，它们之间是

① 沈致隆．霍华德·加德纳．多元智能理论在中国与世界的现状和未来［J］．全球教育展望，2007（1）：7.

一种因果关系。同时，教育法律责任与法律制裁紧密相连，表现为一种否定的法律后果，是国家对违反教育法行为的不赞成态度，是国家运用法律制裁的方式对违法行为所作的法律上的否定性评价和谴责，是国家强制矫正违法者的违法行为，从而补救受到侵害的合法权益，恢复被破坏的教育法律关系和教育法律秩序的手段。

（二）班主任承担法律责任的构成要件

结合班主任这一特殊的主体来说明追究教育法律关系主体的教育法律责任的四个必备前提：行为的违法性；行为的危害性；危害行为与危害结果的因果关系；实施危害行为主体的主观过错心态。

1. 行为违反教育法的规定。即行为的违法性。凡是班主任侵害了学生的合法权利或者受教育法律保护的合法权益的，原则上即可认定为违法。法律另有规定的除外。

2. 班主任的违法行为对学生造成了不良后果。包括因班主任的违法行为对学生的财产或者人身造成不良的影响，包括财产损失、人身伤害及精神损害。

3. 班主任的违法行为与不良后果之间有因果关系。即班主任违法行为是导致不良后果发生的原因，不良后果是班主任违法行为造成的必然结果，二者之间存在着内在的必然联系，前者决定后者的发生，后者是前者的必然结果。

4. 班主任违法行为的产生是因为其主观上有过错。过错分为故意与过失两种基本形态。故意，是指班主任预见到自己的行为可能发生某种不良后果而希望或者放任该不良后果发生的主观心理状态。如班主任用黑板擦去砸某个学生的时候预见到可能会把他（她）砸伤，但是班主任却希望或者放任这种结果发生。从而在此情形下把学生砸伤。则属于故意的心理状态。过失，是指班主任应当预见到自己的行为会引起某种不良后果的发生，而由于疏忽没有预见或虽已预见但轻信其能够避免的一种主观心理状态。如体育教师在做投铅球的示范动作时，若学生站在投掷区范围内，教师应该能够预见自己的铅球可能砸着学生，但教师由于疏忽没有预见到或者已经预见到但其轻信自己可以避免，从而在此情形下砸着了学生。则属于过失的心理状态。

（三）班主任承担法律责任的形式

依据违法行为的性质和教育法律关系主体在关系中的法律地位的不同，教育法规定了班主任承担教育法律责任的三种主要形式，即：行政法律责任、民事法律责任和刑事法律责任。

1. 行政责任是指因违反行政法或因行政法规定而应承担的法律责任。班主任除作为一般公民因违法而承担行政责任外，教育法还针对班主任的特殊身份规定了相关的行政责任。根据教育法的有关规定，违反教育法的行政法律责任的承担方式主要有两类，即行政处罚和行政处分。

行政处罚是国家特定行政机关或者其他行政主体依照法定权限和程序给予违反行政法律法规而尚不够刑事处罚的个人、组织的一种制裁。班主任承担行政责任的行政处罚的主要种类有：（1）警告；（2）罚款；（3）没收违法所得，没收违法颁发、印制的学历证书、学位证书及其他学业证书；（4）撤销教师资格；（5）停考，停止申请认定资格。

行政处分是指国家机关、企事业单位、社会团体对其所属的违反行政法律规范的公民的一种制裁。行政处分是一种内部责任形式，是管理主体对其系统内部的工作人员实施的一种惩戒。行政处分有时也称“纪律处分”，共有8种：警告、记过、记大过、降级、降职、撤职、开除、留用察看。

2. 民事责任是指由于违反民事法律、违约或由于民法规定所应承担的一种法律责任。民事责任主要是一种救济责任，其主要功能在于救济当事人的权利，赔偿或补偿当事人的损失。为此，承担民事责任的方式主要是：停止侵害、排除妨碍、消除危险、恢复原状、消除影响、恢复名誉、赔礼道歉、赔偿损失、返还财产等。

3. 刑事责任是指班主任因其犯罪行为所必须承受的，由司法机关代表国家所确定的否定性法律后果。如《教师法》第37条规定：对故意不完成教育教学任务给教育教学工作造成损失的，体罚学生，经教育不改的，品行不良、侮辱学生、影响恶劣的，给予行政处分或解聘；对后两类行为情节严重构成犯罪的，依法追究其刑事责任。

材料5－5

12个耳光致学生死亡，某教师被判有期徒刑10年

2000年4月3日晚7时30分，云南省曲靖市会泽县某乡中学初一年级的学生正在上晚自习，历史课教师聂某发现学生张某及另外两名学生没完成作业，便将3名学生叫到黑板前罚站。初罚站一个多小时后，好动的张某站不住了，便与坐在二排的一名同学用粉笔头互相打闹。聂某发现后火冒三丈，遂冲上前去揪住张某连扇了10个耳光，把16岁的张某扇倒在地，张某当场口吐白沫，昏迷不醒。聂某还认为张某是“装死耍赖”，抓住头发拎起又补了两个耳光。过了几分钟，还不见张某醒转，聂某这才慌了神，连忙叫上10多个学生将张某送往乡卫生院抢救，晚上 9 时，张某经抢救无效死亡。法医鉴定，张某之死是因为“呕吐物进入气管窒息死亡”。

2000 年 12 月，曲靖市中级人民法院开庭审理此案。法庭认为，被告人聂某身为教师在教学过程重采取粗暴的方法体罚学生，引起被害学生张某死亡，其行为已构成故意伤害罪，依法判处被告人聂某有期徒刑 10 年并赔偿死者家属人民币 3 万元。这起因教师体罚学生致人死亡的事件，在社会上引起了强烈反响。

（材料来源：褚宏启主编：《中小学法律问题分析（理论篇）》，红旗出版社，2003 年，第 271 页。）

二、教育申诉是教育法律救济的特别途径

由于教育领域的特殊性，教育法律救济的对象主要是教师和学生。《教师法》和《教育法》为了更加有效地保护教师和学生的合法权益，除了其他法律关于法律救济基本途径的一般性规定外，还规定了两类特殊的法律救济制度，即教师申诉制度和学生申诉制度。

1. 教师申诉制度是指教师对学校或其他教育机构及有关政府部门作出的处理不服，或对侵犯其权益的行为，依照《教师法》的规定，向主管的行政机关申诉理由，请求处理的制度。

教师申诉制度是一项专为教师制定的与教师教育教学等权利有关的法律救济制度。它具有如下特点：首先，教师申诉制度是一项正式的法律救济制度；其次，教师申诉制度是一项专门性的申诉制度；再次，教师申诉制度是一种行政性的申诉制度。

教师申诉制度是依据《教师法》而确立的，其具体内容为：《教师法》第 39 条规定：“教师对学校或者其他教育机构侵犯其合法权益的，或者对学校或者其他教育机构作出处理不服的，可以向教育行政部门提出申诉，教育行政部门应在接到申诉的三十日内，作出处理。”“教师认为当地人民政府有关行政部门侵犯其根据本法规定享有的权利的，可以向同级人民政府或者上一级人民政府有关部门申诉，同级人民政府或者上一级人民政府有关部门应当作出处理。”

同时为了保障教师申诉权的行使，《教师法》第 36 条规定：“对依法提出申诉、控告、检举的教师进行打击报复的，由其所在单位或者上级机关责令改正；情节严重的，可以根据具体情况给予行政处分。”“国家工作人员对教

师打击报复构成犯罪的，依照刑法第一百四十六条的规定追究刑事责任。”以上规定确立了教师申诉制度的法律地位，使其成为一项专门保护教师权益的法律制度。

材料5-6

教师顾某诉区教委不履行法定职责

某职业高中体育教师顾某于1992年9月在授课时不慎将腰扭伤，休病假。直到1993年3月5日去上班时，被学校通知解聘。此后顾多次找校长要求解决问题，但校长一直拖到1994年下半年才在电话中表示对顾的处理不妥。但此后不久，校长调离，新校长只同意聘顾工作，但不解决以前遗留问题。顾某认为学校无正当理由口头解聘教师、拒不补发工资及其他待遇，这违反了《教师法》第7条的规定。1995年6月23日，顾某委托律师向该校所在的区教育委员会递交了申诉书。区教育委员会在收到申诉后30日内未予处理，也未予答复。顾某于1995年8月3日依据《行政诉讼法》第11条的规定，以区教育委员会拒不履行法定职责为由，向人民法院提起行政诉讼，要求法院判令区教育委员会履行法定职责。

（材料来源：褚宏启主编：《中小学法律问题分析（理论篇）》，红旗出版社，2003年，第173页。）

2. 学生申诉制度是学生在接受教育的过程中，对学校给予的处分不服，或认为学校和教师侵犯了其合法权益而向有关部门提出要求重新作出处理的制度。它在性质上也具有法定性、专门性以及行政性的特点。

学生申诉制度建立的法律依据是《教育法》第42条有关学生申诉权的规定。该条第4项规定：“学生对学校给予的处分不服有权向有关部门提出申诉，对学校、教师侵犯其人身权、财产权等合法权益，有权提出申诉或者依法提起诉讼。”根据此项规定，学生申诉的范围十分广泛，一般涉及学生的受教育权、公正评价权、隐私权、名誉权以及其他人身权及财产权受到学校或教师侵犯的行为。

材料5-7

梁某校内报复案

某职校学生张某与梁某发生冲突，张某依仗自己是三年级学生且个子高大，当众向梁某的脸部轻轻打了两巴掌。当天晚上下了晚自习约10点左右，梁某主动约请张某到校园后面的山冈上谈心，结果张某被梁叫来的四个社会青年打伤。这四人后被另案拘留审查。事发后，经学校行政会议研究决定：给予梁某留校察看1年的处分并由其家长承担张某的医疗费。梁父不服，认为对梁某留校察看1年的处分太重，于是诉至人民法院，但县人民法院不予受理。梁父无奈只得向县教育局提出申诉，县教育局的申诉处理意见是维持学校的处分。梁父不服，又到人民法院状告县教育局，后一审、二审法院均维持原处理意见。

此案既说明了学生认为处分过重或认为不应受处分的可以提出申诉；又说明了对学校给予的处分不服的申诉，通常由学校所属的上级教育主管部门先行管辖。

（材料来源：褚宏启主编：《中小学法律问题分析（理论篇）》，红旗出版社，2003年，第177页。）

三、中小学学生伤害事故责任归责原则[①]

目前学术界、司法界比较倾向于把中小学校对学生伤害事故应承担的民事责任界定为一般侵权责任。其具体的责任归责和伤害赔偿等问题由民事法律进行调整，主要由侵权行为法进行调整。当前看来，《侵权责任法》应是其适用的准绳。侵权行为归责原则，“就是确定侵权行为人侵权损害赔偿责任的一般准则。它是在损害事实已经发生的情况下，为确定侵权行为人对自己的行为所造成的损害是否需要承担民事赔偿责任的原则。”“我国侵权责任归责原则体系是由过错责任原则、过错推定原则和无过错责任原则三个归责原则构成的。”“公平责任原则不能作为一个独立的归责原则。可以将其作为一种责任形式。”[②] 据此，结合《侵权责任法》的相关规定，中小学校学生伤害事故的侵权行为归责原则包括三种归责原则四种表现形式。即过错责任原则、过错推定原则、无过错责任原则和公平责任原则。

（一）过错责任原则应是中小学校对在校具备限制民事行为能力[③]以上学生伤害事故责任归责的主要原则

① 李宜江，柳丽娜．中小学生伤害事故归类原则新论［J］．教学与管理，2011（4）：34-35.

② 王利明，杨立新等．民法学（第二版）［M］．北京：法律出版社，2008：717.

③ 根据《民法通则》第11条、12条、13条规定，一般情况，对普通中小学来说，十周岁以下学生为无民事行为能力人；十至不满十八周岁学生为限制民事行为能力人；十八周岁以上学生为完全民事行为能力人。

《侵权责任法》第 39 条规定：限制民事行为能力人在学校或者其他教育机构学习、生活期间受到人身损害，学校或者其他教育机构未尽到教育、管理职责的，应当承担责任。可见，中小学对在校具备限制民事行为能力学生伤害事故的侵权责任承担限于未尽教育、管理职责。也即中小学只有在教育、管理中存有过错，才是其承担侵权责任的前提。具备限制民事行为能力以上的受害学生及其监护人，要承担学校过错责任的举证责任。

过错责任的意义表现在，根据过错责任的要求，在一般侵权行为中，只要行为人尽到了应有的合理、谨慎的注意义务，即使发生了损害后果，也不能要求其承担责任。其目的在于引导人们行为的合理性。美国的法官认为："学区并非是学生绝对安全的保险人，它不对发生在学生身上的所有伤害都负有绝对的责任"①，"曹诗权的研究列举了德国、意大利、澳门地区、法国、美国、台湾地区的法律，证明过错责任原则是学校事故立法的普遍原则。"②学校是进行教育教学的场所，活动是教育教学的主要形式，也是培养学生素质的基本途径。离开活动，学生的素质几乎无从培养，未成年学生是在活动中接受教育，获得发展的。因此人们绝不可能也不应该为了学生的安全而限制或减少学校组织正当的教育教学活动。但正是在丰富多彩的活动中潜藏着各种形式的风险，可以说，只要学校开门办学，只要组织活动，学生就有受伤的风险。在这种情况下，由学校来承担全部责任会极大地抑制学校的正当活动。因此学校主要对自己的过错承担责任，而不能承担无限风险。③

（二）过错推定原则应是中小学校对在校无民事行为能力学生伤害事故的责任归责原则

《侵权责任法》第 38 条规定：无民事行为能力人在幼儿园、学校或者其他教育机构学习、生活期间受到人身损害的，幼儿园、学校或者其他教育机构应当承担责任，但能够证明尽到教育、管理职责的，不承担责任。

当发生此类学生伤害事故后，首先推定中小学校在教育、管理方面存有过错，除非中小学能够有证据表明，自己已经尽到了教育、管理的职责，行

---

① 转引自劳凯声：中小学学生伤害事故及责任归结问题研究［J］. 北京师范大学学报（社会科学版），2004（2）：20.

② 转引自劳凯声：中小学学生伤害事故及责任归结问题研究［J］. 北京师范大学学报（社会科学版），2004（2）：20.

③ 劳凯声：中小学学生伤害事故及责任归结问题研究［J］. 北京师范大学学报（社会科学版），2004（2）：20.

为并无过错。此时，受害学生及其监护人，无需对学校的过错责任进行举证，只需证明受害结果与加害行为之间的因果关系即可。证明自己没有过错的责任，应有学校承担。

无民事行为能力学生，其年龄、心智等的发展水平相对较低，对于自己的行为后果缺乏一定的预见性，同时也基本不具备举证能力，而其监护人一般不可能在伤害事故发生的第一现场。所以，让无民事行为能力学生及其监护人承担学校过错的举证责任，不利于对无民事行为能力学生合法权益的保护，不利于对学校尽最大注意义务进行有效控制。

另外，《侵权责任法》第85、87、88、90、91条，也规定了适用过错推定责任的情形，若具备限制民事行为能力以上学生发生的伤害事故符合这些条款规定，也应适用过错推定原则。

（三）无过错责任原则和公平责任原则只有在符合法律规定的情形下适用

对于学校在学生伤害事故的责任归结中是否适用无过错责任原则和公平责任原则。学者也有不同观点。如劳凯声教授反对适用无过错责任原则，没有讨论公平责任原则。[①] 方益权教授赞成在法律明确例举的范围内适用无过错责任原则，但是反对适用公平责任原则。[②] 如前所述，过错责任原则、过错推定原则应是中小学校在学生伤害事故责任归结中的主要原则。但并不是说，这两个责任归责原则就可以涵盖中小学学生伤害事故责任归结的所有原则。这样既与法律规定不符，也与中小学学生伤害事故的现实不符。笔者以为，在中小学学生伤害事故中，只要出现符合《侵权责任法》规定的适用无过错责任原则和公平责任原则的情形，都应该适用。反之，则不适用。

具体而言，根据《侵权责任法》第41、65、69、72、73、74、78条的相关规定，中小学校在以下情形下，应该适用无过错责任原则：（1）学校提供给学生的教育教学设施设备、食品、饮用水、药品等因产品质量问题导致学生伤害事故。如校舍装修中使用甲醛、放射性等超标的材料，订购的课桌椅甲醛等超标，化学实验器材不合格，体育设施不合格，食品和饮用水不符合国家质量和卫生标准，医务室提供的药品存在过期、伪劣等问题，致使发生学生伤害事故的，学校应承担产品责任，学校在承担责任后，可以依法向产

① 劳凯声：中小学学生伤害事故及责任归结问题研究［J］. 北京师范大学学报（社会科学版），2004（2）：14.

② 方益权. 学校在学生伤害事故中的归责原则探讨［J］. 教育评论，2004（1）：40-44.

品的制造者、销售者追偿。（2）学校进行高危险作业导致学生伤害事故。如学校对具有高度危险性的电力设施、化学物品未尽安全保管义务等所致学生伤害事故。（3）由于学校原因产生环境污染导致学生伤害事故。如学校随意倾倒化学实验残液等污染环境导致学生伤害事故，学校在学生宿舍放置炭盆供学生取暖致使学生一氧化碳中毒等。（4）学校饲养的动物导致学生伤害事故。如学校饲养的看门狼犬将学生咬伤，学校用作生物实验的毒蛇外逃致使学生受到伤害等。①

根据《侵权责任法》第24条规定，对于某个损害事实，中小学校没有过错，受害学生也没有过错的情形下，可以适用公平责任原则。如体育课上，学生练习跳远动作摔伤，学校和学生都没有过错，对于学生的损害，可以根据实际情况，由学校和受害学生分担损失。"公平责任原则调整的范围过于狭小且不属于严格的侵权行为。在侵权行为法中视为侵权纠纷处理的一种特殊情况。在实践中双方都无过错的损害纠纷并非一律适用这个规则"。② 因而，在中小学学生伤害事故处理的司法实践中，公平责任原则几乎未见。

本章小结：班主任是中小学日常思想道德教育和学生管理工作的主要实施者，是中小学生健康成长的引领者，班主任要努力成为中小学生的人生导师。班主任的法律意识、法律观念，不仅影响班级的建设与发展，更影响着年轻一代学生的民主法制意识。班主任的教育法律观，不是一朝一夕形成的，需要在班级管理实践中，在学校的教育教学实践中，不断形成的。这个形成过程，既离不开学校良好环境、氛围的支持，更需要每一个班主任转变工作理念与思路，加强教育法律法规的学习，争做知法、守法、普法、护法的示范者。

【思考题】

1. 简述班主任应具有怎样的权利和义务观？
2. 简述班主任承担法律责任的构成要件。
3. 为什么说班主任是校内均衡的润滑剂？
4. 论述中小学学生伤害事故归责的主要原则。
5. 案例分析：

---

① 方益权．学校在学生伤害事故中的归责原则探讨［J］．教育评论，2004（1）：44.

② 王利明，杨立新等．民法学（第二版）［M］．北京：法律出版社，2008：717. 717–718.

原告黄某夫妇诉称，2001 年 12 月 7 日，他们 9 岁的孙子林林在学校上课期间被班主任李老师叫走，随后李老师将其交给他人，经家人多方寻找，林林至今下落不明。为此，原告请求法院判令李老师及学校赔偿其精神损害抚慰金、误工费及交通费共计 2400 元。经法院审理查明，原告黄某夫妇的儿子黄某某于 1992 年与胡某结婚，1993 年林林出生。黄某某于 1998 年去世，胡某则一直在北京打工，林林随原告生活。2001 年 12 月 7 日，林林在学校上课时被班主任李老师叫出教室，李老师将林林交给了林林的舅舅，舅舅将林林接到了北京随胡某一同生活。法院认为，原告夫妇抚养期间，林林在学校被其舅舅接走，但原告并不知情，由此原告夫妇为寻找林林所产生的交通费、误工费，被告应酌情赔偿。被告李老师系林林的班主任，林林属于无民事行为能力人，李老师没有很好地履行管理职责，由于李老师的行为属于职务行为，责任应由所在单位承担，据此，法院判决学校赔付原告交通费、误工费 1690 元。（材料来源：2003 年 1 月 14 日《重庆晚报》，转引自雷思明．《给教师的 60 条法律建议》，华东师范大学出版社，2010 年版，第 18 页。）。

思考：案例中，班主任李老师的行为有何不妥？遇到这种情形时，班主任应当怎样处理？

【阅读导航】

1. 申素平．教育法学：原理、规范与应用［M］．北京：教育科学出版社，2009 年版。

2. 褚宏启．中小学法律问题分析（案例篇）［M］．红旗出版社，2003 年版。

3. 劳凯声：中小学学生伤害事故及责任归结问题研究［J］．北京师范大学学报（社会科学版），2004（2）：14.

4. 雷思明．给教师的 60 条法律建议［M］．上海：华东师范大学出版社，2010 年版。

第六章　基于法律法规的班级常规管理策略

案例导读： 新学期头一天，班长小高对我说："老师，我不想再当班干部了。上学期因为忙于班级管理，占用了太多时间，致使成绩一直往下降。"听了他的话，我思忖片刻，说道："老师理解你，你暂且先代理几天，等重新选举完再说。"小高勉强答应了。

换一个人做班长并不难，但对小高的这种想法，我却有不一样的观点。学习知识与锻炼能力同等重要，两者并不矛盾。如果我答应了小高，无疑也使他放弃了能力增长的机会。我决定先调查一番再说。经过连续追踪，我发现，小高责任心很强，老师交办的任务都能认真落实，可是做事较慢，管理中不敢放开手脚。我粗略总结了他的问题：时间分配不合理，做事效率不高，学习缺少方法。随后，我和小高进行了一次谈话。"你知道自己在学校的任务是什么吗?"我问他。"学习。"他说。我说："不错。但我觉得，除了知识的学习外，为人处世方面的学习也同样重要。当班干部和学习并不冲突，反而有益于培养自身的综合素质，你说呢。""老师，我也知道，可我总感觉事情一多，学习时间就少了。"小高苦恼地说。我继续说道："要搞好学习，不仅要保证学习时间，而且要提高学习效率。后者往往更重要。不能因为学习时间少了，就心情急躁，做事无计划，变得手忙脚乱。"

小高深有同感地说："您说得对，我平时做事缺少条理性。"我说："正因如此，当班长是对你最好的锻炼，你必须增强自我控制能力，同时提高自己做事的效率。你有信心迎接这一挑战吗?"看到小高的脸上露出了向往的神情，我乘胜追击道："我交给你一个任务，结合过去的经验教训，以《怎样做一个好班长》为题写一篇周记，写完后交给我。"

一周后，小高把周记拿给我看，他分析了自身的一些问题，也提出了改进的办法。针对他考虑不够全面之处，我又提出了一些建议，告诉他一些工作的原则和技巧，小高听了以后显得很有信心。仅仅这样还不够，为了让小高顺利开展工作，我又采取一些辅助措施。一方面，调控好班级的舆论导向，让同学们理解班干部的工作和难处，融洽干群关系；另一方面，在为班干部排忧解难的同时，我更注意为他们创造独立解决问题的机会，让他们在实践中成长。针对小高的学习问题，我在咨询了任课教师的意见后，对他进行了一次系统的学法指导。从预习、听课、复习、作业、反思、改错等方面指出了他的优缺点，重点分析了他的时间分配问题、投入和效率问题，提出了一些具体解决措施。一段时间以后，班级工作在小高的主持下井井有条，各项评比均居年级前列，他的学习成绩也稳步提升。如今，看着他自信而轻松地处理着班级事务，我也感觉十分欣慰。（材料来源：王慧琴．我给班干部做助手［J］．人民教育，2009（18）：35.）

班干部是需要班主任精心培养的，培养班干部的过程不仅是学生自身受益，而且是整个班集体受益。班主任要以班干部的选拔、培养与管理为抓手，促进班集体建设目标的逐步实现。

第一节　班集体建设的策略

班集体建设，应是班主任最重要的工作职责之一。苏联教育家马卡连柯曾提出集体主义教育的原则，让学生个体在良好的班集体中熏陶，潜移默化地受到积极影响。这样的教育往往是持久而有效的，而这种境界达到前提是班主任要建设一个民主和谐、积极健康向上的班集体。

一、班集体建设目标的确立与实现

（一）班集体建设新目标：创建充满活力的民主集体①

班级建设的新方向应该是新型的民主集体。这样的班级应该借鉴以往班级建设中的可取经验，包括一些具体的方法和形式。但是，最重要的是，班级建设不应满足于维持秩序（这只是正常开展教育活动的起码条件），不应满足于形成集体学习氛围（这只是学生在校所获教育的一个方面），不应满足于

① 本部分内容主要参考：李伟胜．试析新世纪班级建设的目标［J］．华东师范大学学报（教育科学版），2004（3）：25-30.

形成团结精神和统一意志（尽管必要的团结是班级具有凝聚力的标志），也不应满足于形式上的民主，即共同参与及平等交往的形式（尽管形式上的民主曾标志着一种重大进步），而应该追求让每一位学生个体的成长需要尽可能被充分地关注，使他能在这个复杂多变的世界中掌握他自己的命运，并在主动参与创建更合理的集体的过程中最有利地发展他自己的潜力。这样，个体的发展与班集体的发展成为一个相互依赖、共同促进的过程，学生也由此参与创造新型集体和社会；充分地融入集体和社会生活，也就成为个体获得充足发展的重要条件。只有在这样的班级中，才能有效地实现学校教育新的存在价值。据此，我们认为，班级建设的新目标应该是：使每一位学生都得以充分展现自己的精神世界，形成主动发展的动力和能力，并在师生、生生之间的充分交往中，创造一个互相欣赏并共同开拓精神世界、提高生命质量的民主集体，使之成为 21 世纪新型学校的有机组成部分。与管理集体、学习集体、团结集体、自主集体等①以往的几种班级存在形态相比，作为民主集体的班级有如下主要特征。

类型	发展目标	班级成员性质	班级中的人际关系
民主集体	让每一位学生都能充分展现自己并形成主动发展的动力能力，使班级成为提升个体生命质量的民主集体。	教师是学生发展可能性的发现者和创造者。他将利用自己的智慧和心灵，了解、感受和辨析学生生活中的各种现象，从中发现和创造新的发展可能性。 学生是主动追求自身健康发展的主体。他们拥有主动发展的动力，也需要在复杂的社会生活中提高生命质量，他们的发展需要应在班级生活中得到关注，并由此激发动力，形成主动发展能力。	师生关系更多的是发现者与主动敞现者、促成发展者与发展主体的关系，教师为学生主动发展提供机会和适当点拨。 每一位学生都在创建民主集体的过程中实现主动发展。通过师生交往和生生交往，学生逐步形成清晰的自我意识和主动发展能力，在参与集体生活的过程中丰富个体的生命实践，提升个体的生命质量。

① 关于以往的这四种集体的特征及其与民主集体之间的比较分析，可以参见李伟胜．建民主集体提升生命质量——“新基础教育”研究中的班级建设［J］．中小学管理，2004（4）：14.

类型	班级中的规范与权威	班级活动机制	学生发展情况
民主集体	适应当代中国社会走向民主、法治的趋势，在师生、生生交往中既强调敞现独立的人格，包括具有整体性、丰富性的生命内涵，也强调根据班级生活需要选择、创造并遵行一定的规范。为此，根据学生发展和班级生活需要，民主地设立各种岗位，并在民主评议岗位负责人的行为表现的过程中，选择、认同和创造合理的班级生活规范。 在民主的班级生活中，逐渐认同和生成权威。权威所体现的更重要品质将是教师或学生个体的人格修养和参与班级生活、为同学服务的能力。	根据学生个体和群体的需要，从班级成员之间相互作用、学生与家庭社会相互作用的角度创造班级生活，班级成为展现学生多方面才能、主动实现全面发展的舞台，学生个体在参与班级事务和各项活动的过程中共同营造具有自组织功能的、开放性的民主集体。	个体形成主动发展的动力和能力，学会欣赏他人和与人合作，在民主参与集体生活的过程中提升生命意义。

（二）民主集体：班集体建设目标实现的策略与措施①

1. 创建民主集体的主要策略

第一，研究学生成长需要，开拓新的发展方向。研究学生的成长需要，首先要从个体需要和社会要求两个方面考虑其内容。不过“处于这一阶段的青少年，尽管他们拥有生命最宝贵的时期，但并不全然知晓该时期对于自身的价值，他们还缺乏生活经验和对生命的体验；尽管他们拥有多方面的需要和发展的可能，但并不全然清楚应该如何选择、如何学习、如何努力”。② 因此，我们需要从学生个体是否意识到这些发展需要的维度进一步细化这一研究。例如：在一个初中实验班上，我们发现，学生在个体、群体和集体等层面表现出这样一些成长需要：（1）自我形象正在形成，亟待走出卑微，展现青春气息。（2）相互交往内容丰富，需要深入内心，提升生活品位。（3）集

① 本部分内容主要参考：李伟胜．建民主集体提升生命质量——“新基础教育”研究中的班级建设［J］．中小学管理，2004（4）：13-15.

② 叶澜．更新教育观念，创建面向21世纪的新基础教育［J］．中国教育学刊，1998，（2）.

体生活呼唤民主，期待互相欣赏，共创精神家园。这些也昭示着他们当前最关键的发展方向。

第二，展现学生真实生活，激发主动发展动力。教师发现学生成长需要、发展空间的目的，是把握学生的发展方向。教师让学生敞开心扉、展现真实生活内容的目的，是让学生对自己的现状和发展目标形成清晰的自我意识。在“新基础教育”实验班上，为了让学生能够立足于自身实际，独立自主地寻求更高的发展目标，我们组织了一些班级活动。例如：利用布置教室环境、竞选各种班级岗位、举行“十四岁生日庆祝仪式”等机会，让学生袒露心声，呈现他们的真实生活，以图让他们在理解自身发展状态的基础上，形成合理的发展目标，从而获得主动发展的更多动力。其中尤为重要的是：(1) 澄清对自己生活状态的理解，明确发展目标。(2) 体会与教师、同学交往的感受，形成积极意向。(3) 表达对班级生活的认识，激发民主意识。

第三，促进多向真诚互动，更新日常生存方式。研究学生的成长需要，展现他们的真实生活，最终是为了提升学生的发展需要层次，让他们主动发展，并使班级生活的质量得到提高，将个人发展融入班集体发展之中，并由此学会共同创造民主集体，学会参与创建民主社会。根据实际情况，我们主要着力于促进学生与教师、同学、家长和社区之间的相互作用，从中开发和利用各种教育资源。为此，我们主要关注的是：(1) 汲取力量，树立信心，勇担发展责任。通过一系列活动，让学生在积极向上的精神状态中，审视自己在班级事务、学习、家庭中所发挥的作用，明白自己主动努力所起的关键作用。(2) 欣赏他人，相互支持。(3) 相互合作，共同努力，共创新型班集体。

第四，生成更高发展需要，参与创建民主集体。当今，个体的发展水平和质量，极大地依赖于其与他人、社会相互作用的性质和程度（而不能简单地仅用其个人品质来衡量）。因此，有必要通过班级生活，让学生生成更高的发展需要：(1) 拓展精神世界，与他人和社会建立更丰富的联系。(2) 在主动参与创建民主集体的过程中体验人生价值的实现，不断追求更高的发展目标。

2. 创建民主集体的具体措施

创建民主集体需要借鉴已往班级管理的可取经验，包括一些具体的方法和形式。但是，班级建设不应满足于维持秩序（这只是正常开展教育活动的起码条件），不应满足于形成集体学习氛围（这只是学生在校所获教育的一个方面），不应满足于形成团结精神和统一意志（尽管必要的团结是班级具有凝聚力的标志），也不应满足于有了共同参与、平等交往的形式（尽管这种形式上的民主曾是一种重大进步），更不能满足于有了随机性的自主活动（尽管自主活动是学生主动发展的一个必要条件），而应该充分关注每一位学生的成长需要，使他们能在这个复杂变化的世界中掌握他自己的命运，并在主动参与班集体建设的过程中充分挖掘自己的潜力。在这方面，“新基础教育”的研究者和实践者（包括班主任），探索了一些有效的方法。

第一，建设民主的管理体制，让学生主动参与班级事务。（1）根据班级需要，设立多样化的岗位，民主推选班干部和其他岗位负责人。设立各种岗位，不仅是为了便于管理，而且是为了服务于学生的成长需要；被推选的负责人，不仅要完成必要的任务，而且要在为同学服务中实现主动发展。（2）通过对学生在不同岗位上的表现提出要求和进行评价，逐步生成班级生活规范和管理制度。只有经过内化和相互评价的过程，外在的要求和内在的需要才能有机结合。

第二，建立开放的活动机制，为学生营造轻松、愉快的氛围。（1）在活动内容上，主要是自下而上地根据学生发展需要呈现学生生活的真实内容，将其纳入到班级活动规划之中，而不是自上而下地灌输预定思想，或者让学生被动完成规定的任务。（2）在活动方式上，根据学生的心理特点，为他们提供参与活动的机会，而不是让学生被动执行学校预定的计划。

第三，营造积极的班级文化氛围，拓展和提升学生的生活意义。（1）创设内容丰富、积极向上的班级环境，让各种资源都服务于学生发展。（2）形成民主、和谐、相互理解、相互支持的人际关系，让学生们的心灵能够互相滋养。（3）让个体生活与班级生活、学校生活、社会生活建立有机联系，让学生学会以主体的姿态参与班级生活和社会生活的建设。在采用这些策略和措施、发动学生共同创建民主集体的过程中，学生不再是被动地接受管理，而是主动地参与管理班级事务；不再是埋头学习的书呆子，而是有着丰富的学校生活；不再是单向地服从社会利益，而是在参与集体活动的过程中使自己获得更大发展。总之，在将班集体建设落到实处后，每一位学生的生命质量都有望得到明显的提高。

二、班干部的选拔、培养与管理

（一）班干部的选拔

班干部工作的好坏，将直接影响着班级的管理和班主任工作的开展，是教育管理中值得认真研究和探索的课题。班干部的选择应从一元化向多元化转变，这对提升班级管理的品质，以及人才的培养，具有十分重要的意义。在培养学生和选拔班干部中，重学习，或重品德，或重能力的一元标准及品学兼优的二元标准，都显得片面，有很大的局限性。选用班干部的最佳标准应该是品德、学习和能力兼优。但是，由于班级成员往往具有学习层次的复杂性、个性特长的多样性和行为习惯的差异性，选用班干部的标准不必仅限于最佳标准，更不应满足一元标准，而应该多元化。云南昆明李家彬老师总结的选用合格班干部的基本要求和方法，值得借鉴。①

1. 审视过去的选用标准，重新界定最佳标准

教育实践证明，一元标准可导致学生能力的单一和心理品质的畸形，整个班集体发展的单调和狭隘，造成某些学生的合理个性被压抑和另一些学生的不合理个性的助长。这不仅与素质教育相违，与现代教育相悖，更难以培养出社会所需的复合型、创新型和多样性的人才。用重学习的标准组成的班委会，往往只是学习委员会。从表面上看，似乎可以引导学生抓学习，而实质上容易使学习好的学生形成过分的优越感，助长其忽视品德修养和能力发展。因此，在现实生活中，学习成绩优异的学生走向社会后，或纸上谈兵，或有才无德，甚至违法犯罪的现象并不鲜见。同时，这种一元标准还可能使一些后进生与集体疏离，甚至形成一股势力与整个集体对抗，造成班集体涣散。再者，学生无论学习成绩好坏，都是班集体的主人，不该用一元素标准去偏爱一些学生而损害另一些学生的权利，削弱其在班集体中的主人翁地位。重品德的选用标准，对做人而言固然重要，但从学生的素质的培养和管理者素质的要求而言，还远远不够，如此选用的班干部，往往难以胜任班级管理职责。重能力的标准也有缺陷，因为一个人能力付诸行动，总要受其主观意识的支配，有德的人把能力用在益处，无德的人往往把能力用在坏处。一般说来，班级管理中时有学生干部凭自己较强的能力背着班主任干一些出人意料的坏事情。品学兼优的标准虽有很大的进步，但也有缺陷，因为优异的学习成绩和良好的品德、修养并不等于较强的能力。如果一个班干部只有这两点，那他在班集体中可以为“表”，但难以为“率”，调动不了大家的积极性，班务工作难以顺利开展。只有那些集品德好、学习好和能力强于一身的

① 李家彬．论中学班干部的选用及管理［J］．思想战线，2009 年人文社会科学专辑第 35 卷：132-134.

学生担任班干部，才能以较高的品德和良好的价值选择自己的工作目标和把握班级活动的方向，才能以良好的学习基础和较强的组织能力带领班级的学习和生活。例如，1997 年李家彬老师接手一个班，班长是一位学习好、品德也优秀的学生，但其只专心于自己的学习，也乐于助人，就是缺乏管理方面能力，工作开展被动拘泥，威信难树立，班委工作缺乏协调，后经调教，班级管理打开了一个新局面。因此，只有德、学、能兼优的学生才是班干部的最佳人选，也只有德、学、能兼优的标准才是选用班干部的最佳标准。

2. 选用班干部标准的多元化

按理想标准选用班干部固然是最佳方案，但并非每一个班都具有这种人才资源，有时一个班就根本找不到这样的理想人选。对于班主任而言，班集体成员却是既定的条件，谁也不能专门为自己挑几个优秀的班干部材料，况且班主任的用武之地就在于将这些既有元素在量的结构上进行合理有序地排列，促其发生良好的质变。这时班主任往往就不得不放弃最佳标准，降低选用条件了。班集体人才条件的多样性和复杂性是一个班最基本的班情，也是不可回避的客观条件，这就决定了选用班干部的标准不应该只限于一个，应该并且只能是多元化和多层次的。在具体选用过程中，班主任应该主动作为，依据班情把不同特征和不同层次的人才都调动起来，用其所长。首先，班主任要善于发现人才，既要发现符合理想标准的人才，又要发展每一个学生自身的特长，寻找其闪光点，突出并利用其优势。第二，班主任要善于使用人才，班主任对班干部进行分工配套时，给不同特征、不同层次的学生以最合适的职务定位，把每一个学生的光能调转并聚集在一起，使整个集体焕发光芒。第三，班主任要善于培养人才，我们所发现并使用的人才，只不过具备了某一方面或某些方面的相对优势而已，而较之广大的社会，还只是蓓蕾初绽。因此，必须把使用班干部的过程视为对他们培养的过程，给不同的学生以培养的机会，让他们在不同角度初露锋芒，以致开花结果，成为社会所需的各类人才。因此，一个成熟的班，班主任既要当好“伯乐”，更要当好“牧马人”。

3. 在特定条件下，不排除用一、两个“后进生”

在后进生较多，层次较复杂的班集体中选用班干部时，可以在优秀学生为主的前提下，适当用一、两个后进生。首先，“尺有所短，寸有所长”。每个学生各有其长短，取其之长而用之。后进生也有优点可用，尽管后进生学习差、纪律差或者学习纪律双差，但也有闪光点，甚至在某一方面还有特殊才能，都是可塑造的原材料。何况有些后进生作用力相当大，好作用发挥出来会带动一片。当然，我们也要通过一定的约束机制避其所短，抑制其副作用；其次，可以把选用后进生当班干部作为后进生转化的一个契机，后进生往往是因为在某一方面的一时失利甚至失足而自暴自弃，他们在正面失去了自我实现的机会，就从反面寻找突破口，以满足自我实现的欲望。

4. 创造条件、发现人才、竞争上岗、健全班干部组织

中学生一般都有很强的自我表现欲，班主任可通过灵活多样的方式，培养人才、发现人才，挑选其中组织能力强、思维敏捷的同学当班干部。因此，班主任首先应当研究学生了解每个学生的基本情况、个性特点、心理素质、家庭环境等，做到心里有数。在组织开展一些有益于身心健康的集体活动中，给每个学生提供一个学习和自我表现的机会。在集体活动中，注意细心观察发现特长，发现人才。在活动中既然某些学生喜欢自我表现，那就一定有其道理。对于这些学生，可创造条件参与班干部选举，给他们竞争上岗的机会。如：自愿报名竞争某个职务，然后做“施政”报告，同学们会感觉良好，然后投票产生，试用一段时间，最后确定，真正体现“人尽其才、民主选拔”，这样就使该干部同学格外珍惜这来之不易的工作机会。这样做，不仅能正确引导学生健康的心理因素，提高心理承受能力，让自我表现具有积极意义，成为推动青少年奋发向上，争取进步的内力，更能充分发挥其特长、能力和积极性，为班级管理尽职、尽责作出贡献。由于采取“竞争”机制、“责任”机制，班级工作有动力，有活力，能进取，有实绩。

（二）班干部的培养

关于班干部的培养，广西李源老师总结出的培养班干部的“十子”要诀，对班主任培养班干部具有实践启发意义。①

1. 洗脑子。就是优化思想品德。班主任首先要通过“典型分析”让班干部看清思想品德与管理结果的必然联系，感悟思想品德对管理工作的重要性；再通过“榜样示范”让班干部发现自己思想品德的差距和欠缺，产生优化和完善思想品德的需要。有了这种动机，班干部就会自觉地摒弃落后的思想品德，强化优秀的思想品德，还会在以后的班级管理实践中主动地学习和吸收别人的先进的思想品德，实现思想品德的自我更新和提升。

2. 解结子。即解除班干部心中的顾虑。班干部总会担心工作做不好，有负师生重托；害怕得罪同学，吃力不讨好；害怕分心费时，影响学习。为此，

---

① 李源．培养班干部的“十子”要诀［J］．天津教育，2004（2）：39-40.

班主任一要帮助班干部学会管理方法，学会共处和交往的技巧；二要教育学生学会理解、体谅和合作，做到班里的事大家办，让班干部有更多的时间、愉悦的心情投入到学习中去；三要帮助班干部通过改进学习方法、提高学习效率来取得优异成绩。解开这些结子，班干部就能放下包袱，轻松开展班级管理工作。

3. 引路子。就是为班干部的成长指明努力的方向。帮助班干部确立奋斗目标，就可以让他们明确努力的方向。其一是班级管理效果目标，就是根据学校的要求和全班学生的愿望确定班级各项管理工作应该收到的效果；其二是个人的成长目标，就是根据班干部自身现状和成长需要确定自己各种素质应该达到的水平。这两项目标又都要分解成多个层次递进的阶段目标，让班干部朝着这些目标去奋斗，有计划、有步骤地去实现。

4. 壮胆子。在处理日常班务和执行特别任务时，班干部总会瞻前顾后，犹豫不决。其原因是底气不足。底气是由班主任的信任、同学的拥护、自身的才干三大主要成分组成的。因此，班主任只说一句“我相信你，大胆干吧!”是远远不够的，还要帮助班干部确立为同学服务的思想，打下坚实的群众基础；要鼓励班干部树立正气，坚持从集体利益出发；要帮助班干部尽快提升能力素质，提高工作的成功率，增强自我有效感。班干部具有了浑厚的底气，就会信心百倍，充分发挥自己的聪明才智，把管理工作搞得有声有色。

5. 传法子。班主任要举办班级管理知识系列讲座，全面介绍常规管理的基础知识和基本方法；要召开专题研讨会，让班干部畅所欲言，集思广益；要组织经验交流活动，让班干部相互学习，取长补短；要有针对性地向班干部推荐相关书刊和网站，让班干部自己去学习；要注重实践锻炼，让班干部在实践中积累经验。在指导班干部具体工作中，如果班主任总是替班干部想好点子，就会使班干部变成一味地按照班主任输入的程序去运行的机器人。因此，班主任应抛出处理问题的一般思想，让班干部在这种思想的指导下，主动地去思考，独立地寻求解决问题的新方法，逐步培养班干部具体问题具体分析和创造性地解决问题的能力。

6. 压担子。就是多给任务、委以重任，给班干部以压力。心理学研究表明，压力一旦和先进的思想融合在一起，就会内化为高度的使命感和责任感，成为个体成长的内驱力。给班干部压担子要坚持渐进性和超前性相结合的原则。也就是既要随着班干部素质和能力的提高及时地增大工作的分量和难度，又要适时地超越班干部现有的素质和能力水平，给他们一些难以完成的任务，让他们接受最富有挑战性的磨炼，这样才能有效地加速班干部成长的进程。

许多优秀班干部在回顾自己成长历程时都有这样的体验："我需要的是尽早给我压担子，陷入困境时又拉我一把……我是被老师和同学推动前进的。"

7. 搭台子。就是广泛地为班干部搭起实践锻炼的舞台，创设更多登台亮相、独立处事的机会。因此，除了让班干部做好常规管理工作、完成学校特别任务之外，班主任还要有针对性地开展最能锻炼班干部管理能力的活动。每次活动都要让班干部亲自发动、部署、实施、调控、总结评价。班主任要在活动中逐一指出合理之处和不足之处，让班干部及时优化策略和方法；还要暗示班干部不失时机地与同学沟通，实现活动的真正意义。通过实践活动，既锻炼了班干部，也锻炼了其他学生，还能促进班干部和其他学生关系的和谐，进而形成一个团结向上的先进集体。

8. 照镜子。就是用反馈评价手段将事情的全部真实地反映出来，让班干部看清自己到底干得怎么样。班主任可以通过设立意见箱、抽样调查、民意测验、反馈日记、集体评议等方式向班干部、同学、老师、学校管理人员、家长了解，将评价意见如实地传递给某一班干部，帮助他们反思自己的思想、行为、方法，使班干部吸取失败教训，积累成功经验；还可以使班干部学会全面观察分析事物，养成自我反思的习惯，在实践——反思——实践的多次反复中不断成长。反馈评价应在一项任务、一件事情结束后及时组织进行。

9. 赏果子。即表彰奖励。班干部关心的是自己被认可的程度和范围，因此，必须以精神奖励为主。可以通过班会、年级会、校会、家长会由班主任、年级领导、学校领导、家长代表给予表彰奖励，可以利用班级园地、年级专栏、学校广播、校刊宣传他们的事迹，还应该把最优秀的班干部推荐到更高级别的评选或聘请为新一届班委的辅导员。这样就可以提升班干部被认可的程度和范围，足以引起先进者的自豪和落后者的反思了。表彰应在每一次"照镜子"后及时进行，奖励可以在任职期满后评出优秀班干部时进行。

10. 集册子。各届班委任职期满时，每位班干部都要写一份班级管理总结，经全班师生审核后结集成册。总结必须包括六个方面：一是班级现状；二是常规管理思路和实施方案；三是任职期间接受的特殊任务、发生的突发事件以及应对方法；四是管理效果、成败分析和改进设想；五是个人思想素质、文化素质、心理素质、能力素质变化的经验；六是班集体评价意见。这本册子是集体智慧的结晶，是班级的传家宝。翻开这本册子，同学们可以看到一个个成功的或引以为戒的案例，可以找到值得推崇或借鉴的管理方法和技巧，它对以后每一届班委的管理工作和每一位班干部的成长无疑是富有启发意义的。

此外，将述职引入班干部的培养之中，也能有效促进班干部的成长。① 述职，顾名思义，就是陈述自己的职守情况。述职并不是一个现代名词，早在春秋战国时代，诸侯定期向天子陈述职守，就被称为述职。《孟子·梁惠王下》里说："诸侯朝于天子曰述职。"后来外官向中央政府汇报施政情况亦叫"述职"。述职是当前人力资源部门培养考察人才常用的手段之一，也是政府部门对干部能力政绩考核的重要一环。如今，借用到学校管理中，用在学生干部的培养上则另有一番新鲜气象：每周一次班会课，班长主持，各班委陆续上台，介绍自己负责的工作开展情况以及工作得失，最后班长再汇报总结一周学生表现，评点各班委干部的工作。学生屏息凝听，既是被管理者，对照学生干部所述得失，或高兴，或警醒；同时又是评委，可为各位班干部的工作情况进行审议评价。班主任则端坐一旁，悠闲聆听，必要时才在班会结束前评价指点一二。

（三）班干部的管理②

在现代教育中，应认识到，正确选择教育的价值取向，自觉弘扬学生的主体性，实施自主教育，使他们成为有进取意识和创造精神的社会历史活动的主体，从而使每一个学生都能成为优秀的自我。

1. 充分发挥班干部群体积极性，给班干部更多的自主管理权

在班级管理中，要让班干部有充分自主管理权，充分发挥班干部群体的积极性，充分发挥其核心作用。班主任要转变教育观念、转变"保姆式、警察式"的教育管理模式，充分相信班干部的能力，工作和综合素质班主任不再直接去管，而是间接去调控，去完善管理教育，给班干部更大、更多的自主管理权，让学生自己管自己，还学生一片相对自由的空间，让学生们自由地联想、想象、创造出属于自己的一片新天地。在自主管理、自主教育的环境中，宽松、愉快、活泼地学习、生活。例如每周的主题班会，由班委会有针对性、有计划、有目的地自己主持，有效开展等。当然，加强班干部自主管理并不等于班主任就不对学生进行管理，也不等于对学生放任自流，而是更充分地实施对学生的全面管理。班主任要通过加强培训，制定任期目标，建立激励机制等方式调动班干部工作的积极性和创造性，从而不断提升班级

---

① 黄春芬，罗刚淮．述职——促进班干部成长［J］．教学与管理，2010（11）：17-18.

② 本部分主要参考：李家彬．论中学班干部的选用及管理［J］．思想战线，2009年人文社会科学专辑第35卷：134. 姚胜权．充分发挥班干部作用提高班级管理效益［J］．教育理论与实践，2009（10）：25-26.

管理的水平。

2. 在班级管理中，重在培养和提高班干部的全面工作能力

在班级管理中，对班干部甚至每个同学，在教育管理活动中，在不同时间让他们扮演不同角色，担任不同的工作职责，完成不同的工作任务。通过这似“轮流坐庄”方式，给每个班干部更多自我展示的条件和各种工作机会，更全面地培养班干部的多才能。如：轮流做班主任助理、值日班长、科代表、班会主持等。当然，有的班干部肯定对某些岗位不适应，感到力不从心。但利用这些机会磨砺、锻炼班干部的意志，调适其心态，训练干部抗挫折和适应新工作的能力，训练班干部用智慧、才能抗战新岗位、新任务的能力。这样更有利班干部的管理、培养和使用，从而发现其更多“亮点”和“盲点”，使用时更有利于扬长避短，以长促短，挖掘其潜力，使其在班级工作中，以及今后工作中适应复杂多变的人生岗位，打造坚忍不拔的性格。

3. 班干部的任期和改选

一般规定，每届班干部任期为一个学期。班干部任期结束之后，根据干部的自查情况，学生的民主评议情况，任课老师的反映意见等方面综合考虑，决定班干部的升降和去留。在班干部的管理调控中，要突出和强调班干部队伍的稳定。要将那些品行端正、成绩优异和乐于吃苦的优秀学生稳定在班干部集体当中。对一部分没有严重违纪行为发生而又具有“独当一面”组织能力的学生，通过班主任的帮助和教育并愿意为班级管理出力的“次优秀”学生也要吸纳在班干部之列。同时要不断发现和培养后备干部，为班集体增添新鲜血液，使之充满活力。原则上，班干部的调整一般不超过原来的50%。尤其到了小学高年级和初中年级，本书不赞成采用班干部轮流坐庄法。这种方法的出发点和愿望是好的，是为了让更多的学生乃至每个学生得到锻炼，其实在实际操作中，会遇到很多问题。首先，不是所有的学生都适合或者愿意做班干部；其次，不是所有的学生干部都做的一样好，这样对班级、对集体、对学生身边的榜样示范的选取等而言就是一种损失。最后，对班级工作的连续性不利。

教育对象的复杂性决定了选用班干部的标准在层次上和类型上不能整齐划一，否则就会脱离班级实际，损害部分学生平等地受教育的权利，剥夺部分学生接受培养的机会。同时，也只有多元化、多层次的标准才会合现代教育观念、才适应不同层次、不同特征的学生，一个成熟的班主任，一个富有现代教育观念、具有创新锐气、能够尊重所有学生人格和权利的班主任，要善于和乐于培养并使用不同层次、不同类型的学生担任班干部，促使整个班

集体朝着良好的方向发展，帮助每个学生不断地完善自己的人格，培养多方面的能力。

第二节 班级活动开展策略

学生各项素质的提升，必须要有载体，除了第一课堂的教学以外，课外活动、校外活动是必不可少的重要载体。如何设计、组织开展班级活动，让学生在活动中成长、成才，是每个班主任必须面对的课题。

一、班级活动的设计与开展①

精心选择、科学设计、积极实施的班级活动寓教育于活动之中。成功的班级活动，能使学生充分受益，终生难忘；得到学生欢迎的班级活动是最有魅力的教育；注重学生发展的班级活动是学生在实践中成长的最佳途径。

（一）设计学生欢迎的活动

班主任设计的活动应该是受学生欢迎的，学生欢迎的活动应该是学生期盼的。它以深刻的立意影响学生，以新颖的形式吸引学生，以出色的成果激励学生。比如，走访青春偶像、郊游、家务劳动比赛、教室微型运动会，等等。而爱国、立志、诚信、勤学、文明习惯、感恩等是我们的必选题材。

在设计学生欢迎的活动时，采用竞赛的方式常常是积极有效的。有时为了保护学生的积极性，可以多给予优秀的评价，因为竞赛只是手段，而不是目的。学生欢迎的活动蕴藏着班主任的智慧和经验。在工作中，班主任应研究学生的心理、生理、年级特点，研究班情，积极实践，并不断创新活动。

（二）让每位学生在活动中发挥自己的作用

我们要多设计让每个学生都能参加的活动，比如“我最喜欢的格言”交流，“我的理想”一分钟演讲比赛、“向校友致敬”和与校友通信等。这些活动，每个学生都能参加，激发了学生的活力。但并不是每个活动都能做到人人参加。比如辩论活动，学生很喜欢参与，但由于时间、辩论规则等原因，直接参加活动的可能只是部分学生。对此，我们要采取措施让学生参与活动，

① 本部分内容主要参考：丁如许．班级活动的设计与开展举要［J］．思想理论教育，2010（6）：78-80.

关注活动。我的做法是，班级以小组为代表队；每位同学都要为本代表队收集“弹药”，“捆绑”成绩，共担责任，分享成功；同时在辩论时允许台下同学“助辩”，尽可能调动学生参与活动的积极性。

不仅要设计全班每个同学都能参加的活动，而且要让每个同学能有主持班级活动的机会。有班主任担心这样可能会把活动搞砸，我的经验是要“知人善任”。让能力强的同学主持难度大的活动，如与兄弟班联谊、邀请先进人物作报告等活动；让能力较弱的同学主持难度相对较小的活动，如学习经验交流、学习方法指导等活动。我曾经在一学期中开展过10次班级活动，这样，在整个初中阶段就开展了60次活动，全班每个同学都有至少一次主持活动的经历，这让他们印象深刻。当然，在学生遇到困难时，教师要悉心指导。

（三）增加活动的知识含量

班级活动应讲究知识性，让学生在知识的学习与吸纳中提升认识。班级活动的知识含量是班主任应当关注的重要工作内容。

1. 设计与文化学习有直接联系的班级活动。班级活动应关注学生的学习，我们应设计、开展一些与文化学习有直接联系的活动。比如，“刻苦学习为家乡”学科竞赛、“我和ABC交朋友”英语学习、“在神奇的科学王国”科技魔术活动等。这类活动与学习直接相关，但绝不是文化课的简单再现。同时，我们更应该提高班级活动本身的知识含量。如我和工作室老师在指导学生开展“诚实守信伴我行”活动时，首先是进行文言文《立木建信》的学习，解释重要字词，疏通文句。用四字短语概括选文所述之事，再用四字短语概括所述之事的深刻意义。接着是“说文解字话‘诚信’”，从“诚信”两字的组字特点分析，揭示诚实守信对人成长的作用。接着是诚信故事介绍，组织学生品味中外名人名言等，高潮则是学生介绍“诚信公益广告”。四个小组分别介绍本组设计的广告，精到的广告词、丰富的广告画面，都是同学们认真学习、积极实践的成果。

2. 开展与文化学习有密切联系的活动。这类活动主要从学习目的、学习方法入手。过去有班主任认为应该让学生自己摸索“适合自己的学习方法”，“任课老师应对学生进行学习方法的指导”。这些话只说对了一半，班主任也有责任对学生进行系统的学习方法指导。班主任还可以在班级开展如“我最喜爱的一句格言”交流、“学海初航品甘苦”学习经验交流、“怎样使你更聪明”学习方法指导、“他与时间”学习习惯评点等活动。特别是步入知识经济社会，更需要激发学生崇尚科学、追求科学的热情，为此，可以设计“奔涌的科技新潮流”科技知识讲座。如果能邀请到资深的科学家，对学生将是终生难忘的深刻教育。

3. 开展拓展学生视野的学习活动。我们不仅要指导学生学习与课本知识密切联系的文化知识，还要开展一些拓展学生视野的学习活动，如人际交往、艺术欣赏、法律常识等。为此，可设计“我与老共产党员交心”忘年交通信、“笔下走龙蛇，丹青绘宏图”书画作品比赛、“警钟在这里长鸣”模拟法庭辩论等活动。

（四）班主任要成为活动的指导者

对班级活动，班主任一定要积极参加。在充分发挥学生作用的同时，班主任要以自己的智慧指导学生开展活动，要以自己的热情推动活动走向高潮。班主任不能当“甩手掌柜”，要帮助学生完善方案，使活动有兴奋点，有亮点，有特色。班主任的指导要贯穿于活动的全过程。在活动结束前，班主任要进行必要的指导。指导的话不必多，但要句句说到点子上。如对本次活动亮点的分析，准备活动时幕后的故事，今后开展活动应注意的事项等。

（五）善于借力

要搞好班级活动，班主任就要善于借力。在借力的过程中形成工作合力。

1. 向任课老师借力。比如拔河比赛，要向体育老师请教，向同学介绍拔河比赛的要诀，“重心要低，用力要齐，合力坚持”。而开展班级学科智力竞赛时，则邀请各科老师参与。

2. 向家长借力。可以直接邀请家长参加班级活动，比如“难忘我的黄金时代”家长回忆中学生活、“伟大的时代召唤青年”家长与学生谈心；也可以请家长经常关心班级活动，比如开展“我是家长小助手”家务劳动比赛时请每位家长出三道问答题、一道动手题等。

3. 向社会借力。要充分利用身边的资源，邀请各级劳动模范、先进工作者到校，讲述他们的人生感悟与实践体验。这种“借力育人”“帮助学生寻找生活中重要他人”的做法非常有效。邀请时要多做些功课，特别要关注所邀请对象的语言表达能力。如果有两个演讲者备选，在相同条件下，更倾向于邀请年轻的优秀人物。因为“青春偶像”靓丽的外形、亲切的话语、活泼的举止，更能使学生产生崇敬之情与践行之心，增强班级活动的吸引力。

（六）班级活动结束后要进行再研究

在班级活动结束后，要进行再研究。主要是听取学生的意见，听取意见的渠道主要有以下几种：（1）班级日记。由全班同学轮流写作，班主任鼓励值日生将班级活动的感受、建议写下来，与全班同学交流。（2）周记。通过语文老师了解学生的感受，并向学生介绍精彩之作。（3）班级活动纪实。每开展一个活动，都由活动主持人执笔完成，班主任稍加修改后印发给全班同学。在一学期结束后，可作活动总结，召开座谈会或进行书面调查，认真听取学生的意见与建议。

（七）对班级活动应积累“基本课”

班级活动有精彩的内容，也有丰富的形式。有在班会课上开展的活动，有在课余时间开展的活动；有单一的活动，有系列的活动；有思想教育为主的活动，有文化学习、体育文娱等多方面相结合的活动；有校内活动，有校外活动。班主任应在实践中形成具有年级特点的班级活动“基本课”。有了“基本课”就可以做到心中有数，就会熟能生巧，就会越做越好。

（八）认真学习优秀班主任的成功经验

“他山之石，可以攻玉”。班主任要加强同伴研讨，多向优秀班主任学习。任小艾的“班级之最”评比、蒋自立的“二十年后再相会”、李镇西的“记者招待会”、郑丹娜的“我是小学生”新生入学教育，都是成功的班级活动代表作，值得我们认真学习和研究。

二、班级活动的改进与提升①

当代中国的中小学班级管理，需要立足现实，追求最高境界，建设“民主型班级”。其目标是：师生共同创造一个富有民主生活机制的精神家园，提升学生个体的精神生命意义、提升班级群体的精神生活质量。建设民主型班级的多年实践研究表明，有效提升班级管理境界需要有切实有效而且系统化的工作方法，其中，最能激活学生生活、提升其精神生活质量的当属建立开放的活动机制。在这方面有待改变的现实情形是：忽视班级活动的育人价值，强调预定事务的完成；忽视学生自身发展需要，强调灌输成人价值观；忽视学生参与的主动性，强调按教师意愿组织活动；忽视学生参与的广泛性，停留于锻炼部分学生。就其具体表现而言，往往是为了完成上级布置的德育任务或检查等日常事务而开展班级活动②。相比之下，我们希望做到：引领学生

① 本部分内容主要参考：李伟胜．逐步改进班级活动提升班级管理境界［J］．教育科学研究，2009（11）：48-51.

② 陆桂英．建设民主集体，共创阳光人生［M］．上海：华东师范大学出版社，2007：32.

持续开展系列化的班级主题活动，以反映学生成长需要、激活并提升学生日常生活的意义，逐步提高他们的精神追求。经过探索，我们总结出，可以分三个阶段逐步改进班级活动，切实提升班级管理境界。

（一）更新活动内容与形式，实现学生自主策划

在建设民主型班级的第一阶段，不一定要追求马上达到最理想的状态。在这一阶段，至少可以从班级活动的内容与形式两个方面尝试初步的更新。

1. 更新活动内容，强调反映学生真实生活。民主型班级特别关注学生真实的精神生活，只有以此为基础，才有可能真正提升其生命质量。因此，在改进班级活动之初，尤其需要从学生生活实际出发选择活动内容。此时，固然应该与学校整体安排协调一致，应该考虑到落实上级安排的德育活动，但并不是盲目地服从、机械地部署、被动地执行，而应清醒地理解、积极地设计、主动地组织，充分发挥班主任和学生的创造性。首先就要选准出发点：学生真实的成长需要。这样，我们就会将目光向下，关注学生的真实生活内容、关注学生的发展需要，而不是仅仅将目光向上，关注完成上级布置的任务、关注班级在学校获得的荣誉。

2. 调整活动方式，关注挖掘学生成长体验。让学生成为班级生活的主人，包括让学生成为班级活动的主要组织者——在开始建设新型班级的阶段，这是一条基本的要求。此时，我们也需要关注活动本身的组织水平、培养小主持人的组织协调能力，不过，我们更需关注包括小主持人在内的班级成员在组织班级活动的过程中获得的成长体验，更看重组织过程的育人价值。从活动方式的角度来说，在选好班级活动主题后，可以把活动的策划和实施交由学生进行；教师除了在必要时提供技术性的帮助之外，更重要的任务是注意通过调整活动方式，充实学生在活动中的成长体验。（1）在准备过程中，可以让学生围绕主题展开调查、撰写调查报告、搜集相关资料，从而拓展视野，为即将开展的活动准备更充分的内容，也为在活动过程中获得更深刻的体验作一些铺垫。（2）在设计活动时，可以让学生了解已有活动、包括别人组织相关活动的策划方案，使学生逐步感悟如何更好地组织一项集体活动，提高其策划能力（这种策划能力是每一个当代人在自主发展中都需要的素养）。（3）在活动实施时，注意丰富学生的体验，让学生尽可能充分地展现他们的真实生活内容，说出自己的感受。（4）在主题活动结束后，可以让学生提炼感受、展示活动过程，如，举办照片、绘画、文学作品展览，让学生有机会进一步提升活动价值。

（二）丰富班级活动的内涵，主动提炼成长体验

第一步的尝试可以有效地走出传统的班级活动格局，让学生开始自主策划、主动整理自己的真实生活，激发出生命的活力，可以展现他们足够的热情和才华。不过，总体上看，他们对活动形式的关注更多，而对活动的实效关注得还不够，尚有如下不足：（1）在选择主题时，往往就事论事，缺乏对班级生活的整体规划，与班级的整体发展缺乏内在联系。（2）在活动形式上，停留于浅显的表演或语言展示，缺乏进一步的深化。有的主题班会活动模仿电视娱乐节目的形式，重在直接呈现学生生活、展示学生才华，但缺乏深入体验、内容拓展和意义提升，往往使得学生在短时间内满足了表现欲和表演欲之后觉得“没意思”。

因此，在第二阶段，需要以学生自主策划、更新活动内容与形式为基础，进一步丰富班级活动的内涵，让学生从真实生活中提炼出更有意义的成长体验。

1. 超越对学生生活的直接反映，挖掘学生的成长体验。反映学生的真实生活，只是让学生学会反思、鉴别、选择，从而有效提升学生精神生活质量的起点。当学生已经学会真诚地面对现实生活，包括真诚地面对自己的内心世界，就需要通过班级活动，反映他们以清晰的自我意识为基础的成长体验，而不仅仅是现成的、尽管也是真实的生活内容和思想。在此过程中，有专业智慧的班主任可以引导他们辨析各种发展因素、主动寻找发展资源、努力开拓新的发展方向。如，一个实验班在改选班干部时，师生商议后决定：先由感兴趣的学生写出自己对班级情况和班委会改选这件事的认识，形成《竞选纲领》，然后匿名编号张贴出来，让同学们在一周内评阅、讨论。10份《竞选纲领》都针对班级现状中的某些问题提出了对策。其中，他们针对班级凝聚力不够、缺乏整体的蓬勃向上的朝气的情况，提出开展一些有针对性的活动：（1）多进行竞技型比赛，增强团队精神。如，篮球赛、歌咏大赛、新闻知识竞赛等。（2）丰富课余生活，使同学们没有时间去电脑房或追逐打闹，如，开展“才艺大挑战”等文艺型班会、发展一批出黑板报的同学。此外，可以事先将黑板报的主题公布出来，由学生投稿，并组织小组之间的比赛。这不仅在一次活动中引导学生反思日常生活，提炼更深层次、更高水平的成长体验，而且由此建立了一个让班级生活得以不断更新、持续提升境界的新机制。

2. 超越平面式的展现，着力从学生生活中立体地开发出意境更高的主题。

美国心理学家马斯洛（Abraham H. Maslow）的“需要层次理论”启发我们思考：对学生真实生活的直接描述、对成长体验的充分反映固然重要，因为它让学生获得了自我教育的最宝贵资源，并能激发学生形成自主发展的意识和能力；但我们还应在此基础上看到学生更高层次的发展需要，并为满足更高的发展需要而从学生真实生活中提炼出意境更高的教育主题，引领其发展。以此让班级活动超越平面式的展示和交流，得到立体式的深度开发。如，一位初中二年级班主任带领学生去区劳技中心开展“一日实践”活动，看到了同学们勤快能干、相互合作，感受到他们品尝劳动成果时的快乐。因此，她想利用这样的教育机会，让学生体会实践活动带来的快乐，组织学生筹备一次以“实践活动—劳技中心”为主题的班会。他们初步的设想是：请三组同学把在劳技中心的实践活动进行回顾总结，其间穿插一些互动节目，在轻松活泼的氛围中，让学生体会到热爱劳动是一种美德，在家中分担家务劳动是我们的职责。

经过进一步的研讨，研究者认为：这样的设计主要是反映已经发生的一些成长故事，是在较为浅显的层面进行思想教育；若要使该班往更好状态发展，可以根据学生正在形成自我意识的特点，突出他们的“成长体验”，尤其是“自我教育”的成长体验。在进一步的班级活动中，班主任组织学生通过作文、周记或其他形式，把自己在实践活动中最深刻的体会写出来；然后，在小组中讨论，一方面找到本组中把成长体验表达得最好的同学，另一方面将组内其他同学的体验汇总起来，从而看到更深刻、更有成长价值的体验。于是，一个更有意义的主题得到发掘，即“努力·成功·快乐”；其含义就在于“我努力—我成功—我快乐”，凸显学生日渐成长为自我发展的主人这一更高层次的发展需要。[①] 随后的策划、实施、反思等过程，使得这一班会被拓展为该班持续两个月的主题活动，极大地调动了学生自主发展的积极性，培养了他们反思、整理自己的发展状态和策划未来发展的能力。

（三）提升班级活动品位，积极开拓发展空间

在建设民主型班级的第三阶段，还可以进一步主动开拓学生精神生活领域，使学生主动追求更高精神品位，让班级活动达到更高境界。在此阶段，改进班级活动的关键就在于让学生的日常生活内容既有稳定的内涵，又有开放的视野，还有不断提升的追求，并在此状态中习惯于主动的生存方式。为

① 陆桂英．建设民主集体，共创阳光人生［M］．上海：华东师范大学出版社，2007：50-54.

此，班主任需要有超前的眼光、开阔的心胸，着力研究如何逐步提高学生精神生活品位的问题。这至少可从两方面努力。

1. 在横向维度上，丰富班级活动内容，拓展活动领域。在建设民主型班级时，需要通过人际交往、自主管理机制、文化建设等方面的创新，充分拓展学生发展空间，让班级产生符合时代需要的新的教育价值。如，面对中学生喜欢网络游戏的现状，某班主任不是简单地予以制止或堵截，而是尝试着利用这个机会先后召开了两次主题班会，拓展学生视野，丰富班级活动内容。在前期准备中，学生不仅梳理了自身的文化生活内容，而且调查了更多同龄人的课余生活状况，调查了家长对孩子上网之事的看法和处理措施。为了拓展思维、提高自主辨析是非的能力，可以让学生围绕一系列问题袒露正反两方面的真实思想，如，为什么网络有那么大的吸引力、它是怎么逐步吸引我们的、它给我们带来了哪些麻烦（不简单地说是“坏处”，这样便于学生冷静地、理性地分析问题）、我们又该如何选择……从教师角度，应考虑到：网络吸引青少年自有其道理；与之相应，我们能开展哪些活动，从而合理地利用它。如，共同参与班级网页的维护、更新，使班级文化更有特色；在班级网页中增加互动平台，交流学习方法、组织难题擂台赛……总之，根据学生生活需要，主动拓展新的发展空间，而不是用僵化的思维，固守现成的、落伍的教育方式。

2. 在纵向维度上，根据学生发展需要，系统策划班级活动。如可让几次班会活动形成一个系列，相互呼应。举例如下①。

第1次班会：树立目标，端正态度。开学初带领学生确立“塑造良好人格、锻炼坚强体魄、磨砺顽强意志、开掘人文底蕴”的班级目标；倡导“乐学、勤学、会学、自律、自励、自强”的学习态度。

第2次班会：展示才艺，焕发活力。开学后不久，组织元宵节才艺展示活动，让学生尽情展示自己的才华，激发大家共同创造好班级的热情与活力。

第3次班会：选举干部，共谋发展。在开学周后，班级进行班干部选举，学生首先认真进行提名，候选人进行竞选演讲，然后产生班委。通过这一过程，让全班学生都对班级发展现状和未来进行思考、讨论和选择。

第4次班会：完善方法，落实责任。讨论如何使用备忘录，提升每一位学生的责任意识，逐步学会发现、反思和策划自己的学习生活。

---

① 陆桂英．建设民主集体，共创阳光人生［M］．上海：华东师范大学出版社，2007：35.

第5次班会：磨炼意志，积极进取。为准备月份的第三届校运动会，以“锻炼体魄、磨炼意志”为主题开班会，激发学生的进取心和竞争意识。

第6次班会：学会反思，树立自信。在5月下旬召开关于“自信”的班会，让学生学会反思自己的发展情况，探讨进一步发展的目标和方法，学会在认真、踏实的努力中逐步树立自信，形成积极的自我意识。

通过这样的系统策划，通过具有整体性的班级活动，可以在潜移默化中激发学生的生命活力，提升其精神生活质量。

三、班级活动中班主任导向的误区与纠正①

一个教学班由群体到集体，共同活动是过渡的载体，换而言之，集体的形成不是靠道理讲出来的，而是在全体成员的共同活动中逐步实现的。现实中，每个班级都在组织课堂教学活动，参与学校和班级的竞赛活动，以及进行课外的娱乐活动，而能发展成为优秀集体的为数不多，大多数仅停留在联合群体阶段，并未形成真正意义上的班集体，更有些仍停滞在松散的群体状况。班主任的导向误区是关键所在。所谓误区，并非班主任故意为之，而是指思想观念中的盲点，做法上的不当，或忽略了要害问题。剖析误区，提出对策的意义，就是扫除盲点、把握引导的关键，最充分地利用各种活动创设时空情境，在较短的时间内创建一个优秀的班集体。

（一）目标误区及纠正

1. 功利化。许多班主任都知道活动前要明确目标，以参加学校运动会为例，目标多是定位在比赛名次上，其结果就是使目标功利化、表面化。功利化目标会导向“胜易骄，败易馁”的集体情绪，它忽略了活动的意义在于给个体发展以机会，诱发群体聚合的良性因素，营造群体和谐氛围，促进群体成员间互相磨合等功能。

纠正：制定双重目标，即群体发展目标与参赛目标。群体发展目标是不为比赛结果所左右的深层次目标，包括活动中学生的参与程度、努力程度、自我调节程度、自我协调程度等。明确活动中的个体、群体都是以发展为根本目的，这样师生都容易正确地对待活动的得失，参赛的成功固然有加速推进作用，参赛的失败也可由不利化为有利。

2. 狭窄化。活动目的功利化容易引发活动目的的狭窄化。以课堂教学为

---

① 徐中锋．班级活动中班主任导向的误区及其纠正［J］．教学与管理，2007（17）：13-14.

例，常常是尖子生受青睐；以学校文体竞赛为例，活动常常又是少数特长生、骨干分子施展才华的舞台。还有一部分人，因“毫无才干”而始终在扮演旁观者的角色。长此以往，他们便形成“集体成败，与我无关”的游离心态，只能使少数人获得发展，这就是活动目标的狭窄化。

纠正：全员化，力求让每位学生都有一个活动角色，可台前可幕后。一次表面看来很成功很有特色的活动，如果不是全员性的，是不能形成凝聚力的，所谓的成功就要被打折扣。班集体起步阶段的实施由班干部来完成欠妥当，应由班主任有目的地设计好每个人的角色，确定其责任。哪怕只是布置场地、赶制道具、清扫保洁、看管财物等杂事。这样可让每个人都体验到“集体的成功，也有我的功劳”的自豪感，从而产生集体对个人的吸引力。

3. 孤立化。在一学年中，各部门组织的活动数量相当可观，按组织单位分，有市县一级的、学校的、年级的、班级的。其中，又有知识型的、能力型的等等。从参与人数来说，有个人的、小组的、全员的、与他人联合的等等。班主任“兵来将挡，水来土掩”的做法，只会被活动牵着鼻子走，各类活动孤立化了，导致活动的功效不能很充分的发挥。

纠正：系列化，活动本身是独立的，集体的形成却是有序的。犹如棋盘布子，班主任应横向（与别的班级相比）、纵向（两三年内）两方面考虑如何利用活动，如常规性的校运会、艺术节等，构建班集体发展的规划。

（二）过程误区及纠正

1. 效率型。讲求效率是被大家所推崇的，这是工业化时代的产物。在班级活动中也往往追求效率。活动过程的高效，也许来自经验丰富的班主任的包办代替和程序设计，学生们只要高度服从，就出效率了。如果这种效率不是由学生发挥主体性、自行设计并实施的，这就不太有意义了。因为在追求结果时，我们失掉了过程。学生正需要在过程中、在遇到问题时，经历提方案、论证、择优、实施、评价五步骤来实现他们的发展，成为真正的活动成功者。挤掉了学生的创新空间和实践过程的效率是不可取的。

2. 放任型。相反，有的班主任将发挥学生主体性又简单理解为完全放手让学生去搞，尤其在高年级，学生干部的确能在不依赖班主任的情况下完成一次活动。而活动后引发的小团体割据的副作用也是相当普遍的，对集体的帮助似乎不大。这是因为大多数学生的参与目的多在展示个人才华、验证个人能力、获得自身发展机会等这些方面上。从学生的角色位置看，这无可厚非。而只有班主任才能把握住集体建设的轮舵，承担起教育面向全体学生、活动面向全体学生的责任。

班主任无论是管多管少，关键在于要管到点子上。首先，活动过程要给学生留有创新的空间。一次活动该如何设计？留给学生提议案；活动中成立哪些工作小组？以何种方式（成本最低，收效最大）完成任务？让学生小组设计完成。活动中难免有意外情况，如何对待？留给学生讨论取舍。其间班主任要发扬民主，以活动参与者的姿态与学生打成一片。其次，活动过程又是学生的实践过程。如一次演出，服装款式的选择、买料、议价、定做等，不妨放手让服装组去办。演出当天有更衣、化妆、走台等程序，不妨放手让“后勤部长”去统筹。又如一次队列操比赛，请专家指导、定训练计划、试操等，不妨让文体小组去搞。此间，宁可多费周折多耗时，甚至允许失败。活动过程中班主任的职责是：（1）保证活动的全员参与，甚至有意创设机会。（2）协调人际关系。共同活动会导致平时稳定的人际关系被打破，学生将进入各种角色，产生多边交往，产生一系列的社会心理现象，如暗示、从众、模仿、感染、舆论、心理相容、心理冲突、心理气氛等。班主任要相机而动，针对各种利弊因素作出反应，有利用的、有引导的、有纠偏的等等。（3）培养学生群体意识。领导者要学会领导，群众要学会从大局出发，在特定的情境中服从领导。有些活动班主任最好能参与，充当一名普通成员，以身作则，使广大学生感到“连班主任都服从指挥”，可谓身教重于言教。（4）细心观察及时反馈。班主任要做个有心人，参与活动，不做“主角”，而要做“场记”，善于发现热闹背后的点滴细节，收集那些被大家忽略或遗忘的闪光的人或现象，并有意识地做记录，充实手头的学生档案。

（三）评价误区及纠正

主要表现为评价简单化。活动小组职责仅是表扬好人好事、奖励先进等等，这是评价的误区。活动过程也是集体的形成过程，活动评价简单也会错失诊断班级状况的机会。

纠正：首先，班主任应采用科学、量化参照表来定位自己的教学班现在所处的阶段，从感觉经验型上升到理论诊断型评价。其次，面对学生的总体评价要做到分析入理，评出道理来，评出价值来。不少学生，尤其是低年级的学生，在活动中的行为可能出于效仿、暗示、舆论、从众等，往往是知其然不知其所以然，班主任应启发他们，使他们的行为由自发上升到自觉。再次，评价形式要多样。（1）可以学生互评，班干部与学生互评，每人至少找出一处闪光点来。（2）可以是其他人员评价，班主任有意识地收集观看活动的领导、同行及其他科任老师的评价并告诉大家。（3）分类评价：导先进：班级干部及活动积极分子；拉中间：中段的普通同学；推后进：偏离度较大的学生。

第三节　课堂管理中教育法价值的冲突与解决[①]

教育法的价值是法的价值在教育领域中的体现，“简单地说，法的价值是指法这种规范体系（客体）有哪些为人（主体）所重视、珍视的性状、属性和作用”。[②] 由此可见，教育法的价值是指作为客体的教育法律规范体系对教育主体需要的满足程度及其对教育的美好追求。“古今中外思想家、法学家提出过各种各样的法所促进的价值，但归纳起来，主要是正义和利益两大类价值”。[③] 教育法的价值形式也有多种，但最基本的价值主要是教育自由、教育正义和教育秩序。此外教育效率、教育利益等可视为教育法的一般价值。

一、课堂管理中教育法价值的表现形式

教育自由、教育正义和教育秩序这三大教育法的价值在不同的教育情境中有不同的具体表现，在具体的课堂教学中主要表现为课堂自由、课堂正义和课堂秩序。

1. 课堂自由。教育自由有广义和狭义的理解，“广义的教育自由一般包括国民的教育参与自由、学校的办学自由、教师的教学自由和学术自由、父母的教育自由以及学生的教育选择自由等等。狭义的教育自由主要指学校设置自由、学校办学自由和教师教学自由”。[④] 教育自由在教育法价值中的地位，表现在它不仅是评价教育法律进步与否的标准，更重要的是它体现了人性最深刻的需要。可以说，没有教育自由，教育法律就仅仅是一种限制人们行为的强制性规则，而无法真正体现它在提升人的价值、维护人的尊严上的伟大意义。教育自由在课堂教学中集中表现为课堂自由，主要包括教师教的自由

---

① 本节内容主要参考：李宜江．论课堂教学中教育法价值的冲突［J］．现代中小学教育，2006（5）：8-10.

② 李步云．法理学［M］．北京：经济科学出版社，2000：58.

③ 沈宗灵．法理学［M］．北京：北京大学出版社，2001：51.

④ 劳凯声．教育法论［M］．南京：江苏教育出版社，1993：32.

和学生学的自由。课堂自由就是保证教师能够进行教学和学生能够进行学习和创造的自由；就是确定尊师爱生的平等师生关系，让受教育者能够自由地表达自己的观点和看法，能够和教育者平等地讨论各种问题。同时，课堂自由不等于对学生的自流放任，更不是对学生不管不问，而是引导他们自由地表达其见解和发挥其想象力和创造力，形成自觉追求自由的意识和精神。

2. 课堂正义。教育正义在课堂教学中集中表现为课堂正义，“总的来说，仅从字面上看，正义一词泛指具有公正性、合理性的观点、行为以至事业、关系、制度等。从实质上看，正义是一种观念形态，是一定经济基础之上的上层建筑”。① 教育法律只有合乎教育正义的准则时，才是真正的法律；如果教育法律充斥着不正义的内容，则意味着教育法律只不过是推行专制的工具。所以，从法律上说，正义应该包括双重涵义：一是法律本身是公正合理的，为大多数人所接受或愿意遵守的；二是这种法律是可以得到执行的，以保证正义的法律得到施行。所以课堂正义也包括两层涵义：一是课堂规则本身是否正义，是否体现了分配正义，如是否只对学生做出各种限制却不对教师做出限制或很少限制，是否只对部分学生做出限制而不是全部等；二是课堂教学的规则执行中是否体现了改正正义，即所谓的优等生与潜能生（以前常说的后进生）违反课堂规则后是否受到一样的惩罚等。

3. 课堂秩序。“法是人的行为的一种秩序”。② 可以说没有法律就没有秩序。教育秩序在课堂教学中集中表现为课堂秩序，它是教师和学生为实现一定的教学目标，实现课堂教学秩序的有效运行所表现出的规则性与普遍性。课堂秩序体现了教师和学生的普遍性要求，是教师和学生中大多数人能够接受或愿意接受的。否则若其反映的是少数人的要求，它就起不到调节课堂教与学行为的作用，课堂教学便会处于无序的状态。

二、课堂管理中教育法价值的冲突及其表现

以上所言课堂自由、课堂正义、课堂秩序都是课堂教学中教育法的基本价值的具体表现。现在我们要面对的问题是，教育法的各种价值之间（包括一般价值）有时会发生矛盾，从而导致价值之间的相互抵触。例如，要保证课堂正义的实现，在很大程度上就必须以牺牲秩序为代价；同样，在正义与

① 沈宗灵．法理学［M］．北京：北京大学出版社，2001：51.

② ［奥］凯尔森．法与国家的一般理论［M］．北京：中国百科全书出版社，1996：3.

自由之间、自由与秩序之间也都会出现矛盾，甚至某些情况下还会导致“舍一择一”的局面出现。

归纳起来，课堂教学中教育法的价值冲突主要表现为三种情形：一是同一主体的不同教育法的价值形式之间发生冲突。如学生为了实现课堂自由与遵守课堂秩序之间的冲突；二是不同主体之间教育法的价值形式发生冲突。包括不同主体之间相同教育法的价值形式的冲突和不同主体之间不同教育法的价值形式之间的冲突。前者如某个学生在行使课堂自由时可能会构成对他人课堂自由的限制，后者如一个学生课堂自由的行使可能会导致对他人的不正义；三是个体与班集体之间教育法的价值冲突。也包括个体与班集体之间相同教育法的价值形式的冲突和个体与班集体之间不同教育法的价值形式之间的冲突。前者如学生个人正义实现与班集体正义实现之间的冲突，后者如学生个人自由实现与班集体秩序之间的冲突。自然，就理想的课堂教学而言，可以形成一种涵盖、平衡各种价值冲突的课堂宽容，教育立法作为一种确立教育普遍规则的活动，也多是在这个意义上协调、平衡各种教育法的价值之间所可能会有的矛盾冲突。然而教育立法不可能穷尽教育活动尤其是课堂教学活动的一切形态，在个案中更可能因为特殊情形的存在而使得价值冲突难以避免，因此必须形成相关的平衡教育法价值冲突的原则。

三、课堂管理中教育法价值冲突的解决原则

既然教育法价值的冲突在实际的课堂教学中难以避免，那么为了确保课堂教学的有效进行，提高教学质量与效果，就必须寻找平衡教育法价值冲突的有效原则。鉴于教育法基本价值的性质、意义及具体的课堂教学实际，可以综合运用价值位阶原则、个案平衡原则和比例原则来解决课堂教学中教育法价值的冲突。

1. 价值位阶原则。这是指在不同位阶的教育法的价值发生冲突时，在先的价值优于在后的价值。就教育法基本价值的课堂表现形式而言，主要是课堂自由、课堂秩序与课堂正义，其他则属于基本价值以外的一般价值（如课堂效率、课堂利益等）。但即使是基本价值，其位阶顺序也不是并列的。一般而言，课堂自由代表了人最本质的人性需要，它是教育法价值的顶端；课堂正义是课堂自由的价值外化，它成为课堂自由之下制约其他价值的标准；而课堂秩序则表现为实现课堂自由与正义的课堂状态，必须接受课堂自由与正义标准的约束。因而，在以上价值之间发生冲突时，可以按照位阶顺序来予以确定何者应优先适用。如在课堂教学中，教师不能为了维护安静的课堂秩

序而任意剥夺学生语言表达的自由或给予学生不客观、不公平的评价。一般情形下，教师总是给学生以最大的课堂自由和课堂正义，只有当其严重影响课堂秩序或课堂效率时才会加以必要的限制，而且这种限制又遵循着比例原则。

2. 个案平衡原则。这是指处于同一位阶上的教育法的价值之间发生冲突时，必须综合考虑主体之间的特定情形、需求和利益，以使得个案的解决能够适当兼顾双方的利益。在个案中，有时并不以“公共利益”作为高于“个人利益”的价值标准来看待，而是结合具体情形来寻找两者之间的平衡点。如在课堂教学中，教师不能以为了保护大多数同学听课利益为借口将少数同学赶出课堂从而剥夺他们的听课权利，而应当结合当时具体的情形寻找两者之间的平衡点。既保护了多数人的听课权利又不侵犯少数人的听课权利。这就需要教师遵循对学生进行正面说服教育的教学原则。

3. 比例原则。这是指为保护某种教育法的价值须侵及另一种教育法的价值时，不得逾越此目的所必要的限度。换句话说，即使某种教育法价值的实现必然会以其他价值的损害为代价，也应当使被损害的价值减低到最小限度。例如，为维护课堂教学秩序，必要时可能会实行课堂管制，但应尽可能实现“最小损害”或“最小限制”。如在课堂教学中若不对学生的语言或行动等自由加以一定课堂管制，则很难维护课堂秩序，从而很难进行课堂教学。但对学生有关自由的限制应尽可能做到“最小限制”，以达到维护课堂秩序为限，不再扩大化。如课堂发言要举手、要有次序、时间要控制，喜欢讲话的同学将其座位调离或让其一个人坐等。总之，这样限制的目的是为了更好地尊重和保障学生的自由。因为孟德斯鸠说：“如果一个公民能够做法律所禁止的事情，他就不再有自由了，因为其他的人也同样有这个权利。”①

上述三个原则必须根据课堂教学的实际情形，灵活地、综合地加以运用，不能简单化、孤立化、绝对化，唯有此方能有效解决课堂教学中教育法的价值冲突，取得良好的课堂教学效果。

本章小结：让每一位学生都能充分展现自己并形成主动发展的动力能力，使班级成为提升个体生命质量的民主集体。这是一个美好的愿望，但也并非可望而不可即，只要班主任有心，有耐心和细心，总会不断实现它，接近它。民主和谐、积极健康向上的民主型班集体建设，绝非一朝一夕。它需要班主

① ［法］孟德斯鸠．论法的精神（上册）［M］．北京：商务印书馆，1961：154.

任从班情、校情出发，从班干部的选拔、培养和管理入手，从每一项班级活动的设计、组织与实施做起，从最大限度地维护学生的自由、正义和良好学习、生活秩序出发，一点一滴，日积月累，日生日成。“虽不能至，吾心向往之。”在此可以进行更多的演绎：虽不能至，吾心向往之，吾努力之，吾靠近之。

【思考题】

1. 简述民主型班集体的主要特征。
2. 简述民主型班集体建设的具体措施。
3. 简述班干部培养的“十子”要诀。
4. 试论述班级活动的改进与提升。
5. 结合实际论述课堂管理中教育法价值冲突的解决原则。

【阅读导航】

1. 韩东才．班主任基本功：班级管理的基本技能［M］．广州：暨南大学出版社，2009 年版。

2. 陈兴杰、洪延平．优秀班主任 99 个成功的教育细节［M］．上海：华东师范大学出版社，2009 年版。

3. 吴明乾、赖新元．班主任对班级活动的设计与组织［M］．哈尔滨：北方文艺出版社，2008 年版。

4. 魏书生、王晓春、徐安德．中小学班主任培训用书·班级管理［M］．北京：北京师范大学出版社，2008 年版。

第七章　基于法律法规的学生学习指导策略

案例导读：小刚是某中学初三学生。某日下午放学后，小刚到操场上打篮球。同班女生小静看见小刚脸上有汗珠，就上前用餐巾纸为他擦汗。这一亲昵的举动恰好被从一旁经过的班主任田老师看见。田老师当即把小静叫到办公室，给她看了两页日记（是田老师私自从小刚放在课桌内的日记本上撕下的，上面记录了小刚对另一名女生的好感），并对小静说，小刚很花心，脚踏两只船。从第二天起，田老师便不准小刚进教室上课，而让他先好好反省自己的错误。小刚的父母多次来到学校，恳求让孩子上课，都被田老师拒绝了。直到五日后，学校校长下命令，小刚才进了教室。但小刚因不堪心理压力，当天便离家出走，直到第二天下午才被找回。随后不久，小刚一纸诉状将田老师告上了法庭，要求田老师赔礼道歉并赔偿精神损失费。法院经审理认为，田老师未经学生小刚的同意，偷看小刚的日记并给他人传阅，还在学生中讲有损小刚名誉的话，其行为已损害了校规的名誉权和隐私权；同时，田老师以小刚早恋而要求其写检讨为由，不准小刚上课学习，该行为侵害了小刚的受教育权。据此，法院判决田老师向小刚公开赔礼道歉并赔偿精神损失费。（材料来源：雷思明，《给教师的60条法律建议》，华东师范大学出版社，2010年版，第79页。）

第一节　保护学生的受教育权

受教育权是我国宪法赋予公民的一项基本权利，它不是一项抽象的权利，而是一项包括入学、参加课堂学习、参加学校组织的各项活动等内容的实实在在的具体权利。

一、平等的受教育权是促进教育公平的重要基础

受教育权是人最基本的权利之一，影响着人的生存与发展。自 1948 年《世界人权宣言》宣示“人人都有受教育的权利”始，保护受教育权逐渐发展成为各国一般法律的原则。党的十七大报告指出：“教育是民族振兴的基石，教育公平是社会公平的重要基础。”而公民平等受教育权的保护则是推进教育公平的重要基础。

受教育权，简单地说，就是接受教育的权利。一般指“公民依法享有的要求国家积极地提供均等的受教育条件和机会，通过学习来发展其个性、才智和身心能力，以获得平等的生存和发展机会的基本权利”。① 公民的受教育权是公民的一项基本权利，它的实现对公民有着重大的理论意义和现实意义：受教育权是公民全面自由发展的重要前提；是公民实现劳动权利的前提；是培养公民政治素质的重要途径；也是公民享有文化权利的基础。因此，保障公民平等的受教育权则是教育公平的首要前提与重要基础，也为教育公平的实现提供了法律保障的具体形式。

新中国成立以来，共颁布了 4 部宪法，尽管不同时期的宪法对教育条款的规定各不相同，但“中华人民共和国公民具有受教育的权利”一以贯之。②为了保障公民这项宪法权利的实现，全国人大及其常委会开始了积极地受教育权立法工作，先后颁布了《学位条例》、《义务教育法》、《残疾人保障法》、《未成年人保护法》、《教师法》、《教育法》、《职业教育法》、《高等教育法》、《民办教育促进法》等一系列的法律，确认了公民受教育权的详细内容，加上其他低层次的教育立法，目前我国已初步形成以宪法确定的基本原则为基础，以教育法为核心，以教育专门法和行政法规为骨干，以教育规章、地方性法规和规章为主体的有中国特色社会主义的教育法律体系。

可以说，我国受教育权立法在短短的近 30 年期间取得了显著的成就，但由于受我国经济、文化等发展水平总量不足及发展不平衡的制约，加上教育法制化起步又较晚，取得的成就还只是初步的，在平等受教育权的法律保护方面尚有以下不足：第一，我国法律规定的平等与不歧视原则是不彻底、不完全的，最明显的忽略就是地区之间、城乡之间的平等。第二，高等教育根

① 龚向和．受教育权论［M］．北京：中国人民公安大学出版社，2004：26.

② 尹力．从新中国成立以来宪法中教育条款变化看教育发展［J］．华东师范大学学报（教育科学版），1998（3）．

据成绩，择优录取，但是这种分数面前的平等受招生计划数分配的影响又只限于各省、自治区、直辖市的范围之内。第三，受教育权的司法救济存在缺乏操作性、立法滞后、可诉性弱等问题。

二、义务教育阶段受教育权的依据①

（一）儿童权利公约

《儿童权利公约》于1989年11月20日第四十四届联合国大会以第25号决议通过，1990年9月2日生效。我国于1991年12月29日批准《儿童权利公约》。同时声明，中国将在符合其宪法第25条关于计划生育的规定的前提下，并据《中华人民共和国未成年人保护法》第2条的规定，履行公约第6条所规定的义务。公约遵循“儿童最大利益原则、平等原则、尊重儿童原则和多重责任原则”。《儿童权利公约》旨在保护儿童的权利不受不当的侵犯，为儿童的更好发展创造一个良好的生活空间。公约第28条规定：缔约国确认儿童有受教育的权利，为在机会均等的基础上逐步实现此项权利，缔约国尤应：（1）实现全面的免费义务小学教育；（2）鼓励发展不同形式的中学教育，包括普通和职业教育，使所有儿童均能享有和接受这种教育，并采取适当措施，诸如实行免费教育和对有需要的人提供津贴；（3）根据能力以一切适当方式使所有人均有受高等教育的机会；（4）使所有儿童均能得到教育和职业方面的资料和指导；（5）采取措施鼓励学生按时出勤和降低辍学率。

（二）我国的有关法律

我国《宪法》第四十六条明文规定：“中华人民共和国公民有受教育的权利和义务。”少年儿童是未成年人，作为受教育权的享有者和接受教育义务的履行者具有特殊性。儿童的身心没有发育成熟，无法行使权利和义务。因此《宪法》明文规定：“儿童受国家保护”、“父母有抚养教育未成年子女的义务。”儿童的权利和义务也就全部或部分成为其班主任的权利和义务，或班主任代为行使。《教育法》中规定：“受教育者在入学、升学、就业等方面依法享有平等权利。”这是保障公民受教育权利的一条重要原则。根据法律规定，受教育者不仅在入学、升学、就业上享有平等权利，而且在教育过程的其他环节，如参加教学活动、表彰先进、评定品行和学业成绩等各个方面，也享

① 本部分内容主要参考：苟亚春，辛占强．义务教育阶段受教育权的法理分析［J］．教学与管理，2007（8）：4.

有平等权利，不因种族、性别、财产状况等差异而受到歧视。《未成年人保护法》第十四条规定："学校应当尊重未成年学生的教育权，不得随意开除未成年学生。"新《义务教育法》第四条规定："凡具有中华人民共和国国籍的适龄儿童、少年，不分性别、民族、种族、家庭财产状况、宗教信仰等，依法享有平等接受义务教育的权利，并履行接受义务教育的义务。"第五条规定："各级人民政府及其有关部门应当履行本法规定的各项职责，保障适龄儿童、少年接受义务教育的权利。适龄儿童、少年的父母或者其他法定监护人应当依法保证其按时入学接受并完成义务教育。依法实施义务教育的学校应当按照规定标准完成教育教学任务，保证教育教学质量。社会组织和个人应当为适龄儿童、少年接受义务教育创造良好的环境。"第十四条规定："禁止用人单位招用应当接受义务教育的适龄儿童、少年"。

三、班主任教育权与学生受教育权的冲突与协调[①]

（一）班主任教育权与学生受教育权的冲突

关于班主任教育权与学生受教育权的关系问题，似乎不言自明的是班主任教育权优先于学生的受教育权。因为自古以来教师都被认为是知识、能力的化身，在人生经验、思维等方面都远远优于未成熟的学生，是学生的引路人，而现代的法律更为明确了这一点。如，教师法明确规定"教师是履行教育教学职责的专门人员，承担教书育人，培养社会主义建设者和接班人、提高民族素质的使命"。但有必要明确，学校与学生契约成立之目的是为了实现学生的受教育权利。从逻辑上说，学生的受教育权是班主任教育权确立的基础。换言之，"教师的自由在逻辑上是从属于儿童的学习自由的"，"我们在说教师的教育自由时，并非单纯是教师自由，而应从儿童的受教育权利的观点来考虑。"[②] 而这一法逻辑本源却常常被现实中教师知识技能上的权威地位掩盖了，颇有本末倒置的意味。因而，我们必须清楚：在法理上，儿童、学生的受教育权是优先于教师的教育权而存在的，教师在教育权行使的过程中以不能侵害学生的受教育权为前提。学生受教育权优先的理念既是班主任行使教育权、争取教育自由必须明确的观念，也是指导教育教学实践的基本原理。

---

① 本部分内容主要参考：尹力．教师教育权与学生受教育权的冲突与协调［J］．高等师范教育研究，2002（3）：61-66.

② ［日］浦部法穗．宪法学教室 I［M］．东京：日本评论社，1988. 236-237.

如果我们从无差别的意义上理解学生在学校中的受教育权的话，根据教育法第四十二条的有关规定和常规教育教学活动所包含的主要内容，可以把学生在学校中的实体性权利归纳为：（1）听课权，（2）上课中的发言权，（3）参加科技小组等课外活动的权利，（4）作业并得到教师批改的权利，（5）参加考试，并获得公正评价的权利以及正常升学的权利等。这些基本的受教育权利，在教育实践中却常常因班主任教育权的不当行使而受到损害。

1. 班主任教育评价权与学生受教育权。班主任能否恰当地行使教育评价权，使学生的学业成绩和品行获得公正的评价，直接影响学生受教育权的实现程度。如果我们把班主任的教育评价分为形成性评价和终结性评价两个方面的话，两种评价的适当与否会给学生的学习机会带来不同的影响。其中，形成性评价的合理实施是改善教、学过程的重要手段，它能够使班主任的教建立在学生实际学和掌握的基础上，是充分保障每个学生受教育权实现的重要方面。终结性评价通常是在学期末对学生做的总体评价，尤其学年的学业成绩、品行评定，涉及学生能否升学以及升何种学校。操行评定、优秀称号的评选等常常与推荐制有直接相关，在某种程度上决定中小学生能上什么样的高中、大学乃至未来的命运。因而，有些班主任受个人利益驱动，对某些学生的评定有失公正，使一些学生本应接受与其自身学习能力相适应的教育机会，却因班主任的不公正评定而丧失，这必然对其受教育权的充分实现构成了侵害。有学者指出，在中小学教育中，有损中小学生公正评价权利的班主任行为有①：（1）为升学、评奖之需，班主任或学校有关人员帮某些中小学生私自涂改、伪造中小学生个人档案的学年评语、操行评价等，（2）考试过程中营私舞弊，透露或泄露考试内容，在阅卷过程中以各种方式改分数、扭曲学生的真实学业成绩，（3）以班主任的个人好恶、同家长的特殊关系或因收受家长的财物而抬高某些学生的学业成绩和操行评价，从而压制了品学兼优的学生的正当升学、获奖等机会。

2. 班主任指导权与学生受教育权。班主任具有指导学生的学习和发展的权利，但班主任的“指导”必须遵循两个原则。首先，“指导”必须有利于学生的学习和发展，而不是相反。如果我们把“指导”理解为包含有引导、建议和劝告等意义的话，在教育活动中班主任就学习方法、课外活动、升学问题等对学生所作的劝告、建议也自然属于指导的范畴之内。恰当地、适合

① 张玉光．我国中小学学生权利的理论与实践［D］．北京：北京师范大学教育系，1998：33.

学生特点和发展方向的指导无疑有助于学生身心的良好发展。但现实中，有的班主任出于各种原因，竟给以学生放弃其受教育权的“指导”，这不能不说是严重的侵权行为。比如“班主任要求有缺点的学生退学”[①] 等事件便属于班主任不当行使指导权的案例。其次，在涉及升学等与学生个人的发展有重大相关的选择时，班主任的指导与劝告必须建立在学生或其家长合意的基础上，尊重学生及其家长的意见。在劝告不被学生接受的情况下，如果班主任擅自主张，无疑是一种越权行为。因为，不仅学生的受教育权优先于班主任的教育权，而且，父母具有教育儿童的优先选择权。学生程肯状告母校武汉大学附中侵害其受教育的选择权一案便说明了这一问题。[②]

3. 班主任惩戒权与学生受教育权。关于班主任的惩戒权，虽然班主任权利中未作明确规定，但从现行教育法律的某些规定中可以推论出班主任是有惩戒权的。如，教育法第二十八条规定学校及其他教育机构有对“受教育者进行学籍管理，实施奖励或处分”的权利。而且，教育实践中教育也无时不在行使对学生的惩戒，轻者言语呵斥、站墙脚、打扫卫生，重者赶出课堂、停学乃至开除等。我们赞同，出于教育和管理上的考虑，班主任应该具有一定的惩戒权的观点。但班主任惩戒权的行使不能侵害学生的受教育权利。在教育教学过程中，如果班主任从保障学生受教育权利的终极目的出发，认为教育上的必要，短期地剥夺学生的受教育权，或者出于为了其他学生更好地接受教育的考虑，认为有必要牺牲被惩戒学生的受教育权时，班主任或者学校必须从事实出发、全面考虑，依据法定程序作出适当的决定。但说到此，又不能不承认上述所谓“建议”之无意义性。因为，我们的教育法律中根本没有对学生施以停学、开除等处分时应遵循的法定程序方面的规定。尽管未成年人保护法中规定学校“不得随意开除未成年学生”（第十四条），但同样仅限于这种笼统的规定，并无进一步说明在何种情况下可以开除未成年学生，以及当学生遭遇此种情况时可寻求何种救济等问题。[③] 这种现有法律条款语言的模糊性及缺乏相应的判定标准，不仅难以对实践提供有效的指导，使班主任的惩戒权在合理、合法的范围内行使，反而导致损害学生受教育权现象的发生，这不能不说是严重的问题。

在我国当前的教育实践中，因班主任的惩戒而导致学生的受教育权受损

---

① 褚宏启．学校法律问题分析［M］．北京：法律出版社，1998：104.

② 劳凯声．规矩方圆——教育管理与法律［M］．北京：中国铁道出版社，1997：295.

③ 王辉．论中小学教师的惩戒权［D］．北京：北京师范大学教育系，1999：46.

的常见的典型事例主要有如下几种情况：（1）对学业成绩不好的所谓“差生”受教育权的侵害。学生正是因为不懂更多知识、为了身心发展和更好的社会化才到学校接受教育的，学业成绩差的学生且不说其成绩差的原因——也许正是因为班主任的教育、教学方法不适应学生的认知接受特点导致的——班主任本应尽可能地帮助其学习，至少不要让其丧失学习的机会和能力，而不是从怕学业成绩差影响升学率、影响班级或学校名誉等学校或班主任的利益出发。不让成绩差的学生参加考试，剥夺学生接受考试、检验、评定自己学习情况的权利等属于此类。（2）学生非因故意行为被剥夺听课权的情况。儿童心理学研究表明，儿童，尤其是中、低年级儿童，好奇心强，自控能力差。有时因为玩而忘了有作业这回事，或者在上学路上对某事发生兴趣忘记上学的时间而迟到，或者忘了让家长在作业本上签字，上课时与同学说话、偶尔做点小动作等等，如果学生因诸如此类的符合儿童身心发展特点的非故意行为而受到老师不许听课、不许课上发言等惩戒，过后又不及时给这些学生补课，这无疑也是剥夺学生受教育权利的非法行为。（3）对“品行缺点（缺陷）”的学生施以停学、送工读学校等处分带来的学生受教育权侵害问题。“品行有缺陷”其中的“缺陷”作为正式的法律用语（见未成年人保护法第十三条）是否妥当姑且不论，到底什么样行为的学生算作“品行”有“缺陷”，法律同样也未作明确规定。如果有的儿童在与同学交往中，乐于助人，平时爱劳动，只是上课时好动，自我控制能力差，所谓的不遵守纪律，甚至好冲动，不乏与同学发生争执，这样的儿童能否划归到品行有缺点之列？或者某个儿童因某种障碍导致的行为异常，本质并非品行不良，而由于班主任或家长缺之相应的儿童心理学知识误认为是品行不良，施以不许上课等惩戒，导致该儿童的受教育权受损，其责任是否在班主任？这里面涉及一个很重要的问题：对学生行为的判定问题，以及由谁、通过怎样的程序实施惩戒的问题。1994 年，上海市徐汇中学马某状告徐汇中学不应该送其进工读学校，侵害了他的受教育权。经审理后，法院判决徐汇中学以及共同作出此决定的徐汇区公安分局败诉便是一典型的案例。①

班主任的侵权行为，除了上文谈到的以外，许多校长、班主任滥用具有管理、指导学生的权限，还存在着：随意占用学生的上课时间，指派学生参加一些与学生自身的学习无关的活动。如让学生停课参加商业庆典，为学校

① 劳凯声．规矩方圆——教育管理与法律［M］．北京：中国铁道出版社，1997：311-312.

教师谋利的事件，随意更改教学计划，减少或中止与升学考试无关的、却是国家教学计划中必须开设的课程及其时数。

（二）班主任教育权与学生受教育权冲突的协调

班主任教育权与学生受教育权冲突协调的关键，就是确立以每“个”学生为本的教育教学观。所谓以每“个”学生为本的教育教学观，就是指教和学应建立在每“个”学生作为具有独立人格的学习主体的基础上，并以一种民主的、尊重学生基本人权的教育方式，打破教师——学生这种物化的固定观念，从单个的“学”者——单个的“教”者的意义上，基于无歧视教育的基本原则，真正确立适合学生个人的、可选择的教育教学观。

“从每个学生的实际出发，因材施教”已是被所有教育关系者所熟知的教学原则，因而，尊重每“个”学生的教学观似乎并非什么新的理论。但从围绕着每个学生受教育权的实现的目的出发，必须将其由单纯的教学论中的一个教学原则，上升为教育法实践中的重要教学观念，以渐次内化到每个教育实践者的教育思考和行动态势之中。之所以这样说，主要是基于以下几点考虑：

1. 权利本身的意义。无需多论，权利本身是与作为私的个体、与自由相关联的，对于受教育权亦然，离开了每“个”学生这一前提，学生受教育权的实现也是不可能的。

2. 教育公平理念的必然要求。如果我们无视每个学生之间的个别差异，采用同一的教学方法来教授，这种平等无疑是“非效率的恶的平等主义”[①]。建立在无差别对待基础之上的有差别的、可选择性教育才是真正意义上的公平的教育。“教育上的平等……给每一个人平等的机会，并不是指名义上的平等，即对每一个人一视同仁，如目前许多人所认为的那样。机会平等是要肯定每一个人都能受到适当的教育，而且这种教育的进度和方法是适合个人的特点的”。[②]

3. 学校组织自身的弊端及班主任教育实践中的不适当观念的要求。学校组织的官僚主义特性所带来的专家统治、权力滥用、忽视单个班主任和学生特点，只注重班主任——学生的被物化的学校教育定势、追求社会性效率和

① ［日］奥平康弘．受教育权利［M］．东京：有斐阁，1981：417.

② 联合国教科文组织．学会生存——教育世界的今天和明天［M］．北京：教育科学出版社，1996：105.

平等，而对于个人却是非效率、非公平的班级授课制等现存的学校教育组织制度无不与每“个”学生权利的实现相冲突，因而，有必要确立以每“个”学生为本的教育教学观念。尽管理论与实践的隔阂和脱节是大家公认的事实，但是，“在实践中，不管实践者是否作出了反省性思考，总是包含着某种理论的。因为，在教育实践的过程中已经包含并反映了实践者本身对于教育的思考和行动态势的原理性东西”，① 这种“实践的理论内在性”反过来要求我们阐明合理的教育教学观，以给教育实践者提供反省的契机，剔除不合理的观念。

第二节　尊重学生的学习自主权

“教是为了不教”，要实现之，只有教给学生学习的方法，让学生能够自主驾驭自己的学习。学生自主学习的能力，是在日常学习实践活动中，在老师的指导下，不断实践、锻炼出来的。换句话说，学生自主学习能力的培养，需要班主任、教师尊重学生学习的自主权，让学生在成长过程中，在学习过程中不断获得，而不是教师们“给”他们。

一、学生有学习自主权才能学习好②

所谓“学生的学习自主权”，指的是确实把学习“承包”给学生，班主任只起帮助、支持和指导的作用，不过多干涉和指挥。也就是说，达到什么目标，考出什么成绩，时间如何安排，采用什么学习方法，都由学生自己拿主意，因为这是他的事情，而不是班主任的事情。学习自觉性和学习能力都是在这种自主的学习氛围中形成的。现在很多学生的学习“指标”都是由家长、班主任和老师“下达”的，你必须考多少多少分，你必须进入前几名。学习既然是学生自己的事情，班主任为什么要下达“任务”？这样一来，学生的感觉肯定就是在给班主任“打工”，自己不过是实现班主任伟大计划的“工具”而已。学习目标应该主要由学生自己定。

班主任一定会说：“让他定，他肯定把指标定得越低越好，腾出时间来好

① ［日］筑波大学教育学研究会．现代教育学基础［M］．上海：上海教育出版社，1986：105.

② 本部分内容参考了：许蒙．孩子有学习自主权才能学习好［J］．家长，2010（8-9）：56-57.

去玩啊!”这就是说，班主任只相信自己，不相信学生。如果你认定学生不可能有自觉性，你何必还埋怨学生“没有自觉性”呢？他本来就不会有自觉性嘛！如果你还承认学生可能有自觉性，那你就应该适当监督，逐渐给学生更大的学习自主权。事实上，每一个学生都有上进心，也都有惰性，这种惰性和上进心的矛盾，正是学生的“成长之歌”。这个星期我懒惰了，成绩下降了，班主任没有说我，但我自己觉得挺没面子的，下星期我努力了一点，情况有所好转；后来我又懒了，我又自责，后来我又努力……就是在这种波浪式的前进中，学生增强了意志，提高了自觉性，学会了战胜自我。这种思考过程和矛盾斗争过程，是任何人都无法替代的。

班主任不能替学生增强意志，班主任不能把“自觉性”灌输到学生头脑中去。自觉性是在学生头脑中经过他自己的思想斗争逐渐“生长”起来的。班主任的任务只是在关键时刻给予鼓励和帮助，只要你一过渡干涉，他的成长过程就停止了。

失去了学习自主权，就失去了成长的内在动力，剩下的就只是“推一推，动一动”了。所以，只要你主观地替学生确定目标，逼学生完成，你就是在培养学生的“不自觉性”。现在很多学生消极被动的学习习惯都是家长、班主任和老师这样培养起来的。他们不作自我批评，反而把一切责任推到学生身上，不公平。所以，急躁不得，需要等待；目光短浅不行，要有“可持续”发展观念；“一刀切”不行，要尊重学生各不相同的“发展曲线”；搞“计划经济”不行，要尊重学生自己的成长规律；班主任、教师或家长过分热心不行，要学会“静观其变”。这样培养起来的学生，即使没有人监督，也会自觉学习。同样道理，学习时间如何安排，也应该由孩子自己做主。

有些班主任听说学生放学回家立刻坐在那里写作业就高兴，如果学生打开电视机或者出去玩，班主任就生气。其实学生跟学生不一样。有的学生不写完作业心里不踏实，有的学生不先玩一会儿，写作业脑子就不转。应该让学生自己决定把写作业安排在什么时候。班主任要提醒学生的是：“你自己比较一下，安排在什么时间学习效率最高。”有的班主任禁止学生写作业时听音乐，理由是“一心不可二用”。可是学生偏说听音乐写作业效果好。于是吵得不可开交。班主任说学生不懂事，学生说班主任不讲理。这怎么办？这不难办。可以让学生听音乐写作业试一个星期，不听音乐写作业试一个星期，让学生自己评价一下，哪个效果好，自己决定以后怎么办。但是要告诉学生，自己作决定，自己要负责。也许这样一来，学生反而不听音乐了。当一个学生真有学习自主权的时候，他反而更冷静。“给自己干活儿”，行动往往是谨慎的，因为这涉及他的自身利益；只有给别人干活儿，才会胡来或者瞎凑合。

要想让学生学习好，请给他学习的自主权。给他学习自主权不是撒手不管，这个火候不好掌握是一种艺术。

二、学生自主学习习惯养成的策略

“教是为了不教。”为了真正“把学习的自主权还给学生”，把“教材”变成“学材”，把“教室”变成“学堂”，不断增强学生的自学能力，河南省济源市实验中学的做法值得借鉴。①

（一）强化两种观念，即学生观念和时间观念

1. 强化学生观念。学生是教学活动的主体，是教学工作的出发点和落脚点。为此，我们要求教师在教学中必须强化“以学生为本”的思想。一是要把“每个学生都是好的，每个学生都能成才，要教好每一个学生，不让一个学生掉队”的教育理念转化为行动，以高度的责任心关爱每一个学生特别是“学困生”的成长。二是要充分信任学生，相信学生自己会学，能够学会，敢于放手让学生自己学习，敢于让学生上台讲课、自选研究课题甚至自己写书编报，使学生成为知识的“再发现者”和“再创造者”。三是要增强“师生平等”的观念，善于营造民主、和谐的教学氛围，给学生以建议权和决定权，让学生在学习中有安全感和愉悦感，敢于真实地表达自己，充分地展示自己，自由地思考问题，创造性地解决问题。例如，我校教师李竹笋在教学七年级语文新教材第一单元时，多数学生认为《童趣》和《紫藤萝瀑布》这两课需要老师讲解，《在山的那边》和《生命生命》两篇课文大家讨论一下就可以学会，而《走一步，再走一步》简单易懂，可以让学生课外阅读，她觉得这意见可取，就这么做了，效果挺好。四是要根据学生的认知水平和认知规律选择适当的教学思维和教学方法，切忌教学模式单一化、公式化。五是教师在教学活动中要树立“以人为本”的教学思想，深入挖掘教材中的德育因素，弘扬学生的主体精神，培养学生的健全人格。

2. 强化时间观念。进一步减轻学生的学习负担是课程改革的重要目标之一，实现这一目标的根本出路是提高课堂效率。为此，我校要求教师加倍珍惜课堂教学的时间，充分发挥“主导”（导趣、导标、导疑、导法、导馈）作用，调动学生学习的积极性，使学生紧张有序地自学、质疑、思考、讨论、

---

① 崔云道．把学习的自主权还给学生［J］．河南教育，2004（1）：16-17.

活动、练习，在有限的时间内高质量完成预定任务。同时，要求教师改变传统的“满堂灌”教学模式，每节课讲解的时间不能超过10分钟，以便为学生提供更多思考、活动、练习的时间。我校语文教师孔令宏在讲解《七根火柴》一文时，一堂课仅仅提出了两个问题：一是给文章换个标题，二是请学生谈谈读后感。整堂课教师说话的时间不超过3分钟，给学生留下了大量阅读、思考、讨论、发表意见的时间。这样，真正把课堂教学变成了“学生在教师引导下紧张而有序的自学过程”，为培养、训练学生的各种能力提供了宽阔的舞台。

（二）树立两种意识，即合作意识与竞争意识

1. 树立合作意识。新一轮课程改革不仅要求改变教师的教学方式，还要求改变学生的学习方式，大力开展自主学习、合作学习和探究性学习。在教学中，我们在强调学生“自主学习”的同时，还通过对座位进行优化组合，将学生每6人编成一个“合作学习小组”，要求他们在学习过程中加强讨论，通过相互研究解决疑难问题。这样，既消除了传统教学中所有问题都由教师给出标准答案的弊端，增加了学生相互学习、展示自己的机会，也有效地带动了“学困生”的进步，增强了同学们的团结协作精神。

2. 树立竞争意识。从学生长远发展的角度来看，树立竞争意识是他们适应未来职业生活和社会生活的需要。从我校广大教师的教学实践来看，在教学中适度开展竞争活动，有助于活跃课堂气氛，调动学生学习的积极性。教学中的竞争活动可以是学生之间的竞争，也可以是小组之间的竞争。例如在学习《丑小鸭》一文时，可以让学生比赛“看谁在预习后提出的问题有新意，有价值”；在学习初二英语“What’s the weather like?”一文时，可以在小组间开展对话表演赛，等等，开展这些活动对提高学生的学习质量是大有裨益的。

（三）构建一种模式，即“先学后教”的课堂教学模式

一位教育家谈到教和学的关系时说：“学先于教并决定着教，教后于学并服务于学。”又说：“以学定教，无学则不教。”叶圣陶先生在论述语文教学的最终目的时说：“（让学生）自能读书，不待老师讲；自能作文，不待老师教。”他们都把学生的“学”放在比教师的“教”更重要的位置。“先学后教”，有利于突出学生的主体地位，增强学生的探究精神；有利于增强学生解决问题的能力，提高课堂教学的实效。当然，“先学后教”的“教”是指教师引导、帮助学生处理经过努力仍不能解决的问题；至于学生经过思考讨论

已经明白的问题，教师完全不必饶舌。例如我校教师师社敏在教学《斑羚飞渡》一文时，先让学生自学课文并合作完成识记字词、概括段意、总结中心思想等任务，然后，为了加深学生对课文的理解，她又做了三项工作：一是展示“斑羚飞渡”的动态画面，二是引导学生谈学习课文的感想，三是对课文内容进行适度的拓展延伸，并把讲授时间控制在10分钟之内。这种教学模式，既减轻了教师的负担，又提高了学生的能力，可谓一举两得、事半功倍。

在推行“先学后教”这一教学模式的过程中，我校要求教师努力实现两个转变：一是实现由“重教”向“重学”的转变。要求教师在教学中要加强学法指导，培养学生的学习能力，如指导学生如何预习、如何复习、如何记读书笔记、如何在网上搜集资料、如何快速把握文章的主题、如何提高记忆效率、如何把作文写得富有新意、如何进行逆向思维等，然后在大量的实际训练中使学生掌握这些方法；同时，要想方设法增加学生的学习兴趣，让学生“愿学、会学、善学、乐学”。二是实现由“重知识传授”向“重全面发展”的转变。与“应试教育”相比，素质教育强调学生全面发展、主动发展，强调教育过程和情感体验，强调弘扬学生个性、发展学生特长。所以我们要求教师在教学中不仅要引导学生掌握好基础性的知识，而且要特别注意培养学生的独创精神、开拓精神和人文精神，尊重学生的个性和独特体验，培养学生积极的情感、态度、价值观，使学生形成良好的道德品质、心理素质和科学精神。这样的教育，我们称之为“真正意义上的素质教育”。

（四）实施两项制度，即“三级预习”制度和“三级备课”制度

在“自主学习”实验中，我们借鉴江苏省洋思中学的做法，实施了“三级预习”和“三级备课”制度。“三级预习”，即大预习、中预习、小预习。大预习：要求学生利用假期时间对下学期各科教材进行粗读，了解各科教材的基本轮廓和结构，建立起大的知识框架；中预习：要求学生利用星期天对下周教材的内容进行精读，发现、找出并初步解决疑难问题；小预习：要求学生利用晚自习对次日要学的内容进行细读与讨论，通过小组研讨，解决问题，形成学案。“三级备课”即一级备课、二级备课和三级备课。一级备课：提前一周备课，时间是在星期一下午，安排周教学进度和各课时的主备课人；二级备课：利用集体备课时间，主备课人发言，讲解教案设计的各个环节，备课组成员相互商讨主备课教案的成功与不足，提出建设性意见；三级备课：各教师在主备课教案和参阅学案的基础上，结合本班学生的特点，进行适当修改和补充，形成适合本班教学实际的教学方案，确保精讲和训练到位。

为了提高课堂教学的质量，我校还要求教师在备课、上课时要坚持“两个起点”：一是以课程标准为起点，不随意提高或降低标准；二是以中下水平的学生为起点，把他们作为课堂辅导、检测的重点，真正把“教好每一个学生，不让一个学生掉队”落到实处。

（五）培养两种习惯，即良好的学习习惯和行为习惯

教育家魏书生说：“教育工作中最关键的，就是培养学生良好的习惯。”我们大家也常说，教育的成果无非是一切已学过的东西都已忘掉的时候所剩下来的东西。这里的“所剩下来的东西”，指的就是学习习惯和学习能力，是能够“让学生受用一辈子的东西”。我校在教育教学工作中，不仅注重培养学生良好的学习习惯，而且注重培养学生的行为习惯。良好的学习习惯有很多，诸如提前预习的习惯，认真听课的习惯，做学习笔记的习惯，乐于动脑的习惯，勤于复习的习惯。良好的行为习惯也有很多，诸如早睡早起的习惯，走进教室保持安静、讲究卫生的习惯，上课大声回答问题的习惯，文明礼貌的习惯，坚持体育锻炼的习惯等。在培养学生习惯时，我们一是从小处着手，让学生坚持每天踏步唱3分钟军歌、写3分钟日记、进行3分钟记忆练习等，在做一件件小事的过程中使好的行为习惯得到强化；二是注重说服教育，提高学生养成良好习惯的自觉性。

（六）采取六项措施

一是实施“爱心鼓励教育”。要求教师善于将自己的爱心、激情、微笑、幽默等带进课堂，用自己富于变化的眼神和形象生动的语言渲染气氛，营造民主、和谐的教学环境；善于捕捉学生思维的火花、抓住学生的点滴进步及时给学生以鼓励和表扬，最大程度地调动他们主动学习和参与活动的积极性。

二是实行“小先生制”。通过“兵教兵”“合作学习”等教学形式，培养学生的合作精神。这些做法不仅可以造就一大批的“小先生”“小老师”，而且还可以大大减轻教师的教学负担，同时，也有利于教学质量的大面积提高。

三是大量使用现代教育手段。我校200年建成了多媒体教室，2002年10月又建成了校园网，实现了与北大附中远程教育网联网。广大教师的教学实践证明，多媒体和校园网等现代化教育手段的使用，可以使枯燥乏味的教学内容变得生动直观，使纷繁复杂的教学内容变得通俗易懂，从而较好地调动学生学习的积极性，大大增强课堂教学的效果。

四是实施“课堂开放制度”。具体做法：一是把每月的最后一周定为“家长听课周”，学生家长可随时到校了解学生学习情况，对教师提出合理化建

议，这一做法不仅促进了教师对教材教法的研究，还加强了家庭与学校的联系，产生了良好的社会效益。二是坚决把晚自习时间还给学生（教师不准讲课），给学生提供足够的自学时间。三是规定教师不准强迫学生按自己的思路学习，学生可以根据自己的学习情况选择适合自己的学习内容和学习方式，这一做法较好地落实了“因材施教”的要求。

五是坚持“课前3分钟演讲”。要求学生每天上课前进行以“学会生活，学会做人，学会创新”“胸怀开阔，做一个大写的人”等为主题的即兴演讲。这一活动为每一个学生展示自己的才华提供了舞台，有效地提高了学生的思想素质和语言表达能力。

六是要求党员干部承包“学困生”。2000年，我校推出了“党员干部帮带学困生”制度，要求学校每个党员干部承包3个“学困生”，重点对学生的思想、习惯、学习方法进行指导，并建立学生成长档案。这一做法在相当程度上促进了学困生的全面转化，为教学工作取得大面积丰收提供了保障。

本章小结：保护学生平等的受教育权和尊重学生学习自主权，可以说是一个问题的两个方面。保护学生平等的受教育权可以有消极的保护，也可以由积极的保护。消极的保护，就是班主任、教师不侵犯学生的受教育权，比如不剥夺学生听课的权利，但至于你是否在课堂认真听课，则不大关心。对于你的学习方法是否有问题，学习能力是否持续提升，不太关心等。消极的保护，也就是常说的，消极不作为，有怠慢之嫌。积极的保护，就是班主任、教师，不仅是不侵犯学生的受教育权，而是积极主动的担当，帮助学生成长，帮助学生养成良好的学习方法，奠定学生终身学习的本领。积极保护，也就是常说的积极作为。作为班主任的你，该如何选择呢？

【思考题】

1. 简述受教育权的涵义。
2. 简述学生学习自主权的涵义。
3. 结合实际论述学生自主学习习惯养成的策略。
4. 结合实际论述班主任教育权与学生受教育权的冲突与协调。
5. 案例分析：

据丽丽的父亲介绍，一个星期六的下午，丽丽（初一）学生和邻居的女儿婷婷一同出了门，当晚，11时还未回家。她和婷婷的母亲在多处寻找无果的情况下，去派出所报了案。在派出所，他接到已回到家中的丽丽的电话。五分钟后，他在自家楼下见到了女儿和她的同学小丹。当时他很气愤，追问女儿去哪儿了。两个孩子说她们去宝鸡大酒店参加同学的聚会了，并说婷婷和几个同学还在酒店里。随后，他和婷婷的母亲及派出所干警一同来到宝鸡大酒店，当时婷婷和几个同学在房内闲聊。十天后，参加聚会的六名同学被校方停课，对此，该校一位姓蒋的副校长说，事发后三天，学校找参加聚会的学生谈话，她们承认当晚在宝鸡大酒店包了两个房间，在房间内洗澡并一起玩耍。这件事情严重败坏了学校的声誉，因此学校令丽丽及参与这次聚会的其他同学停课，并建议家长为孩子转学。（材料来源：摘编自：2004 年 3 月 24 日"南方网"，转引自雷思明，《给教师的 60 条法律建议》，华东师范大学出版社，2010 年版，第 81 页。）

思考：案例中学校的做法违法吗？为什么？作为班主任该如何处理此类事情呢？

【阅读导航】

1. 申素平．教育法学：原理、规范与应用［M］．北京：教育科学出版社，2009 年版。

2. 王柱国．学习自由与参与平等：受教育权的理论和实践［M］．北京：中国民主法制出版社，2009 年版。

3. 劳凯声．变革社会中的教育权与受教育权：教育法学基本问题研究［M］．北京：教育科学出版社，2003 年版。

4. 陈韶峰．受教育权纠纷及其法律救济［M］．北京：教育科学出版社，2010 年版。

第八章　基于法律法规的家校互动策略

案例导读：2005年11月14日清晨5点55分，山西省沁源县沁源二中东边500米处的山西省汾屯公路郭道镇段上发生了一起重大的交通事故，一辆大货车冲向在马路上正在出早操的沁源二中的学生队伍，造成21名师生死亡，另有18名学生重伤住院，死亡学生年龄最小的15岁，最大的17岁。事后，沁源县下发了紧急通知，禁止全县所有中小学在公路和马路上跑操。

针对此次事故，政府、教育界与大部分媒体都认为教育资源短缺是其主要原因。然而一则记者采访引起了笔者从另外一个角度对这起事故的思考。事发当天，一名记者曾采访一位受害学生的家长，问家长是否知道学校组织学生早晨在公路上出操，家长说：知道。记者又问：你是否考虑过这种早晨出操的方式具有很大的安全隐患。家长说：知道，孩子曾多次向家长提及早晨出操很不安全，有很多次都差点出车祸。记者问：那你们为什么不向学校建议呢？家长回答：没有考虑过与学校进行沟通，而且根据以往经验，建议也没有用，学校很少考虑家长的意见，除非学生犯错误或者出了事故后，学校才会想到家长。（材料来源：聂建峰，贾应丽．论我国现阶段实现家长教育参与权的重要意义［J］．辽宁教育，2006（12）：4.）

从这一采访中我们可以看到，在我国现阶段，严重缺乏家长对学校教育管理的参与。从教育权理论分析，家长的教育权伴随孩子的出生而产生，是教育权的主体之一，也就是说在学校教育管理中应充分重视家长的参与；从法律角度来说，参与学校教育管理的权利是家长教育权的重要组成部分；从现实角度来说，家长参与学校教育管理，无论对学生的成长还是学校的发展甚至整个国家的进步都具有重要的意义。在我国，家长参与学校教育管理长期以来都不被重视，特别是在农村与小城镇。因此，认真分析我国现阶段家长教育参与权缺乏的原因，充分发挥家长在教育管理中的重要作用，具有十分重要的意义。

第一节　维护家长的合法权益

家长不仅是孩子的第一任老师，也是终身老师。家长对孩子有着天然的教育权利。这一教育权利，不因孩子暂时离开家庭进入学校而丧失。所以，家长对孩子在学校的学习、生活情况享有知情权、参与权，甚至还有部分决策权。这些，需要今天的学校，今天的班主任加以重视。

一、尊重家长的教育权

（一）家长教育权的涵义

家长教育权，简单地说就是学生家长（未成年人的父母或法定监护人）依法享有的、与子女或被监护人接受教育相关的各种权利。

家长教育权利应具有以下四个要素：（1）家长教育权利主体通过权利主张应该得到某种利益，能否实际获得利益或利益大小将直接影响主体行使权利的积极性。（2）家长教育权利主体可以根据法律规定，要求权利相对方为其提供一定条件，并有在其权利受到侵害时申请救济的要求权或称教育主张权。（3）家长教育权利主体的资格可以转化为谁有权行使家长教育权的问题。（4）家长教育权利主体可以按照个人意志去行使或放弃家长教育的权利，而不受外界干预。①

父母的教育权②，不仅指父母在家庭中享有的对子女的教育权利，还包括父母对学校教育所享有的权利。在美国，以《亲权卡》为例，已通过实体法明确规定父母在学校教育中享有多方面的权利，主要表现为父母的学校选择权和学校教育参加权。而目前在我国，父母在学校教育中的权利和地位都不是很明确。③

现代家长教育权的拥有与实现很大程度上依赖学校教育权。因为家长教育权主要是在学校中实现的，而且在现实中与家长对学校教育教学的支持、资助密切相关，与学校管理体制、学校的管理思想和经营模式有关。因此，

---

① 何西宁．试论我国家庭教育权［J］．当代经理人，2006（11）．

② 有的学者用家长教育权，有的学者用父母教育权，本书不作区分，视两者为同义词。

③ 尹力．试述父母教育权的内容——从比较教育法制史的视角［J］．比较教育研究，2001（11）：11.

父母的教育权，就内容上至少应包括家庭教育权与学校选择权。家长教育权涉及两个重要的方面：一是父母的教育自由权，主要是选择学校的自由；二是父母的教育要求权，主要是对学校教育的参加权，包括知情权、提案发言权和共同决定权。①

（二）我国家长教育权的现状

教育实践中家长教育权难以实现②。在教育实践中，我国学生家长参与学校教育的现状可以从以下几个方面加以分析：第一，教师与家长的关系模式不利于家长教育权利的实现。一方面，教师与家长之间的联系、互动仅仅是偶发性的，教师通常是在学生出现问题时才要求家长介入学校教育；教师与家长的合作只针对突发事件做出反应。另一方面，教师与家长的关系或者说学校教育与家庭教育的关系是一种单向支配的关系。教师把握着方向与速度，而家长则处于被动、从属的地位，缺乏独立性。第二，家长权利处于权利的边缘位置，可有可无，突出表现在没有决策权。即使在比较注重家长作用、与家长联系密切的学校，也只限于对学校教育活动，包括听课、参加运动会等具体活动的直接参与，而非决策层次的参与。他们主动联系家长的目的主要不是为了听取家长的意见，而是向他们提出学校的要求，使家长配合学校的工作。第三，家长主动或被动放弃教育权。他们认为教育是学校的事情，他们的责任则主要是让孩子吃饱穿暖，没病没灾。有的家长虽然有时试图尽点教育义务，但教学科目的多样性和考试的复杂性使他们无法实际涉及学校教育。还有一类家长畏于学校教育的权威性，被迫放弃了教育权利。因此，我国教师除了通过作业、上课情况和考试成绩等来了解学生的基本学习情况以外，不必再向家长了解更多信息。于是，学校教育的权威性和家长教育的依附性同时得到强化。

学校与父母间的沟通与联系不外乎处于如下的状态③：第一，即使在比较注重家长作用、与家长取得联系的学校，也只限于对学校教育活动，包括听课、参加运动会等具体活动的直接参与，而非意思决定意义上的权利参与；第二，这些学校使课堂走向社会，让家长参与，大多是对教师师德的一种要求。从家长的角度看，一般认为，能得到学校的许可听课、提出意见，无异

① 姜国平，张晓青．我国家长教育权的缺失及其实现［J］．教学与管理，2008（9）：38.

② 刘彬．论我国家长教育权的缺失与保护［J］．教学与管理（小学版），2009（2）：23.

③ 尹力．试述父母教育权的内容——从比较教育法制史的视角［J］．比较教育研究，2001（11）：15.

于学校教师对自己的一种恩赐，而并未觉得是自己应有的权利；第三，学校召开家长会、开办家长学校固然是件益事，但其宗旨一般是让家长了解儿童的身心特点和自己孩子的学习情况，旨在提高家长家庭教育的能力，而非通过家长会、家长学校的形式行使自己在学校中的权利。第四，有的教师或校长认为：家长根本不懂学校教育，让他们参与学校的活动、决策，完全是一种干涉和障碍。因而，根本不关心与家长的联系。

（三）我国家长教育权缺失的原因①

1. 家庭教育权在立法上的缺位

我国至今并无家庭教育权方面的法律，从我国现行的法律文本上找不到把教育作为父母权利的规定如我国《宪法》第四十九条规定，“父母有抚养教育未成年子女的义务。”我国《民法通则》第十六条第一款规定，“未成年人的父母是未成年人的法定监护人。监护是对被监护人的财产权利、人身权利等其他权利的保护职责。”因此，对监护人来说，它实质上是一种义务。我国《教育法》第四十九条亦规定，“未成年人的父母或者其他监护人应当为其未成年子女或者其他被监护人受教育提供必要条件。未成年人的父母或者其他监护人应当配合学校及其他教育机构，对未成年子女或者其他被监护人进行教育。”从法律条文来看，我国父母教育权最典型的性质是义务性。法律强调的是父母的义务，而不是权利。权利是可以放弃的，而义务则不能放弃。因此，由于我国法律没有将家长规定为教育的权利主体，这种仅有教育义务，而没有权利的家庭教育权，在实际生活中必然不利于家庭教育权的实施。

2. 学校与教师的权威意识

在“以学校为中心”的强烈意向下，“师道尊严”的传统心理迁移到了家长与教师的关系上。教师与家长不自觉地将自己的角色定位为领导者和被领导者。学校始终是一个享有教育特权的地方。在那里，教师似乎总是对的，而学生好像只有听从、服从的权利，国家的教育在某种程度上更加重了这种权威倾向。家长在与教师的交往中，具有了一种习惯的心理定势：被动、等待，并存在一定的心理障碍。家长们一般不主动去与教师谈话，即便谈话也显得诚惶诚恐，不能坦率、自信地说出自己的意见。

---

① 原因的一至三点参考：姜国平，张晓青．我国家长教育权的缺失及其实现［J］．教学与管理，2008（9）：39-40.

3. 与家长自身的素质有关

平常家校沟通微乎其微，而且是单向的，只有当孩子在学校产生问题时，教师才主动与家长进行联络。研究表明，这是因为家长缺乏与教师进行交流的动机。一类家长缺乏参与学校教育的意识，没有认识到参与是自己的权利与义务。他们认为，教师既然是教书育人的专业人员，那么教孩子的责任全在学校与教师。另一类家长属于放心型或乐观型家长，特别是学习成绩比较好的学生家长。他们认为，教师完全有能力教好孩子，自己没必要对学校有关的事情插手或干预。还有一类家长属于自卑型家长。这类家长自身没有多少学识，素质较低，与教师交往生怕自己的无识无能被揭穿。

4. “儿童人质论”对父母权利主体意识的抑制①

我国父母在学校教育中的某种程度上的无权利状态，既与现有的法律、法规缺乏对父母教育权利的具体规定有关，也与一定的历史传统有关。阻碍父母主体意识发挥——包括权利要求、对学校教师不合理对待或行为以质疑或对抗，多采取卑躬屈膝态度的一个重要原因在于：自己的孩子在教师的手里，如果强调自身的意识和主张，对不合理的教师行为提出异议，发表意见，担心教师会给自己的孩子气受，导致孩子教育上的不利。在日本，父母这种对教师想说也不能说的意识，被称为“儿童人质论”。

父母存在的“儿童人质论”的想法可以说是正常的，说明其本身对孩子教育的重视，担心提意见后教师会对孩子不好。因为，中小学生本身尚未形成一定的自学能力，加之现有的班级授课制这种集体划一的教学形式、部分教师职业道德的低下，难免或者说更容易使那些不善于听取家长和他人意见的教师做出相应的带有报复意味的、对儿童不利的行为。何况，我们的大多数父母既没有能力自己在家中或请教师在家中教育子女（法律是否允许姑且不论），现有的教育制度又不允许儿童随便转学校、换班级。可见，我国当前的教育制度等现实状况不能不使父母从“人质论”的意义上考虑问题。父母没有自由选择教师、选择学校的权利，尚未形成父母集团以集体方式发表意见，制止教师的某些不合理、不合法行为的现实。因而，倘若不从法律上赋予父母一定的在学校教育中的权利，形成父母集团，建立相应的申诉渠道，使父母转变儿童人质论的观念，以权利主体的身份，即以“父母教育主权论”代替之，则家长的配合与参与也只能是表面的、带有形式主义的意味。而缺

① 尹力．我国父母教育权的现状、问题与对策［J］．江西教育科研，2001（10）：5.

乏家长的真正意义上的参与和监督，就不可能从根本上改变我国学校教育中某些官僚主义的弊端，教师滥用权力，体罚、辱骂等无视儿童人权的教育教学行为便不可避免地会随时发生。

二、尊重家长的知情权与参与权①

日本学者结城忠认为，父母教育参加权的种类主要有如下三种：一是知情权。即了解学校有关信息的权利，如教学计划、教学内容、教师的教学方法、成绩评价标准与方法等，以及与此相关联的父母直接参加的访问、参观学校的权利、进课堂听教师上课的权利等。教育行政机关、学校有义务为父母提供其所必要的信息，包括学生个人档案的记录等。知情权可以说是父母的学校参加的基础性权利，是确保父母参与学校、公共教育运行必不可少的权利。二是提案、发言权。这项权利意味着教育行政当局、学校在作出某项决定、措施之前，不仅从程序上要向父母说明理由，即父母有权利要求提供有关该决定、措施的说明，而且父母有权对该措施提出意见和建议。三是共同决定权。这是更强有力的参加权形态，是指父母与教育行政当局、学校处于同权的立场上，保障其共同参与、决定的权利。即，教育行政当局或学校对教育上的措施、决定必须征得父母的同意，如果父母不同意，则该项措施、决定便不能生效。故而，也可称为否决权。这三种权利形态可以说以知情权为前提，权利领域、权利强度逐渐增强。当然，这只是理论上的一种笼统划分，实际上参加权利也属于立法政策上的重要课题，尤其共同决定权的保障，更需要得到法律的认可。

父母的学校参加权，尤其是对于教育行政当局、学校措施的共同参与、决定权，通常是由父母集团的代表行使。在法制上承认父母参加权的国家，有关的措施、决定，大多是由有父母代表参加的，包括校长、教员、学生、甚至社区居民、教育行政人员参加的组织共同决定。这种组织在不同国家有不同的名称。如，德国称为学校会议、美国通常称为学校委员会、英国称为学校理事会等。尽管名称不同，但其宗旨或曰基本精神却是一样的。即，强调父母、学生对学校教育乃至公共教育的运营管理等的参加权利，并使之得以真正行使。在此以德国为例，对作为集团的父母的学校教育参加权利的法

① 本部分主要参考：尹力．试述父母教育权的内容——从比较教育法制史的视角［J］．比较教育研究，2001（11）：14-15.

制化和具体行使作一简要介绍。

德国在20世纪60年代后半期至70年代中期，进行了大规模的教育改革，其中，父母、学生学校参加的法制化是非常重要的方面。1973年由德国教育审议会的教育委员会发表了一项劝告——《关于教育制度组织与管理的改革，第一步是强化学校的自律性和教员、学生、父母的参加》，这份劝告显示了70年代学生、父母学校参加法制化的基本理念。正是基于这种理念，各州才使父母、学生的学校参加真正走上法制化、并切实加以实施的轨道。比如，北莱茵—威斯特伐利亚州制定了一项新的有关学校参加的法律。即，《关于学校制度参加之法律》（简称《学校参加法》），对参加权限和参加组织作了具体的规定。规定在各个班级、学年、学校，由一定数量的教员、学生、父母组成不同层次的组织（一般称为父母会、学生会、教员会），同时，还规定必须有与“教员会”相并列的“最高意思决定机关”——学校会议。学校会议由教员、学生、父母代表组成，主要审议如下事项：关于教学内容形成及教学方法适用之原则；教学安排及课程设置之原则；关于成绩评价、成绩判定、考试及升级等规定统一适用之原则；关于父母对话日实施之规程、学校内规则的制定等20余项。

学校教育法实施五年后，基于该法对“参加”进行了评价，并提出了报告。报告书指出，尽管在信息、情报方面存在着质、量的不充分等问题，以及并未充分灵活地利用参加的机会，但从总体上来看，有八成的父母、学生回答表示“满足”，有六成以上的教员、八成以上的校长分别表示“对合作的期待是能够实现的”。总之，显示了肯定性评价的倾向。

三、我国家长教育权实现的对策①

（一）完善家长参与学校教育权利的制度，发挥政策的指引作用

国家通过立法的手段，对家长教育权利的含义内容、行使、保障等作出明确的规定，使家长教育权利的行使具有法定的基础，这是家长教育权利保障的前提条件。我国的《宪法》、《教育法》、《义务教育法》等法规和学校的规章制度应作出必要的修订，让父母明确参与学校教育是他们的权利，同时提高学校对家长这一权利的认识，减少对父母的排斥。国外的一些做法值得我们借鉴，尤其是经济合作与发展组织成员国的经验。如美国在1974年

① 姜国平，张晓青. 我国家长教育权的缺失及其实现［J］. 教学与管理，2008（9）：40.

《93—380 公法》中明确规定联邦资助项目的学区和学校应成立咨询委员会，委员会中必须有大量的学生家长，让家长直接协助教育项目的实施和管理；丹麦、法国、德国、爱尔兰和西班牙等国制定法律，明文规定政府的教育政策制定委员会中要留有家长代表的席位。此外，政府还应积极采取措施，制定政策，促进家长对教育事业的参与程度，促进学校与家长的合作。

（二）转变学校管理理念，加强学校与家长的合作

在家校合作中，家庭与学校是合作者的关系而不是专家和顾客的关系。传统的家庭参与途径，主要是要求家庭参与学校事务，如志愿服务、筹集资金、提供课堂帮助，或是确保孩子在家中完成家庭作业等。尽管也具有很重要的功能，但家庭参与的合作者关系功能更广阔，且更富有成效。家庭可以通过很多方式为学生在学校取得成绩做出贡献，即便是这些贡献不能直接满足学校当前的需要，它们也会受到重视。合作者关系有利于孩子学习和家校共同承担责任，家校关系的重点应放在双方的合作者关系上，最终的共同目标就是能持续给学生提供他们学校行为表现的信息。

（三）教师要树立合作意识，与家长进行良好的沟通

良好的沟通对学生学业的成功至关紧要。家长与教师之间最重要的是，要对诸如学生的进步、需要和兴趣、教育目标、教育行为和学业成就期望值、课程设置与规章纪律，以及课堂活动的通知等进行信息共享。这样能有效帮助家长进一步理解学校目标。而且良好的沟通还可在家校间建立起信任，这样可更成功地促进家校合作。实行新型的家校合作，需要具有相应素质的合作队伍。要为教师补上家校合作的有关理论与技能，师范院校中要将相关内容充实到有关的课程中。

（四）家长教育权利的保障和实现也必须依靠家长

家长的文化素质和教育水平是有效开展家校合作的重要因素，因此要建立家长学习制度，举办家长学校等多种形式，组织家长学习，广泛宣传家长的教育权利，提高家长的教育水平，帮助家长提高参与学校民主管理的意识水平和管理能力。但最重要的还是要让家长充分认识到，他们的支持会影响孩子的学业成绩。当然，家庭参与不见得能把一个学业成绩低的学生完全转变，但肯定可以帮助孩子在学校表现得更好。

（五）建立相应的组织、机构，保障家长教育权落到实处

建立家长委员会，委员一般由家长选举产生，以建设性的姿态参与学校

决策，保障其在新课程实施中应有的监督权、建议权、决策权等；成立家长参与学校委员会，吸纳学生家长参与学校民主管理和决策，建立科学的、民主的学校教育管理和决策机制；成立家长参与学校权利保护委员会，监督和保障家长权利不受侵害和顺利行使。当然，父母应当依照法律参与学校教育，使自己的权利得以实现。在参与学校教育的过程中，父母的行为应是有法可依的。父母实现了自己的权利，又不使学校的自主性受到干涉。

当然，班主任在尊重、维护家长教育权方面所做的工作主要是建立学校、课任教师与家长之间的有效联系。同时，就班级微观层面，最大限度的尊重、维护家长教育权。

第二节　审思学校的合法权益

在实际的教育教学中，学校往往从自身的组织利益出发，或者从便于学校管理的角度出发，强调学校的利益。如学校和教师反复强调的是：热爱学校和班集体，遵守校纪班规，尊敬老师，友爱同学，勤奋学习等。然而，学校、班主任和教师所强调的学校利益，并非都是学校的合法权益，或者说并非都是学校的正当利益，有的甚至是与学生身心健康发展相悖的所谓的“利益”。因此，有必要对学校的合法权益进行理性的、法律的审思，剔除那些借维护学校利益之名，行小团体私利之实的行为。

一、认知学校的权利与义务

（一）学校的权利

根据我国教育法律规定，我国学校享有的具体的权利可以概括为如下方面：

1. 按照章程自主管理

学校章程是指为保证学校工作正常进行，就办学宗旨、内部管理体制及各项重大原则制定的全面的规范性文件。我国《教育法》把“有组织机构和章程”列为设立学校必备的条件之一，把“按照章程自主管理”作为学校的权利之一。1999 年，教育部在《关于加强教育法制建设的意见》中又指出：“各级各类学校特别是高等学校要提高依法管理学校的法律意识，根据法律、法规的规定，尽快制订、完善学校章程，经主管教育行政部门审核后，按章程依法自主办学。”学校章程的主要内容有学校的名称、地点、规模、宗旨、体制、任务、法人代表、人事制度、课程与教学制度、招生制度、财务制度等等。

2. 组织实施教育教学活动

组织实施教育教学活动是学校的职责和权利。教育教学活动是学校的中心工作，学校有权根据国家有关教学计划、教学大纲和课程标准等方面的规定，根据学校的章程自主组织学校教育教学活动。教育教学活动分课堂教学和课外活动，其组织实施工作可以分为多个方面，主要包括教学管理、教师教学、学生学习和课外活动的组织等。

3. 招收学生或者其他受教育者

学校是为受教育者提供教育服务的机构，这种服务必须通过招收学生或受教育者来实现。学校根据自己的办学宗旨、培养目标、办学条件、办学能力和学校类型，根据根据有关的招生法律、规章和制度或政策，决定招生人数，制定本校的招生办法，发布招生广告，本着合理、公开、公平、科学的原则，进行招生工作。9 年制义务教育实行的是免费教育，所有适龄儿童都办学入学；义务教育后的教育则实行的是择优录取。

4. 对受教育者进行学籍管理，实施奖励或者处分

学校可以根据有关法规制定具体的学籍管理办法，还可以根据根据有关学生奖励、处分的规定制定奖励和处分办法。学校根据这些办法对受教育者进行具体的管理。学籍管理的基本内容有学生的政治思想、成绩与考核、升级、留级、降级、转学、休学、复学、退学、报到与注册、考勤、奖励与处分等。学籍管理的目的是通过规范化的方法对学生进行严格管理，以培养德、智、体、美、劳全面发展的人。学生奖励是指学校对受教育者在德、智、体等方面的优良表现，给予精神或物质上的表彰，比如颁发奖学金、给予“三好学生”称号。学生处分，又称学校纪律处分，是指学校依据教育法律或其内部管理制度对违反学校纪律的学生的一种校内惩戒或制裁。目前我国对中小学生的处分方式共有六种，即警告、严重警告、记过、留校察看、勒令退学、开除学籍。对义务教育阶段的学生一般只适用于前四种，即警告、严重警告、记过和留校察看，其中对小学生不适用留校察看的处分方式；对非义务教育阶段的学生，这六种处分方式均可适用。学校应该根据学生违纪的性质、情节、后果等具体情况，选择恰当的法定处分方式，做到处分适度。

5. 对受教育者颁发相应的学业证书

学业证书是学校按照国家有关规定颁发的证明学生文化程度和学历水平

的证件，是学生经过学习并通过考试达到国家规定标准后获得的学业资格证明，受国家法律保护和认可。一般来说，学生在学校里学习一定时间，达到规定标准，就能够获得毕业证书或者学位证书。对受教育者颁发相应的学业证书，这是学校的权利，也是学校的义务。学校有权根据国家有关学业问题管理的规定，对经考核成绩合格的受教育者，按照其类别颁发证书。如果学校在招生、考试、录取或者教学环节中不严格要求，降低对学生的要求，属于违法行为。《教育法》第 80 条规定："违反本法规定，颁发学位证书、学历证书或者其他学业证书的，由教育行政部门宣布证书无效，责令收回或者予以没收；有违法所得，情节严重的，取消其颁发证书的资格。"

6. 聘任教师及其他职工，实施奖励或者处分

教师是履行教育教学职责的专业人员，对教师的管理是纳入到国家的人事管理制度中进行的。但国家对教师的管理又是授权学校来实施的。学校有权根据国家有关教师和其他教职工管理的法规、规章和主管部门的规定，从本校的办学条件、能力和实际编制悟况出发，自主决定聘任、解聘教师和其他职工，有权制定本机构教师及其他人员聘任办法，签订和解除聘任合同，有权对教职员工实施奖励和处分及其他具体管理活动。

7. 管理、使用本单位的设施和经费

学校作为法人，依法享有法人财产权。同时，管理、使用本单位的设施和经费义被规定为一种办学自主权，这说明这一权利在办学过程中具有重要的意义。学校对其占有的场地、教室、宿舍、教学设备等设施、办学经费以及其他有关财产享有时产管理和使用权，必要时可对其所占有的财产进行处置或获得一定收益。但这项权利在行使时须有一定限制，否则会损害公共利益，影响正常教育活动，或造成国有资产流失。学校用于教学、科研的资产不得随意转移使用目的，不得用于作抵押或为他人担保。

8. 拒绝任何组织和个人对教育教学活动的非法干涉

为了维护学校的正常教育教学秩序，必须有效制止来自任何方面的非法干涉。这种非法干涉在现实生活中形式多样，如强占校舍和场地、侵犯师生的人身安全、随意要求停课、对学校乱摊派等等。抵御非法干涉是一项重要权利。学校对来自行政机关、企业事业组织、社会团体及个人等任何方面的非法干涉教育教学活动的行为，有权予以拒绝。

9. 法律法规规定的其他的权利

以上是学校的基本办学自主权。这些权利的实现有助于调动学校的办学积极性，面向社会，依法自主办学。同时，也将促进政府及其教育主管部门

转变职能，简政放权，加强宏观调控，把该管的事情管好。当然，学校除享有上述权利之外，还享有现行法律、行政法规及地方性法规赋予的其他权利，以及即将制定的法律法规确立的有关权利。

法律确认的权利，如果没有国家强制力作保障，也会落空。因此，学校的办学自主权只有得到国家的保护才能实现。《教育法》在列举上述办学自主权后，规定了国家保护学校的合法权益不受侵犯的原则。国家对侵犯学校合法权益的违法行为所实施的法律制裁一般分为司法制裁与行政制裁两大类。司法制裁是由国家司法机关对违法、犯罪行为实施的惩罚性强制措施，可分为刑事制裁、民事制裁和经济制裁等；行政制裁是由国家行政机关对违反行政法律、法规的单位或个人所实施的强制措施。根据行政违法行为的性质、程度、实施行政制裁的主体和承受行政制裁的主体的不同，可分为行政处分和行政处罚等。

（二）学校的义务

权利和义务是统一的，有权利一定要承担一定的义务，有义务就必需有权利。学校有一系列的权利，同时也要承担相应的义务。我国《教育法》第29条规定，学校应当履行下列义务：

1. 遵守法律、法规

这是对任何一个组织和个人的基本要求。对违反法律和法规的行为，学校要承担由此所带来的法律后果。

2. 贯彻教育方针、教育教学标准，保证教育教学质量

在学校的教育教学活动中，学校有义务贯彻国家的教育方针，有义务按照国家教育教学标准，组织教育教学活动，以达到提高教育教学质量的目的。学校还应该对其组织的活动是否有利于学生的身心发展、是否能保证教育教学质量进行考虑，否则会造成恶劣的影响。如浙江省某市某镇吴村小学是一所由五个年级十个班构成的学校。吴村小学领导在为挣钱来路发愁时，该村农民徐某来到了吴村小学，原来徐某想为老母送葬办得风光、体面一些，想租用一些学生。校领导与徐某商议，徐某付给每个学生5元钱，并给学校50元钱作为报酬。这样，在徐某为母亲送葬那天，学校不顾影响学生的学习，将一个班级的学生“出租”，停课为徐某母亲送葬，并委派两名教师带队。送葬学生从上午八点一直忙到中午十二点，所得租金均被学校的教职工分掉。此案中，吴村小学的做法扰乱了学校正常的教学秩序，违反了国家和省、自治区、直辖市教育行政部门颁发的有关法规、制度，违反了学校“贯彻国家

的教育方针，执行国家教育教学标准，保证教育教学质量”的义务，属于违法行为。

3. 维护受教育者、教师及其他职工的合法权益

这项义务要求学校不但不能侵犯受教育者、教师和其他职工的合法权益，而且在受教育者、教师及其他职工的合法权益。对受教育者合法权益的保护从学生入学开始、到学生毕业为止，教职工合法权益的维护也应从招聘、工作待遇或解聘着手。学校的招生和培养，学校教职工的聘任和使用都要遵循公平和公正的原则，要坚决制止侵害教师和职工权益的行为。如有一则关于“女教师因休产假被解聘”的案例。某中学一名女教师怀孕期间，学校为了照顾她，将其在一线的教学工作改为在政教处工作。这名女教师休满56天产假后，要求学校按照国家规定，批准其休满3个月的假期，学校领导商量后同意了这名教师的请求。当该教师休满了3个月后来校上班时，学校领导以该教师过去的工作岗位已经安排了人为由，无法安排其工作，决定将其解聘，让该教师自己找单位。在此案例中，学校严重违犯了女教师休产假的法定权利。学校在女教师休产假期间另外找教师填补岗位空缺，是学校职权范围内的事情，但是单方面解聘女教师是没有法律依据的。

4. 为受教育者及其监护人了解情况提供便利

受教育者及其监护人对受教育者的学业成绩和其他情况有知情权，学校可以采取多种方式，如学业成绩报告单或书面通知、家长会、家访等，使受教育者及其家长了解受教育者学业情况和其他方面的表现。受教育者及其家长或监护人了解受教育者的学业成绩以及在校的表现是实现公民平等受教育权和学生在校获得公正评价权利的必要条件之一，受到法律保护。学校不得拒绝受教育者及其监护人了解受教育者的情况有助于受教育者进行自我教育和监护人对其监护对象进行教育。但是这种知情权是以不侵犯受教育者的隐私权和名誉权为前提的，学校应注意不得侵犯学生的隐私权和名誉权等合法权益，不得损害受教育者的身心健康。

5. 遵照国家有关规定收取费用并公开收费项目

2010年11月，教育部发布了《关于2010年治理教育乱收费规范教育收费工作的实施意见》，提出了今年治理教育乱收费的七大任务。其中明确指出，大力推进义务教育均衡发展，着力解决义务教育阶段学校择校乱收费问题。严格规范中小学服务性收费和代收费，坚决禁止侵害学生利益的行为。禁止学校以任何名义和方式收取择校费，坚决切断收取择校生与获得利益的联系。明确要求各地针对择校乱收费问题制订时间表、路线图和任务书，力

争经过3到5年的努力，使义务教育阶段择校乱收费不再成为群众反映强烈的问题。①

6. 依法接受监督

为了保证教育事业的社会主义方向，贯彻国家教育方针，执行国家教育标准，学校必须接受来自权力机关、行政机关、司法机关的监督，以及来自执政党的监督和社会监督。学校对于以上各种形式的监督，应当积极予以配合，不得拒绝，更不得妨碍监督检查工作的正常进行。

以上有关学校的义务，对于端正办学思想，规范办学行为，保护社会公益，提高教育质量有着重要意义。不履行这些法律规定的义务的行为，按法律规定，应分别追究法律责任。

二、校规校纪的合法性审查

（一）这样的校规校纪，不要也罢②

1917年，京师万牲园———中国首座西式动物园制订的游园规则中有一条内容是：每周一、三、五、日对男性游客开放，二、四、六对女性游客开放。如此规定，当时社会“男女授受不亲”等封建礼教之害人可见一斑，今人看来，当可忝列笑谈。因为随着时代的潮流汹涌向前，一切不合理的陈规陋习终将成为历史。

然而，将目光投向21世纪的当今校园，我们却笑不起来了。请看：某校规定禁止学生课间在教室、走廊说话，教师在走廊相遇也只能微笑致意；某校一对大学生情侣在没有其他人的教室里接吻被逐出校园；某校为防止学生早恋专门依楼层分别安排男女餐厅；某校初三学生王×因违反班规被罚跑操场10圈而猝死校园……凡此种种，举不胜举。

俗话说：“国有国法，家有家规。”“不立规矩，无以成方圆。”生活于校园里正处于求知和成长阶段中的莘莘学子，犹如一棵棵汲取养分拼命伸展枝干的小苗，更如一块块需要精心雕琢的璞玉。学校管理者制订各种规章制度以规范他们的言行举止，确有必要也无可厚非。校规校纪的作用，我认为不是约束而应该是规范学生的一言一行；不是惩罚而是校正学生的身心成长；

① 人民网，教育部重拳治义务教育择校乱收费提出5年内治理好［EB/OL］. http://sd.people.com.cn/GB/204820/13110895.html，2010-11-02.

② 毕大祥. 万牲园和校规校纪［J］. 师道，2005（8）：13. 标题为编者添加。

不是恫吓而是要学生体验现代契约社会中规则的作用；不是围堵而是引领学生个性的合理张扬与释放。校规校纪的制订既要在思想上体现以生为本和与时俱进的教育理念，更要在执行过程中有助于营造促进学生身心健康、和谐、自主和全面发展的校园育人环境。反观目前的种种校规校纪大都与上述要求背道而驰。既看不到其中先进的教育理念，又无一不凸显出校园管理行为在技术上的贫乏。

这样的校规校纪，只让人看到了某些育人者教育思想的封闭狭隘和落后；这样的校规校纪只让人看到了某些育人者教育手段的简单粗暴与无能；这样的校规校纪，只让人看到鲜活生命被修剪的残忍；这样的校规校纪，只让人想起近百年前的万牲园而感慨时代的悲凉。这样的校规校纪，不要也罢。

（二）我们到底需要什么样的规矩，成就什么样的方圆①

一个单位制定规则时，因被约束者是具有自我保护意识的成年人，所以不管单位领导如何霸道，他也不能不考虑其规则的合理性和可行性，否则很容易遭到抵制，甚至惹出法律纠纷。但作为教书育人的学校，面对的是缺乏自我保护意识的未成年人，正如园丁面对一片幼苗，园艺高明者为了使每棵树苗都能成材而不是毫无规律地任意生长，给予科学合理的约束本是非常必要。但若是遇到不懂园艺或是急功近利的园丁，就会照抄别人不成熟的经验或是只根据市场的需求来规范树苗的生长，其规矩对树苗来说恐怕就是灾难了。

为了约束学生的各种违纪行为，只要学校制订合理可行的处罚条例，假以班主任的配合应该就可以达成目的。但有的管理者急功近利，总想在短时间内“消灭”违纪现象，认为光靠对学生的处罚是不够的，于是把学生的违纪问题与班主任的量化考评和经济收入挂钩。有的学校执行这种办法以后就出现了一些“怪事”：学生迟到和旷课的记录是几乎没有了，但生病来迟和病假未到的人数却突然增加了，而且都有班主任签着“情况属实”的证明。直到有学生写信给校长说：他偶然迟到了一次，班主任就大发雷霆：“为什么不说自己是因病才迟到的?”还骂他太笨！校长才知道了其中的秘密。

爱说爱笑，爱玩爱跳，甚至爱哭爱闹，这都是儿童的天性，当学生做得过分时给予适当的批评教育和诱导是必要的，但若是明令“禁止”，那么恐怕管理者办的并非真正意义上的“学校”了。无可否认，许多学习成绩非常优

① 江强．说说规矩与方圆［J］．师道，2005（8）：13. 标题为编者添加。

秀的学生往往更容易"静"得下来，为了考重点中学，从而上重点大学，他们在课间休息时也经常待在教室里专心学习，过重的压力也许已经使他们忘记了自己还是一个天真的孩子。于是我们有的教育者渐渐地把他们作为当今学生的楷模，而不少管理者也就把这种楷模的行为作为规范其他学生的标准，所以才有各种不合理但却有利管理的规矩得以合法实施，各种扼杀孩子天性的"禁令"得以冠冕堂皇地登场。

没有规矩不能成方圆，但若是规矩没有科学的依据，则本来就不应该成为规矩，这时反而应该另立规矩使其中规中矩。什么样的规矩成就什么样的方圆。试问，我们现在学校里、班级上的诸多"规矩"（校规校纪、班规班约）能成就学生身心健康成长之"方圆"吗？我们应该反思并付诸行动。

（三）校规校纪应守住法律的底线①

"写错一个字，重写 10 遍"；"座位周围发现一张废纸，罚扫地三遍"；"上课走神罚站 1 小时"；"迟到 5 分钟不准进教室"；"上课睡觉，把板凳顶在头上罚站"。……这是某校制定的"校纪校规"中的一些条款。

俗话说："没有规矩，不成方圆。"学校必须有校纪校规，否则很难维持正常的教学秩序，但是这并不意味着校纪校规制定得越严厉越好，更不意味着可以罔顾法纪，随意制定校纪校规。在依法治国的今天，时时、事事、处处都要讲究依法办事，校纪校规的制订不仅要尊重中小学生的意见、家长的意见、社会的意见，更必须在《宪法》《教育法》《义务教育法》《未成年人保护法》等法律法规的大框架下进行，决不能侵犯、践踏学生合法权益，更不能侮辱学生人格。上述带有明显体罚性质的"校纪校规"，显然构成了时学生的侵权行为，不仅与依法治校、依法治教的要求格格不入，更与教育的目的、宗旨背道而驰。

在国家相关法律、规章制度及政策中，都有对未成年人进行保护的条文，各级各类学校不仅应认真学习这些法律、法规，更应以此来约束和规范学校办学行为与教育教学行为。但是现实情况却不容乐观，据有关报道，河北省某县将 100 多所中小学的规章制度和"校纪校规"对照国家法律法规进行了相对全面的检查，发现其中违背国家法律法规的条款，总数竟达数千条，令人触目惊心。因此，各级各类学校都有必要认真思考、重新审视本校的校纪校规，对有悖国家法律法规的内容及时修改。学校只有首先保障学生的合法

① 姚连英．"校纪校规"绝不能违背国法［J］．班主任，2007（3）：19．标题为编者添加。

权益，依法治教、依法执教，才能为学生成长提供良好的环境，也才能真正体现依法治国的时代精神。

三、维护教育的公益性[①]

教育的公益性是指教育活动应当尊重社会全体成员的共同利益。我国教育具有公益性是我国法律明确规定的，也是教育的基本属性决定的。在社会主义市场经济条件下，正确认识和维护教育的公益性，对于政府制定正确的教育政策，保证教育事业的顺利发展，办出让广大人民群众满意的教育具有重要的意义。

（一）教育公益性的内涵

第一是全局性，即教育事业是涉及全局性的事业。教育以培养人为己任，而每个人的活动都不可避免地对社会产生影响。因此，教育绝不是私人的活动，它通过对每个人的影响而影响全社会。第二是全体性，即所有公民都有受教育的权利。在现代社会，受教育已经是一个人生存、发展的必要条件。没有受过教育的公民难以融入现代社会，其个性、尊严和基本需求也得不到充分的发展和实现。第三是利益性，即教育维系着国家、民族的根本利益，同时，教育又是作为一种人人应该享有的利益由国家提供给全体公民的。第四是公共性，即教育事业应该纳入社会共同承担、共同管理、共同监督的范围。如果把教育这样的公益性事业完全交给某个人或某个群体去负责，事业的公益性就会大打折扣。可以说，没有公共性，教育的公益性就得不到保障。第五是公平性，即教育活动应该遵循公平原则。例如，在学校招生时，招生的标准应该是公平的，招生的程序应该对所有人都相同，任何违背公平原则的外加条件都不符合教育的公益性要求。

（二）维护教育公益性是国家社会学校的共同责任

维护教育的公益性，是我们党和国家面临的重要任务，更是义务教育必须承担的基本职责。维护教育的公益性，应该做到以下几点：

第一，国家必须维护教育的公益性原则。首先，国家应该把发展教育事业作为自己的重要职责，保证教育投入。其次，国家应该做好宏观调控工作，保证教育事业的均衡发展。教育发展的不均衡严重地妨碍着教育公益性的实

---

① 张维平．维护教育的公益性［J］．求是，2005（14）：48-50.

现。目前，在地区之间、城乡之间、学校之间、阶层之间，都存在教育资源配置不均衡和受教育机会不均等状况。例如，富裕省份与贫困省份之间，小学预算内生均事业费相差十余倍。对这种不均衡发展状况，国家必须不断采取措施，进行调控，使之趋于均衡。三是国家要扶持困难群众。困难群众的教育是关系到教育公益性能否实现的关键环节。国家要特别关注他们，提供适合他们的能力和需要的教育，只有当困难群众受到公平对待时，教育的公益性才可能最大化地实现。

第二，社会必须支持教育的公益性原则。国家鼓励企业事业组织、社会团体、其他社会组织及公民个人依法举办学校及其他教育机构。但社会的参与必须维护教育的公益性原则。如《民办教育促进法》规定，“民办学校收取的费用应当主要用于教育教学活动和改善办学条件”，还规定，“教育用地不得用于其他用途”等等。这些规定都鲜明地体现了教育公益性的要求，体现了教育不得以营利为目的的精神①。

第三，学校必须贯彻教育的公益性原则。学校是国家批准设立的公益性机构，在其运行过程中必须贯彻公益性原则。从目前的情况来看，学校贯彻公益性原则应特别注意以下几方面：一是必须全面贯彻党和国家的教育方针，保证教育质量，致力于培养社会主义建设事业的各类人才。然而有些学校为追求升学率以不正当的理由剥夺了一部分学生参加升学考试的权利；有些学校取消了非考试科目的授课；有些学校歧视学习成绩较差的学生……这些作法置国家和社会的公共利益于不顾，与教育的公益性原则是背道而驰的。二是必须拒绝非公益性因素干扰。不允许任何宗教和封建迷信组织或个人对学生施加影响。三是不得以教牟利。一些学校在招生中违规收取各种名目的费用，降低录取标准；有的学校在招收博士生时，只录取副厅级以上领导；有的地区为了提高升学率，在高考中有组织地作弊；有的学校贩卖文凭，等等。这些作法都严重违背了教育的公益性原则，破坏了教育教学秩序，必须坚决禁止。学校不得乱收费，从事非义务教育的各级各类学校，对各项应收费用均要进行严格的成本核算，不可超越办学成本高收费。从事义务教育的公办

① 2010年7月颁发的《国家中长期教育改革和发展规划纲要（2010—2020年）》指出，要“积极探索营利性和非营利性民办学校分类管理。”这将意味着，随着经济社会的发展，国家对民办教育，尤其是非义务教育阶段的民办教育不再是一刀切，而是根据实际情况，区分营利性和非营利性，实行分类管理，这样更符合实事求是精神，也有利于民办教育的健康持续发展。但即使是营利性的民办教育，也不能以损害教育的公益性为代价。

学校，则应逐步增加学生的各种福利。

(三) 维护教育公益性应注意的几个问题

教育是一项系统工程，维护教育的公益性也是一项系统工程，在维护教育公益性的过程中，必须处理好以下几个问题：一是正确处理维护教育的公益性与鼓励社会力量办学之间的关系。坚持教育的公益性并不等于要求国家把教育事业全部包揽下来，国家在办好教育事业的同时，还要调动社会各方面的力量来兴办和扶持教育事业。现在，社会上存在着一些与教育活动有关的营利性活动，这些活动有市场，也有一定的合理性，不能简单取缔，而应该合理地引导和规范，不能让其影响我国教育整体上的公益性。一般来说，在义务教育阶段，应严格控制营利性的投资，因为进行义务教育首先是国家的义务。二是正确处理教育的公益性与满足社会各种要求之间的关系。学校教育是社会各方要求的聚汇点。对于要求学校停课承担的非公益性任务，学校必须断然拒绝。例如，要求在学校进行某种气功或特异功能的宣传，要求学校停课庆祝元宵节，要求学校教育学生记住区委书记、区长姓名，要求学生向小轿车敬礼，要求学生信奉某一宗教等等，都是不符合教育公益性原则的。学校不能予以满足。三是要把维护教育的公益性作为教育体制改革的重要价值取向。教育不是实现少数人利益的工具，教育体制改革的最终目的是为了维护教育的公益性。为了实现最广大人民的根本利益，教育体制改革的具体措施必须有利于维护教育的公益性。如果我们口头上高喊维护教育的公益性，而在具体措施的制定上却只考虑部分人的利益，那么，维护教育的公益性就只能是一句空话。评价一项改革的效果如何，也不能仅仅用是否提高了学生考试分数，是否吸引了大量社会资金等作为首要标准。如果教育体制改革的结果导致教师把谋生作为动力，学校把营利作为要务，那么改革的方向就值得怀疑了。

第三节 实现家校的良性互动

没有一个家庭不希望自己的孩子好，同样，没有一位班主任不希望自己的学生好。那么，实际的教育教学中，为何家校之间存在着诸多矛盾甚至是冲突呢？原因固然复杂，但是，家校之间缺乏良性的互动机制，班主任和家长之间缺乏真诚有效的沟通，一定是个不容忽视的因素。

一、指导家长正确行使教育权

（一）系统培训，引领实践变革①

家庭和学校是未成年人受教育最重要的两个场所，家长和学校都是教育的责任主体，应该共同承担引导孩子成长的教育责任和义务，两者是孩子成长的教育伙伴，要相互尊重、彼此信任、平等合作。为了使上述观念转化为学校、教师、家长的共识，我们构建了“纵向引领、横向互助、外力提升”的培训机制。

一是纵向引领培训。一方面，通过《家长手册》和家长学校的统一辅导对家长进行现代家庭教育的通识培训，引导家长明确家庭的基本教育职责。另一方面，针对孩子成长不同阶段的年龄、心理特点，伴随孩子的成长过程分年级对家长进行跟踪式主题培训。

附：各年级培训主题

年级	培训主题
一年级	《孩子入学了，家长怎么办?》
二年级	《习惯决定命运》
三年级	《有一种教育叫“影响”》
四年级	《“调皮”的孩子最聪明》
五年级	《“穷”养孩子“富”育人》
六年级	《给孩子一生的财富》

二是横向互助培训。我们充分利用家长中的教育资源，采取家长沙龙、家庭教育小论坛、同学生日会等形式，组织家长间的同伴互助活动，就家长关心的热点问题展开交流，帮助家长掌握家庭教育的智慧。我校先后请来××小学家谊会主席李海涛、××小学家长委员会秘书长周绍军和广州英豪教育研究所所长陈忠联向家长讲述孩子成长过程中的教育故事，在家长中引起强烈反响。

三是外力提升培训。针对家庭教育中共性的热点、难点问题邀请知名专

① 谢先刚，张丽琴．合作互动式家校教育共同体的构建［J］．班主任之友，2010（4）：5.

家做专题报告，转变家庭教育观念，提升家校合作的技能。自2007年以来，我们先后邀请知名学者来校进行公益性家庭教育讲座9次，组织家长参加市图书馆的公益讲座6次，培训家长多达9800多人次。专家观点的权威性、内容的针对性、运用的实效性，得到了家长的普遍认同。

（二）融通各方资源，以学校教育引领家庭教育①

当前，学校教育和家庭教育面临着社会复杂环境的挑战。我校所做的调查显示，六成以上的小学生对家长的教育方法有抵触情绪。家长常常陷于费力不讨好、进退两难的尴尬境地，把孩子推给学校成为不少家长的无奈选择。同时，由于家长素质参差不齐，所以家庭教育的差异性较大。因此，我们认为，家校合作的重要内容之一就是以学校教育带动家庭教育，补齐家庭教育这根“短板”，追求“1+1>2”的家校合作效果。

1. 举办家长沙龙等学校交流活动，“把家长作为一种职业来做”

山东威海市环翠区大力倡导“把家长作为一种职业来做”。学校坚持把提高家长素质作为家校合作的一项重要工作，积极为家长的学习、交流和发展提供机会，创造平台。我校专门为家长设计了一本关于学校资料的小册子，把学校购置的有关家庭教育的书籍、录像带、光盘、磁带的目录整理出来，发到每位家长手里，随时供其借阅。学校在将从事家庭教育研究的专家学者请进学校，给予家长高端的专业引领的同时，还定期举办家长沙龙，给家长创设学习之后的交流机会。家长沙龙由学校、班级的家长委员会委员轮流主持，根据家长需要确定讨论主题，每个人既是指导者，又是受益者。通过家长之间的互动，不同家庭的教育思想在这里撞击。大家带着问题来，带着收获归。

2. 教师开通教育博客，向家长开放学校教育的窗口

我校每位教师都有自己的教育博客，每位教师都把博客当成一扇向家长开放的窗口。工作之余，教师们把优秀的家庭教育资料、自己育人过程中的感悟与体会、课堂上发生的故事、孩子的点滴进步等都写进博客。通过这扇窗口，家长可以更清晰地了解学校的教育，近距离地感受教师的课堂，更便捷地与教师进行交流。同时，教师还针对“如何帮助你的孩子完成家庭作业”，“家庭旅游中如何加强对孩子生活经验的指导”、“关注孩子良好习惯的养成”、“看电视要定规矩”、“一年级家长须知”等话题，与家长在网上展开专题性研讨，争取一次讨论解决一个问题，帮助一批家长。教师的博客、班

① 谷爱杰．家校合作：实现多向互动与深度交流［J］．中小学管理，2008（7）：28.

级的网页、学校的网站，成为学校与家长开展交流合作的有效平台。

二、吸引家长参与班级管理

（一）以班级家长联谊会为抓手，推动家长参与班级管理①

家长委员会是代表家长参与学校管理的重要校务组织。但实际工作中家长委员会或名存实亡，或只是充当校方的“传声筒”。导致这种现状的原因有三：一是家长委员会成员一般由学校直接指定，缺乏民主、公开的推选机制，使得家长委员会失去了应有的群众基础；二是单一的学校家长委员会缺乏应有的基层组织，既听不到来自普通家长的声音，也无法落实校方的办学意图；三是大部分学校家长委员会没有明确的工作制度，组织相对松散，缺乏机制约束，难以形成有效的意见和行动。

针对上述情况，我校结合现代学校制度建设要求，大胆更新了家校工作理念，视家长为学校教育的合作伙伴和重要的教育资源，把家长委员会打造成家长参与学校管理的重要平台，将家校教育共同体建设作为学校重要的办学制度，提出了建设“合作互动式家校教育共同体”的总体思路。一是由学校校委会、家长委员会、社区居委会的代表和学校常年法律顾问共同组成“合作互动式家校教育共同体”领导小组，统筹“教育共同体”的各项工作；二是修订了《学校家长委员会章程》，对家长委员会的组织性质、选举制度、内设机构、工作职能和运行机制等进行合理定位；三是按照《章程》层层推选，组建了班级家长联谊会、年级家长委员会和学校家委会，三级家长组织都内设了若干工作小组，制定了相关岗位职责；四是各级家长组织都建立了不定期联系制度和定期商研制度，明确要求班级家长联谊会一月开一次碰头会，学校家委会每学期开两次例会，听取学校工作报告。

三级学生家长组织成立两年多以来，学校充分尊重他们的意见，先后对他们提出的放学后开放操场以及规范校门口车辆停放秩序等问题及时予以改进，受到家长好评；学校也先后就聘请校园家长志愿者、开展校外社会实践活动、举办互动式教育开放日等工作听取家长委员会意见，均得到积极配合与支持。目前，全校45%的家长都能定期或不定期地以各种方式参与学校、班级管理和服务，家校关系出现了前所未有的互动合作局面。

---

① 本部分内容参考：谢先刚，张丽琴．合作互动式家校教育共同体的构建［J］．班主任之友，2010（4）：4-5. 标题为笔者添加。

（二）立足班级，追求家校合作的实效性①

班级教师，特别是班主任，与学生家长有着最直接、最经常的联系。教育活动的开展，教育信息的传递和反馈，首先在班级得到归纳和整合。所以班集体是学校工作的细胞，也是学生成长的摇篮，只有激活了细胞，家校合作才具有生命活力，德育工作才能收到实效。为此，我们在各个班级成立了班级家长委员会，吸收热心教育、有见识、勇于创新的家长参与班级管理。从而架起了学校教育与家庭教育相互沟通的桥梁，出现了“教师家长同登台，一家孩子大家爱”的可喜局面。

（三）建立“家校联系卡”，及时沟通，共同施教②

建立“家校联系卡”可以增加教育的透明度，使家长随时了解孩子在校的表现情况。联系卡主要内容有：在校完成作业、上课听讲、自我约束能力、团结同学、学习态度、组织纪律、参加课外活动等方面的情况。针对这一周的表现给学生一个适当的评价：A. 很好，B. 较好，C. 继续努力。同时还有老师一周内精心观察后，给予学生的建议和希望，对家长在家应观察学生的事项也给予了提示，如交朋友、阅读、做家务等。“家校联系卡”每周五发放到学生手中，学生回家后由家长填写学生在家的表现情况，然后反馈给老师。这样相互交流，使家长和老师对学生在不同时间的表现有了较全面的了解，促进了学生的健康发展，而且使学生在平时更加注意自己的言行，家长也更加关注孩子的所思所想。“家校联系卡”在家庭和学校之间架起了沟通和交流的桥梁。

（四）电话不能代替家访③

家访是教师深入了解学生家庭及其教育情况的重要形式，是学校教育必不可少的一种延伸手段。随着现代社会的发展，家访渐渐地被电话、邮件、博客、短信、校讯通等现代化的通讯交流方式所替代。现代化的通讯方式固然有其价值，但是，家访中班主任与家长面对面的接触，对学生家庭全貌的感性了解，对学生家庭所处社区环境的了解等等，是其他方式所无法替代的。而这些对学生的教育而言，往往非常重要。在进行家访的过程中，为了能够更好地与家长在教育孩子的问题上达成共识，应注意以下一些问题：在开学

---

① 严平．家校合作平等互动［J］．江西教育，2005（11A）：24.

② 冯英．家校互动：打造教育“共同体”［J］．河南教育，2010（11）：14.

③ 冯英．家校互动：打造教育“共同体”［J］．河南教育，2010（11）：14. 标题为编者添加，并对内容作了修改。

初，尤其是班主任接手新班级时，要尽量对学生家庭进行一次全面访问。访问后，教师应对全班的学生家长进行较详细的分类。如：根据家长的文化程度、性格特征、心理特征等，可分为教养型、关爱型、溺爱型、粗暴型、淡漠型等类型。教师在以后的家访中注意因人而异，采取不同的方式与家长进行沟通，只有"对症下药"，才能更好地解决孩子的教育问题。

在平时对个别学生家庭进行家访。在家访时，不管是有既定的教育目的还是因突发变故，班主任老师在与家长进行交流前都要做好细致全面的准备，对于家访的目的或者想了解的情况事先进行梳理。家访时要把握主动，有针对性地和家长谈话，同时巧妙地控制整个谈话内容，有条不紊地转变话题，引导家长与班主任保持一致的教育话题。

注意不要把家访变成告状、诉苦的代名词。"报忧不报喜"的家访往往会把重点放在罗列孩子的错误，意在指责家长的失职上。这样，就会让家长产生不愉快甚至抵触的心理，损害家长的自尊心，就有可能会使家长情绪低落、态度冷漠，出现不配合老师的情况。因此，在与家长进行联系时，要对家长以礼相待，相互尊重、相互理解，注意不要有伤害家长的言行，更不要有训斥家长的举动，这样才会使家长相信老师是在真诚地关心和帮助学生，才会使家长乐于接受老师的意见，从而赢得家长的理解、支持和配合，实现共同教育学生的目的。在尊重家长的基础上，还要注意积极主动地联系家长，加强与家长的双向沟通，以利于共同育人。

此外，邀请家长参与班级的相关活动非常重要，也是吸引家长参与班级管理的一种新的沟通方式。当前许多班级会在开展诸如春游、运动会、学生文艺晚会等活动时，邀请部分家长参与观摩，也有一些班级不仅邀请家长观摩，还开展一些诸如亲子运动会、趣味运动会等特殊活动，让家长参与进来与教师、孩子联欢。事实证明，这些活动起到了良好的沟通作用，既促进了家长对学校、班级、自己的孩子以及家长之间的了解，也使家长和班主任、教师、孩子之间融洽了感情，消除了隔阂，是一种值得提倡的方式。

三、构建家校一体的互动机制

（一）举办"教育超市"等活动，调整家校交流定位①

家校交流是家校合作的前提。只有拓宽交流渠道，提高交流质量，才

---

① 谷爱杰．家校合作：实现多向互动与深度交流［J］．中小学管理，2008（7）：27-28.

能使学校教育和家庭教育理念相合、方法相容、责任共担，进而形成教育合力。

家校之间交流的渠道很多，形式不一。比如：传统的家访、家长会，新课改理念下的学生成长册、家校联系卡，网络环境中的学校网站、班级网站、教师博客、电子信箱，以及即时的电话联系、快捷的手机短信等。但有了多样化的交流渠道并不一定意味着有高质量的家校合作，我们应该调整家校交流的定位，增强交流的实效性。

以家长会为例，以往每提及家长会，让人想到的往往是“告状”、“批评”等字眼。随着教育改革的深入，传统的家长会得以改进，这几年，我校推出了不同形式的家长会，如恳谈型家长会、专家报告型家长会、自主体验型家长会、观摩研讨型家长会等。形式上的创新催生了内容上的转变，家长会不再是单一的“发布会”，而是定位于家校间的沟通、理解和交流，凸显平等性、互动性，拉近了学校与家长之间的距离。

为了进一步实现家校之间的多向互动和深度交流，近几年，在深入解读家长会定位的基础上，我校每年举办一次大型的“教育超市”活动。所谓“教育超市”，就是以自选的形式，满足每一位家长的家教指导需求，从而实现家校之间的多向互动和深度交流。“教育超市”时间为一天，家长、学生、教师全员参与。地点从教室到操场，校园全面开放。教室内有专家报告、家教录像、教师上课，操场上设有“家教园地（刊板）”、“热点咨询处”、“心理咨询室”以及“亲子活动区”等。家长可以到教室听专家的讲座、教师的授课，也可以到“热点咨询处”了解教育政策法规，反映教育热点问题，还可以就孩子的问题请专家给出“个案诊断”。学校还设计了“家庭教育情况测试题”，让家长在接受测试、了解自我的同时，潜移默化地形成一种理念，掌握一种方法。在“亲子活动区”，家庭厨艺比拼、接力比赛、智力魔方、才艺展示、生活百科等活动开展得热火朝天，家长和孩子热情高涨，其乐融融。“教育超市”改变了过去一次家长会只解决一个问题、不管家长关不关心都要奉陪到底的弊端，家长们多了自主选择的空间。他们既可以向任课教师了解情况，和学校领导、其他家长一起探讨教育问题，还可以有针对性地向专家讨教。几年下来，“教育超市”成为我校家长和学生最喜欢、最想参加的活动，家校联系的手越拉越紧。

（二）聚焦沟通，促进合作互动①

随着家长和学校教育共识的不断增多，家长希望了解学校教育的要求更加迫切、主动，和教师交流孩子成长问题的热情更加高涨，创设多种形式的家校沟通渠道已成为家长的普遍要求。顺应这种形势，我们及时拓宽了沟通渠道，保障了家长与学校、老师联系的多向互通、随时畅通。

一是改革“家长会”和“教育开放日”。由学校统一组织变为年级、班级自行安排；由定期举办变成了定期与不定期结合；由单一的集中开会变成了预约式家长见面会、家教经验分享会、互动式教育开放日等等，较好地满足了家长希望深入了解、参与学校教育的愿望。

二是进一步完善了家校联系制度。修订《家校联系册》，坚持班主任《每周一信》、学期《致家长一封信》、期中《家长问卷调查》制度，缩短校报的编发周期，开通“校长信箱”、“家长意见箱”等。多种联系渠道的建立，有效满足了家长与老师、与学校适时沟通的需要。

三是充分利用现代信息技术和资讯手段实现家校之间的跨时空沟通。全校92%的家长加入了学校校讯通系统，学校有网站，科组、级组有网页，班级有博客、家长QQ群和家长通讯录。这些措施浇灌、催生、助长了教育共同体这棵大树，使它充满生命的活力。

（三）创建机制，凝聚发展合力②

为了满足学生社会实践活动的需要，我们充分发挥三级学生家长组织的作用，有效创建了家长与学校互动式的教育合作机制。

一是制定学生《“社会大课堂体验式学习”指导纲要》（见表），引导各班家长联谊会在节假日组织学生进行社会实践活动。仅今年上半年全校各班家长联谊会自发组织学生到附近的风景名胜、科技文化场馆开展校外体验式学习达57次，本学期受甲型流感影响也组织了40多次，学生举办体验式学习的摄影作品展和作文评选近9次。有效地丰富了学生的成长经历，增进了家长之间的联系和同学之间的合作互助，收到良好的教育效果。

---

① 谢先刚，张丽琴．合作互动式家校教育共同体的构建［J］．班主任之友，2010（4）：5.

② 谢先刚，张丽琴．合作互动式家校教育共同体的构建［J］．班主任之友，2010（4）：5-6.

附："社会大课堂体验式学习"指导纲要

年段	学年	主题		第一学期	第二学期
低年级	一	珍爱生命（人与自然）	自然探奇	走向缤纷自然	与动植物交朋友
	二		生命探秘	感受生命现象	珍爱生命，保护自然
中年级	三	热爱家乡（人与社会）	我爱我家	走近父母，感悟亲情	学会感恩
	四		魅力佛山	岭南秋色	岭南之春
高年级	五	关爱自己（人与自己）	11 岁的我	展现自我，发现自己	科学与我们的生活
	六		我的志向	社会职业面面观	感谢母校，扬帆启程

二是发展校园家长志愿者。为了吸纳更多的家长参与学校教育活动，推动家长与学校的深度合作、互动参与，我们依托学校家长委员会，组织发动了两类校园志愿者。一类是每天放学后到学校组织学生体育活动的普通志愿者，上学期 60 多人，本学期达 108 人。他们经过家长委员会的统一培训，每天轮流挂牌上岗，尽职尽责，成为放学后操场上一道亮丽的风景线。另一类是有专业素养的家长志愿者，他们组成"家长讲师团"，不定期来到学校辅导学生社团活动、指导学生个性发展，每学期均有 50 余人。他们以"幼吾幼，以及人之幼"的情怀，无私地为学生和学校奉献着他们的智慧，是学校教育忠实的合作伙伴。

三是实施"亲子共读——书香家庭"工程。为了培养低年级学生的阅读习惯，配合学校书香校园建设，各班鼓励家长和孩子一起走进书本，开展"共读一本书"的活动。家长不仅在家与孩子一起阅读，还积极参与班级的亲子诵读活动，和小朋友一起参加市图书馆的阅读分享活动，体验读书的收获与快乐。

四是开展"荣誉家长"聘任、优秀家长评选和家长事迹报告会，将家长中的教育资源整合到学校教育之中，弥补学校教育的不足。

本章小结：家长是孩子的第一任老师。当今社会发展，节奏快、信息丰、影响杂、诱惑多，学校教育的作用在不断下降，家庭和社会教育的作用反而在不断上升。今天的学校，今天的老师再也不能认为，学校有多么多么大能耐，老师有多么多么大能耐，能够改变孩子什么或者给孩子什么。因为，对于今天孩子的教育来说，影响的因素实在是太多了。而家庭的影响是越来越不容忽视。一个忽视家庭教育作用的班主任一定不是一个合格班主任。当下，学校、班主任、老师越来越多地感叹，今天的孩子实在是太难教了。这从另外一个侧面，恰好说明家庭教育和社会教育的重要性，学校教育孤军奋战肯定是不行的，或者说是低效的。惟有家校社联动一体，才能收到最佳的教育效果。

【思考题】

1. 简述家长教育权的涵义。
2. 结合实际，谈谈班主任在构建家校互动机制方面可以有哪些作为？
3. 结合工作实际，试分析班主任在维护教育公益性方面可以有哪些作为？
4. 结合实际分析当前我国中小学校校规校纪存在的法律性问题。
5. 案例分析：

某中学以上级要来检查为由，要求学生必须统一着装。上午7时20分开始，校方专门派两位老师配合门卫在校门口对入校学生进行逐一检查。凡是没有穿校服或穿着不规范的学生，一律不得入校上课。该校四十多名学生因此被拒之校外。很多学生不敢回家，整个上午只好在街头闲逛。得知情况后，家长们认为，学校的做法不近人情，而学校则称被拒绝进门的学生违反了学校的规定。一位家长气愤地说："不穿校服不准进校，这是哪门子规定？学生违反了校规，学校可以进行纪律性处分，但是不能不让学生进门呀！"一些被拒之校外的学生只好回家换校服。而大多数学生怕父母指责或误解，或是家离学校太远，只好在校门外观望。（案例来源：摘编自2007年9月21日《春城晚报》，转引自雷思明著：《给教师的60条法律建议》，华东师范大学出版社，2010年版，第68页。）

思考：学校的做法是否合法？班主任应当如何处理此类问题？

【阅读导航】

1. 魏书生．好父母好家教（新版）［M］．桂林：漓江出版社，2008年版。

2. 魏书生．魏书生与父母对话家庭教育［M］．南京：河海大学出版社，2005年版。

3. 王晓春．源创教育：今天怎样做班主任．点评100个典型案例［M］．北京：教育科学出版社，2010年版。

第九章　基于法律法规的问题学生管理策略

案例导读：某小学五年级学生小伍无故旷课两天。第三天下午回到学校时，班主任刘老师叫他去自己的宿舍谈话。面对老师的训斥，小伍一言不发，拒不回答老师的问话。刘老师恼羞成怒，责令他下午不要上课了，让他就在宿舍里面面壁思过，然后将门反锁打麻将去了。当晚，刘老师和几个“麻友”吃完饭后，继续打麻将，他把小伍被自己关在宿舍的事给忘了。当夜11时许，又饿又困的小伍打不开门，就打开刘老师宿舍的翻斗窗想爬出去，但不小心一脚踏空，从二楼摔到地上，造成大腿骨折。小伍大喊“救命”，呼声惊动了其他老师，后来他被送到医院。（材料来源：摘编自2003年1月4日《班主任之友》，转引自雷思明，《给教师的60条法律建议》，华东师范大学出版社，2010年版，第59页。）

对于向小伍这样的所谓的“问题学生”，班主任不管不好，管了好像也不好，怎么办呢？回答是，管是一定要管的，但怎样管才是问题的核心。这种管不仅要有方法、艺术，更要有法治意识。不能把什么所谓的土办法、土政策搬出来的，认为不管白猫黑猫，抓到老鼠就是好猫。

第一节　问题学生概述

谈到问题学生，相信多数班主任都会头痛的。为什么呢？因为问题学生难以管教，更别说转化了。不过，对于问题学生，我们真得了解他们吗？真得走进了他们的内心世界吗？我们对他们的管教或者说转化，有针对性吗？这些都是值得我们班主任去思考的。

一、问题学生的界定

关于问题学生的界定，众说纷纭，有代表性的观点主要有：华东师大陈桂生老师认为“问题学生”就是指“难以管理或拒绝管理的学生”①。北京教育科学研究所王晓春老师给“问题学生”界定为：品德、学习态度、心理等方面，任何一个方面存在较为严重的问题即是问题学生。② 凌生老师认为，“问题学生”是指个人在社会化的过程中，由于学业成就水平偏低所引起的个体性格、情感意志、思维方式等方面明显偏离常态的学生。③“问题学生”是指：学生个体在社会化的过程中，主要由于学业成就水平偏低，加之纷繁复杂的社会环境影响，从而引起个体性格、情感意志、思维方式等方面暂时偏离常态，并在品德、学习态度、心理、行为等诸多方面表现出异样，引发学生的适应不良并带有破坏性作用的问题行为，进而产生所谓的“问题学生”。④

倪高武老师关于问题学生的界定具有参考价值。“问题学生”并非指那些有犯罪经历或精神上有严重疾病必须经过医治才能正常生活的学生。这里的“问题学生”，主要是指品德行为偏常、上课捣乱、逃学旷课、不做作业等，或是与成年人的要求产生冲突（如非正常交往、打架斗殴、说谎、偷窃等），对学习无兴趣、无目的、态度恶劣、懒惰，甚至经常违反校规校纪的学生。其中，有的人对正面教育持较强烈的抗拒和逆反心理。有的人在个性及心理上表现为孤僻、沉默寡言、意志消沉、喜怒无常、易冲动、脾气暴躁，要么妄自尊大、目中无人，要么自暴自弃、行为猥琐。有的人为了引起老师和同学的注意，有意地实施一些偏常行为。有的人在人格上不够健全，对别人、集体和社会常以敌视的眼光看待（因遭受别人的伤害而使性格和人格扭曲），一旦遇到真情（即使是以真情面目出现的虚情假意）就很容易被俘获；对集体采取避而远之的态度，也存有若即若离的依赖；对社会要么敌视、报复，要么不分是非、不计后果地混迹其中；判断外界事物常常出现误判和“疑神疑鬼”，这在他们处理自己与别人的关系时自然就会形成一种屏障和隔阂，不

① 陈桂生．中国德育问题［M］．福州：福建教育出版社，2006：130

② 王晓春．问题学生诊疗手册［M］．上海：华东师范大学出版社，2006：3.

③ 凌生．发觉潜力，摆脱阴影—初中问题学生“问题学生”自卑心理的分析与教育对策［J］．当代青年研究，2005，(5)．

④ 姜运隆．论问题学生的希望教育［D］．重庆：西南大学，2009：8.

利于建立正常的人际关系，不利于形成正常的人格和个性。大多“问题学生”都喜爱武侠影视和小说，崇拜江湖侠士，讲“哥们儿”义气，与社会不良成员交往，一旦遭遇挫折，他们的精神很快就会崩溃。①

二、问题学生的表现特征

问题学生的特征主要表现在以下几个方面②：

（一）缺乏学习动机

众所周知，动机是激发人们采取某种行动，做出一定努力的心理欲望。它是促使学生积极学习的内在动力，动机可分为内部动机和外部动机。内部起源于学生对学习对象的热爱和兴趣，外部动机则是由金钱、名誉等因素激发的。一般来说，问题学生这两方面的动机都缺乏：一方面由于成绩差，他们会把学习作为一种负担，根本谈不上对所学科目热爱或感兴趣；另一方面他们也很少能得到外界的表扬、鼓励或奖励来激发学习动机。

（二）缺乏自信心，自卑心理强烈

问题学生由于学习成绩差，往往不为老师重视，也被同学瞧不起，会产生较强烈的自卑感，显得自信心不足，常自以为自己就是不如人。课堂上一般不会或不敢举手发言，偶尔被老师提问，也常因不能正确回答而受到老师的斥责或同学的嘲笑，因而加重他们的自卑感。“问题学生”的心理与一般学生相比，具有强烈的成人意识、社会意识，希望别人能理解他们、尊重他们，把他们当成一个真正的人，“问题学生”在学习和品德方面一般较差，在同学中间已造成了不良影响，失去威信，尽管他们想得到别人尊重，但事实上总不能如愿。而且，由于“问题学生”基础差，意志力薄弱，自己想实现的目标往往都以失败而告终。这样自尊心很容易丧失，而产生强烈的自卑感，或者在自尊的同时又自卑，认为自己各方面都不如别人，严重者会对自己失去信心，直到自暴自弃，破罐子破摔，造成学习更差，错误不断，产生恶性循环。

（三）逆反心理

问题学生往往会比一般的学生接受更多的不公正待遇，他们听到的表扬、

---

① 倪高武．让“问题学生”不再成为问题［J］．中国教育学刊，2006（3）：56.

② 本部分内容主要参考两位学者的研究成果。即罗世瑛．“问题学生”的心理特征及教育策略［J］．中国成人教育，2005（8）：81-82. 李燕青．“问题学生”的形成及转化策略［D］．南昌：江西师范大学，2005：10-11.

鼓励少，批评、训斥多。家长的打骂，老师的批评，同学的嘲笑很容易使他们产生逆反心理，使他们与家长和老师对着干，会故意犯错误。如有意不完成作业，课堂上故意不听课。有时甚至会干扰周围的同学听课。班集体丢了荣誉，他们会幸灾乐祸。

少部分学生逆反心理非常强，除了因为进入青春期学生的正常反应外，教师对“问题学生”靠权威压服、或靠体罚、变相体罚等过激行为或教师的一些不良行为都会造成学生的畏惧、恐慌和防卫、厌恶等不正常心态的形成，易使学生产生逆反心理，他们会对老师的正常管教产生抵触，对班集体冷漠不关心，与老师感情疏远，甚至产生对抗和敌意。老师要求做的事，他们偏偏不做，即使做了也做不好，而要求不做的，他们反而去做，用“我就这样，怎么了”的心态来对抗教师和家长。一位学生曾透露，在她心目中总觉得老师应是一个高尚的职业，但当她看见教师曾以不让学生报名来收取学生的钱财时，她就再也看不起教师这个职业了。因此，处处与教师作对，她总在她不喜欢的教师课堂上起哄，甚至公开与教师在课堂上对抗，令教师下不了台。

（四）意志薄弱，缺乏自制力

所谓意志，是指自觉地确定目的，并根据目的来支配、调节自己的行动，克服各种困难，从而实现目的的心理活动。意志坚强的人，往往有明确的奋斗目标，他们持之以恒，锲而不舍，朝自己的奋斗目标努力。但问题学生一般来说意志都较薄弱，自制力较差。在学习过程中，他们不能用意志力来约束自己的行动，有意注意维持的时间不长。在特定情况下，他们会产生一种激情，常常会发誓要努力学习，把学习搞上去，但激情一过，就会恢复老样子。或者在学习上一遇到困难，便难以持久，会打退堂鼓。

（五）网络成瘾

当今时代，网络已经成为人们学习、生活不可缺少，不能分割的重要组成部分。据民盟北京市委调查，北京市中学生网络成瘾者约有 13 万多人。青少年学生迷恋网络，大多不是为了学习，而是做一些不该做或应当适可而止的事情。武汉市 6 名平均年龄为 15 岁的学生因为没钱上网，而实施抢劫；浙江省绍兴县一名连续三个通宵上网的少年，因父亲不准他再去网吧，竟从四楼窗口一跃而下，以身“殉网”；南昌市某 17 岁高三学生玩网络游戏猝死……互联网已成为一部分青少年学生的“电子海洛因”。

（六）争强好胜

争强好胜是青少年的一种较明显的心理特征，他们在各种活动中乐于表现自己。成功了，能给他们很大的成就感，使心理上得到很大的满足。失败了，也很少有羞怯感。问题学生，同样也具有这个心理特征。虽然他们在学习方面不能满足他们的成就感，但在其他方面，得到一定的补偿。因为大部分问题学生都有一定的特长，特别是在体育、音乐、美术方面，他们在这些方面表现出众，并以此引起老师和同学对他们的注意和重视，赢得大家对他们的尊重。

三、问题学生的转化①

(一) 让“问题学生”获得爱、尊重与信任

当代国际著名哲学家、教育哲学家伊斯雷尔·谢弗勒说：“我们最初对自己的了解，是通过分析我们在别人心目中的反映和别人的态度而实现的。”②“问题学生”的情感是敏感而脆弱的，他们非常关注别人对他们的态度，并以此作为对自己的了解和采取相应行动的指南。所以，要充彰显“问题学生”的主体性与自由性，首先需要教师在关心、尊重、信任“问题学生”的基础上，让“问题学生”从教师那儿看不到遗忘和抛弃，看到的是教师的期望和自己的希望，是自己前进道路上的光明。

1. 关心“问题学生”

“问题学生”欠缺的不是智力的因素，欠缺的是关心和关怀。“关心和关怀是人类的基本需要。”③ 教师不仅要关心“问题学生”的学业成绩，还要关心他们的精神信仰和理性发展，其中最重要的还要关心“问题学生”同他人亲和的关联，让他们实实在在地融入学生的集体中，增强学生的安全感、归属感。在此过程中，教师要关心学生的内心体验，深入到学生的心灵深处，领略他们的生命成长，让他们从教师那儿找到情感的慰藉和心灵的港湾。让“问题学生”在教师博爱之精神的感召下，使他们看到生活的希望，焕发出生命的热情，跨越学习障碍、品德障碍、和心理障碍，在教师以血融冰的师爱中，树立信心，超越自我。

2. 尊重“问题学生”

教师在日常的教育教育活动中，要尊重“问题学生”，正如康德所说，

---

① 本部分内容主要参考姜运隆．论问题学生的希望教育［D］．重庆：西南大学，2009：27-39.

② ［美］伊斯雷尔·谢弗勒著，石中英，涂元玲译．人类的潜能——一项教育哲学的研究［M］．上海：华东师范大学出版社，2005：25.

③ ［美］内尔·诺丁斯著，余天龙译．学会关心—教育的另一种模式［M］，北京：教育科学出版社．2003：23.

"尊重是人类尊严的核心，是无价的。"[①] 根据马斯洛的需要层次理论，"问题学生"也有生理、安全、归属、爱、尊重、审美和自我实现的需要，也是具有独立人格与个性的主动发展的人。教师从"问题学生"的自然属性、理性、德性和社会发展着眼，尊重他们的自然生命、精神生命、价值生命，还要尊重他们的社会生命。尊重"问题学生"，不是虚情假意的奉承与敷衍，而应该是真实感情的流露。虚假的尊重会使"问题学生"感受到教师的同情和怜悯，让"问题学生"看到自己弱者的形象，只会更深地伤害到"问题学生"的自尊。教师只有尊重"问题学生"，他们才会体验到尊严的价值，才能做到自尊、自立、自强，也才会有追求美好生活的信心和勇气。

3. 信任"问题学生"

在尊重的基础上要信任"问题学生"，"因为信赖中包含着自信、勇气和对世界的毫不畏惧"。[②] 对"问题学生"的信任，就是信任他们的人品和能力，对他们人品的信任，就是肯定他们做人的立世之基，不能妄加否定，否定了他们的人品，就是否定了他们的整个人；信任他们的能力，就是信任他们在老师、同学、家长的帮助下，能够获得进步，有能力完成自己的人生规划。信任"问题学生"，就要求教师在"各种令人失望的情况下仍能建立对儿童的信任"[③]。这就要求教师在教育"问题学生"的过程中要有耐心，要在一系列的挫折和失望后变得心灰意冷时，要让教师自己首先充满成功的希望，要"不断有意识地使自己经受住失望的危险，因为这种信任不可避免地带有风险。"[④]。所以，只有教师对"问题学生"有耐心，才有机会和时间去了解学生，相信学生，最后做到信任学生，才会使"信赖能够改变人"，才能做到"信赖产生创造力"，使"问题学生"看到发展和完善的希望而努力奋斗。

（二）在智育中予以考虑"问题学生"的实际

"问题学生"是一个具有发展潜能的存在，在智育中要开发他们的潜能，就需要将爱、希望具体化为教育教学的目标，并采取相应的激励措施，培养

---

① ［美］马斯洛著，许金声，刘锋等译．自我实现的人［M］．北京：生活·读书·新知三联书店，1987：37.

② ［美］马斯洛著，许金声，刘锋等译．自我实现的人［M］．北京：生活·读书·新知三联书店，1987：135.

③ ［德］O. F，博尔诺夫著，李其龙等译．教育人类学［M］．上海：华东师范大学出版社，1999：47.

④ ［德］O. F，博尔诺夫著，李其龙等译．教育人类学［M］．上海：华东师范大学出版社，1999：48.

他们自我教育、主动发展，成为学习活动的主体和社会未来生活的主人，让他们将自己的潜能转化为他们的智慧和能力。由于课堂教学是智育的最重要载体，所以要根据“问题学生”的实际，采取适当的方式进行课堂教学。

1. 在课堂教学要素的安排上予以考虑“问题学生”的实际

“问题学生”作为课堂教学中的弱势群体，教师在进行课堂教学时要适当考虑他们的希望和想法。由于“问题学生”普遍学习目的不明确，学习基础较薄弱，在学习上遇到的问题和困难较多，学习行为的主动性不强甚至拒绝学习。这对于学习这种高度化的个性化行为，“问题学生”明显处于劣势。如何在课堂教学中让“问题学生”进行主动、有效的学习，也需要教师在课堂教学的组织和实施环节中，考虑到“问题学生”的实际情况，让“问题学生”主动提出对课堂教学的希望，从教学内容、教学进度、课程的安排等到课堂的教学方法和手段，教师再根据该课堂教学的实际情况，因地制宜地采取相应的措施，满足“问题学生”的这种希望，使“问题学生”在课堂教学的组织和实施环节中看到教师对自己的重视和尊重。

2. 以个性化的学法取代传统的教法

“问题学生”的成绩普遍比较差，因此，在课堂教学中，要取代以教师讲授为中心的课堂教学形式。因为“问题学生”很难跟上教师的节奏，这种教育方法拖着“问题学生”走，让他们疲于奔命。所以教师应该培养“问题学生”的元认知能力，让“问题学生”能根据自己的认知结构和认知风格，在教师的指导下，根据自己的实际情况，选择合适的学法。“问题学生”只有根据自己的实际情况选择了合适的学法，才能积极、主动、自由地获取知识，运用知识解决问题，使他们通过“情境”、“协作”、“交流”，最终做到“意义建构”。并通过参与、合作、体验、探究为特征的发展性特点，不仅逐步建构起自己的知识，而且发展自己的个性和人格，形成自己的人生观、价值观、世界观；也才能使教师在深入了解“问题学生”的基础之上，根据“问题学生”已有的发展水平，提出他们可能达到的发展水平。

3. 课堂教学中注重“问题学生”多种能力的发展

根据加德纳的多元智能理论，每个人至少具有八种智能，这八种智能构成了人类八种求知和认识世界的方式。每个人在这些智能的表现上有所差异，而且会以不同的方式运用和综合这些智能，并在不同的领域发展和取得成功。“问题学生”存在学习目的不明确，学习动力不足，缺乏创新精神和自我调控能力较弱等弱点，但他们存在发展和取得成功的可能。因此，教师应根据他们的实际，让他们通过课堂活动的参与，发展他们各方面的智力，让他们看到自己发展的希望和前途，使他们不因语言能力或者数理逻辑能力方面较差而消沉、颓废，以至放弃。也正是由于多元智力的存在，给“问题学生”的情感、态度、价值观的形成和发展提供了可能。所以在课堂教学的场域中，采取多元化的发展目标和评价方式，不仅要重视“问题学生”学习的结果，还要重视学习的过程，让“问题学生”不仅在知识与技能上得到发展，而且使“问题学生”的情感、态度、价值观得到发展和升华。

当然，“问题学生”在学习上不会总是成功，也会遇到挫折和失败，这时，要对“问题学生”进行正确的归因训练，引导“问题学生”在遇到挫折和失败时多归因于内在的不稳定因素——努力，而不应过多地归因于内在的稳定因素——能力，如果“问题学生”在学业成功的希望没有得到实现时，多归因于能力会打击学生的自信心，使“问题学生”产生强烈的焦虑情绪，直接影响到他们对将来学习成功的希望。而归因于努力则会激发他们克服困难的勇气和决心，使他们倍加努力地去实现他们的希望。更为重要的是，在“问题学生”的评价体系中，不能采取单一的以学业成绩为主的评价方式，而应该采取多种评价方式，让那些即使通过刻苦努力地学习，却没有获得成功的“问题学生”有获得其他成功的希望。这样才能维护“问题学生”自信心，让他们保持奋斗的信心和勇气，真正做自己学习的主人。

（三）道德教育立足于现实又要超越现实

“问题学生”的希望教育是彰显“问题学生”主体性和自由性的教育，是让“问题学生”过自由、自主生活的教育。因此，在当前“问题学生”的道德教育中，要以“问题学生”的现实生活为基础，发挥他们的主体性和自由性，超越现实，让他们过意义的生活。

1. 培养自律意识，让“问题学生”过自主的生活

道德教育要使“问题学生”过自主的生活，最好的策略就是让“问题学生”在内外因共同作用的前提下，培养他们的自律意识，使之自主、自发、自觉地提升自己的德性，从而使“问题学生”积极主动地促进自身的个人德性和社会道德规范的和谐。

2. 以道德引领取代道德控制

“问题学生”是生机盎然的，是青春的，但青春是不平静的。因此，对违反道德规范的“问题学生”，要用多元的、动态的、发展的眼光，分析并审视道德形成的各个阶段，找出问题的根源，再根据“问题学生”的实际情况，循序渐进地予以纠正，不要拔苗助长。要知道，道德教育是一个长期的情感

过程，跟学习一个公式定理不一样，而是要通过与“问题学生”的长期接触、交往，逐渐培养他们的道德意识与信念。卡西尔说过：“人之为人的特性就在于他的本性的丰富性、微妙性、多样性和多面性。”① 教师只有在与“问题学生”直接的、近距离的长期交往中才能洞察“问题学生”的特性，才能真正了解他们、理解他们，也才能做到因材施教。当然，在“问题学生”违反道德规范时，不要采取侮辱、漫骂、甚至体罚和变相体罚等一系列粗暴的方法。如果这样，“问题学生”就会产生抵触、反感情绪，不利于“问题学生”道德人格的形成，更有甚者，将会滑向道德败坏的深渊。其实，个人的情感就如奔腾的洪水，一旦被阻，就会变得更为凶猛，如果导、引之后，就如大禹治水一样，将会变成涓涓细流，造福人类。所以，对于“问题学生”的教育，亦应如此。

3. 以人生意义的追寻引领“问题学生”对现实的超越

“问题学生”的道德教育要符合实际。从“问题学生”的生活环境、经验阅历、人格完善和价值观形成程度入手，联系“问题学生”的生活世界。不只向学生传授抽象而生硬的大道理，用脱离了“问题学生”现实生活实际的，甚至是成人都难以达到的道德理想和目标来要求“问题学生”，而是把“问题学生”作为具有主观能动性的道德主体，重视日常生活中的最普遍、最基本、最实际的道德要求，从“问题学生”的亲身经历和耳濡目染的富有教育意义的事件来激起学生的生活体验和感悟，引发“问题学生”的道德思考，进而产生相应的道德行为，以减轻学校道德教育的理想主义色彩，避免道德教育目标的“高、大、远、空”，使“问题学生”不再说“高尚的谎言”，杜绝言行不 ，道德虚伪，让“问题学生”的现实世界和精神世界合而为一，从而一改以往道德灌输而为教师所引导下的道德选择。

4. 以德性提升的愉悦推动“问题学生”道德人格的形成

要提升“问题学生”的德行和人性，就必须要面对“问题学生”的现实境况。“问题学生”在遭遇挫折和失败的时候，经过努力，仍然没有获得成功的体验，就会看不到成功的希望。这时，如果他们缺乏战胜困难的决心和勇气，缺乏坚强的毅力和意志，就很容易产生移情，一旦和外界的不良影响一接触，就容易在行为上偏离人生的轨迹，迷失人生的航向。因此，教师要让“问题学生”的德性得到提升，使其获得自我效能感，推动道德人格的形成。

① ［德］恩施特·卡西尔著，甘阳译．人论［M］．上海：上海译文出版社，2003：19.

（四）以美育激发对生命意义的领悟与追寻

在情感上，人生都永远追求幸福、美满与和谐。但人生总是充斥着痛苦与失望。在理想与现实、爱与恨、生与死、有限和无限的矛盾对立中，人总是希望着，奋斗着，试图超越这一矛盾，向美好生活迈进。“问题学生”作为学校的一个特殊群体，他们也有对人生美好事物的渴望与追求，他们想感受美、体验美、创造美。但是，当前的教育现实让他们失去了追求美好事物的信心。因此，要在学校美育中浸润希望，让他们获得审美的体验，使他们学会感受、鉴赏与创造美。

（五）以更高层次希望激励“问题学生”自我实现

希望教育使“问题学生”的主体性与自由性得以进一步彰显，推动“问题学生”对生命意义的追寻，为“问题学生”发展和完善提供不竭的动力。“问题学生”在生理、爱、尊重、归属、审美的希望满足后，自我实现的希望又会呈现在他们的面前。由于“人是一种不断需求的动物，除短暂的时间外，极少达到完全满足的状态。一个欲望满足后，另一个欲望迅速出现并取代它的位置”①，这种欲望使得“问题学生”从“现实自我”一步步走向“理想自我”，在这漫漫征途中，“理想自我”是遥远的目标，它是自我实现的尖峰。它产生出无穷无尽的任务，因而也会给“问题学生”各种各样的希望，通过对这些任务的完成，不断激励“问题学生”去实现、去超越既定希望。每一个希望的实现，就是迈上了通向理想自我的一个阶梯，逐步向自我实现迈进，返回人之为人的本原，达到“天人合一”的境界，不仅体会到马斯洛所说的“高峰体验”，也找到存在的意义与价值。

关于问题学生的转化，欧洲各国倡导的观念值得借鉴。他们认为，孩子既是家长的，也是国家的，一方面，家长在孩子的教育问题上失职，可能要受到法律制裁，甚至失去抚养权；另一方面，孩子代表着国家的未来，是国家的财富，全社会都要关注他们的成长。就在不久前，笔者（即白宏太，编者注，下同）有机会访问丹麦，这里有着被公认为世界一流的教育。在与丹麦教育部官员交流时，笔者提出疑问：面对难以管教的调皮学生，学校如何实施惩戒教育？“我们的惩戒无非是多留一些作业，或者额外补课。毕竟，惩戒不是目的。”丹麦教育部官员回答。他们坦承，近年来“问题学生”有增多

① ［美］马斯洛著，许金声，刘锋等译．自我实现的人［M］．北京：生活·读书·新知三联书店，1987：188.

的趋势。为此，丹麦在提高教师队伍素质的同时，更多地加强了与社会和家长的联合。学校定期召集教师、家长、社区代表开会，商讨“问题学生”的教育。同时各个学校都有一批教育义工，由政府出资聘请，协助教师解决教育的棘手问题。在国内一些教育发达地区，教育主管部门也在尝试采取措施为学校和教师减负。例如，笔者在广东深圳宝安区的采访中了解到，教育义工已成为一支生力军。义工组织的出现，让学校不再是教育“孤岛”，也使教师得到社会更多理解与支持。①

第二节　班主任惩戒权概述

教育部《中小学班主任工作规定》第十六条规定：“班主任在日常教育教学管理中，有采取适当方式对学生进行批评教育的权利。”《规定》发出后，一时间关于班主任的惩戒权成为热门话题。所以，了解惩戒的涵义，明确班主任惩戒权行使的要求等是非常必要的。

一、作为班主任教育权力的惩戒权

（一）惩戒与惩戒权②

“惩戒”，即通过对不合范行为施与否定性的制裁，从而避免其再次发生，以促进合范行为的产生和巩固。在惩戒过程中，惩戒行为直接针对失范行为，其严厉程度与失范行为偏离社会规范的严重程度相一致。“惩戒”中，“惩”即惩处、惩罚，是其手段；“戒”即戒除、防止，是其目的。在教师的惩戒活动中，手段和目的——“惩”和“戒”，是紧密地结合在一起的。学生的发展和进步是惩戒根本的出发点，使学生更好地社会化是惩戒活动的最终目标。

与“惩罚”相似，“惩戒”借助于对不合范行为进行处罚来达到戒除、教育的目的。不同的是，惩戒更强调所采用的否定性制裁的教育效果，注重其戒除目的的达成；而惩罚往往只关注负性强化的取得本身。“惩戒”中所含的教育性目的更强，更易于被人理解并付诸实践，因而也就更符合中小学情

① 白宏太．重筑教育的尊严——从2009年“班主任教师批评权”热议说开去［J］．人民教育，2009（24）：25-26.

② 本部分内容主要参考了：劳凯声．变革社会中的教育权与受教育权：教育法学基本问题研究［M］．北京：教育科学出版社，2003：375-377.

境下教育制裁的实质目的。

从广义上说，惩戒是教师对学生进行管理教育的方法之一，属于“管教”之列。但具体分析起来，两者又有些不同。通常意义上的“管教”是中性词，多指教师运用某些方法、手段（并非总是强制性的）对学生言行予以管束，其内涵着眼于管理和规范。这和多以采取强制性手段、强调否定性制裁的“惩戒”显然并不等同。而在特殊情境下，“管教”被用做“打骂”、“惩罚”、“收拾”等的同义语，往往指向对学生肉体的伤害，与强调从否定性制裁导出良好教育效果的“惩戒”也不是一个意思。

“惩戒”与“体罚”是一对联系较紧的通用词汇。从字面意义上看，两者差异并不太大，在实践中也经常被人们混同。体罚，常指施加惩罚使学生身心感到痛苦，以促使其避免痛苦、改变错误；惩戒也是通过给学生身心施加某种影响，使其感到痛苦或羞耻，激发其悔改之意，从而达到矫正目的。但事实上，惩戒与体罚是不可同日而语的，两者从来就没等同过。长期以来，体罚一直是惩戒中较极端的一种。在教育实践中，体罚往往与对学生的肆意打骂、伤害和虐待联系在一起，其所能起到的教育效果微乎其微，并因此一直受到有识之士的批评和谴责。应该看到，人们反对的是体罚本身，并不完全指向惩戒，因为一定的罚戒式手段在教育活动中还是必要的。体罚曾因其简便易行、无须额外设施而一度成为教师最常用的惩戒形式。如今，越来越多的国家和地区开始从尊重学生、保护儿童人权的角度限制或废止体罚的使用，教师惩戒权中所许可的体罚成分越来越少。在已废除体罚的国家，体罚是绝对不允许的，属于违法行为；而在极为尊重儿童人权的北欧国家，即使是父母也不能举起手来打自己的后代，否则就触犯了法律。现代的教师惩戒行为已经逐渐排除体罚的存在，惩戒与体罚已不像以前那样水乳交融、密不可分了。

“惩戒权”是教师权力的重要组成部分。顾名思义，惩戒权是教师依法对学生进行惩戒的权力，在一定程度上，它也是教师的一种权利。作为教师，有权对教育活动的整个过程施加某种影响和控制，有权做出职责范围内的专业性行为。这是教师的职业性权利之一，也是教育活动中教师必要的权力之一，是随着教师这一专业身份的获得而取得的。在一些国家和地区，法律中明文规定教师惩戒权是教师的专业权利之一，隶属于教师职权，与教师授课自由权、授课内容编辑权、对学生的教育评价权及自身进修权等并列为教师基于教师之职业而可独立行使的教育权利。

在过去，教师的惩戒权在很大程度上指向体罚的权利，这使人们往往将惩戒权混同于或等同于体罚权。其实，惩戒权不仅仅指体罚权，还包括用其他手段进行惩戒的权利。随着社会的发展与进步，教育民主、儿童人权的呼声日益高涨，教师惩戒权已越来越少地指向体罚。怎样正确地认识并行使惩戒权，成了现代社会教师面临的首要问题之一，人们期待着对此有明确的解答。

（二）现代班主任惩戒权①

现代班主任惩戒权有其存在的合理性。规模化、制度化的教育及其活动需要赋予班主任一定的权力来维持教育活动的正常进行。作为未成年人的学生在接受外在行为规范并将其内化为自身行为准则的过程中也无法全然排除外来的强制性影响，在其走向自律之前，他律往往是必经的途径之一。个体社会化的进程不可能完全是其自发的内在要求，其对外在规范的学习与掌握也必然不是一帆风顺的，存在着不断的试误过程。班主任惩戒权正是班主任以社会代言人的身份对未成年学生进行引导与矫正的权力，其存在是必要的、合理的，符合教育活动发展的需要。无视这一客观需要而断然否定班主任惩戒权的存在，不利于班主任教育职责的正常行使，也不利于学生自身的发展。国内外的大量事实都表明，不明确地授予权力而要求班主任履行其实际上无法履行或很难通过合法途径履行的职责，只能导致班主任权力的随意滥用或对学生的放任不管。这是我们不能不引以为戒的。

此外，现代班主任惩戒权的存在也是合法的。传统的班主任惩戒权因缺少必要的限制成了班主任对付学生的“法宝”，惩戒也与肆意欺凌、侮辱相混同。现代教育法制为班主任惩戒权的正常合法行使提供了可能。法治、权利观念的引入，使人们开始从权利相对的角度来看待班主任惩戒权——班主任的确应拥有一定的惩戒权力，这是班主任顺利履行教育职责的必要权利；同时，学生在教育活动中应有一定的发言权，他们不仅仅是教育的被动接受者，也是教育活动的参与者，其正当权益应当得到法律的保护。正如马克思所指出的：“没有无义务的权利，也没有无权利的义务”，班主任和学生在惩戒中的权利和义务是相对的、相辅相成的，而不是绝对的。“依法治教”要求把现代班主任惩戒权纳入法治轨道，明确界定惩戒活动中师生双方的权利和义务，对班主任惩戒行为予以必要的监督与制约，并为学生提供切实可行的权利保护和救济途径。这一切

① 本部分内容主要参考了：劳凯声．变革社会中的教育权与受教育权：教育法学基本问题研究［M］．北京：教育科学出版社，2003：386-388.

将使班主任惩戒权的行使有章可循、有法可依，防止因缺乏明确规范而导致的权力滥用，也就避免了传统班主任惩戒权所固有的种种弊端。

班主任惩戒权在很大程度上是一种强制性的权力，因此，其行使不能不受到法律的约束。现代班主任惩戒权必须在法律框架中运行，其来源、权限范围、行使手段都应有相应的法律限定，惩戒后果必须有一定的救济手段加以补救。班主任惩戒权将逐步摆脱传统的至上无边的特点，开始有明确的边界限制，并将在合理的法律干预下施行。这既是人权保护和社会法治的需要，也是切实发挥教育育人功能的要求。

二、班主任惩戒权的行使

（一）惩戒的主体

惩戒的主体，是指惩戒权力的享有者和惩戒行为的具体执行者，也就是说，谁有权行使惩戒权。一般说来，惩戒行为不同，其所要求的相应惩戒主体也有所不同，而不同惩戒主体的惩戒权限也是不同的。在教育实践中，并不是任何人都可以成为惩戒的主体，都能行使一定的惩戒权力的。

各国教育法中往往明确规定了有关主体的惩戒权限，非主体行使、跨主体行使都是违法的。在其他国家，学校惩戒的主体大都是教师和校长（或校董事会），在惩戒权限上一般都只给予教师轻微的、对学生影响不大的惩戒行使权，而把较严重的惩戒处分权保留在校长或学校手中。

只有合法的主体才能行使相应的惩戒权，做出适当的惩戒行为。任何非惩戒主体作出的惩戒行为、或者虽是惩戒主体却做出超越了自身权限范围的惩戒行为均是非法的、无效的，其做法都是不允许的。未经法律授权，任何对惩戒权的私自转让都是违法的。在我国，有些地方仍存在着以学生管学生的做法，赋予了少数学生或学生干部以惩罚、叱责其他学生的“特权”，这种情况是不符合法律要求和教育目的的。如某校二年级班主任赵某，经常利用本班的班干部管学生。中午放学后，老师回家，留下班干部看管学生做作业；午睡时，老师在家睡觉，派班干部看管学生睡午觉；放学后，班干部留下来看管补作业的学生。长期如此，班干部们逐渐养成了骄横习气，竟拿起教鞭，俨然以监工自居，对补作业的差生轻则谩骂，重则用教鞭打。直到该班一个学生的耳门被班干部用教鞭打坏，听觉受到很大影响，学生家长告至法院后，才使这种情况得以不再延续。现实生活中时有发生的班主任任意不许学生上课、剥夺学生学习权利的做法也是法律所不允许的；因为，作为班主任的个人并不具备停学所要求的主体条件。如宁夏某市一初二女生赵某，在背后议论班主任潘某，被另一同学记入日记。潘某在检查学生日记时发现后当即对赵某严厉斥责，宣布不准赵上课，让赵自己调班或转学。赵被停课5天后学校才知道消息，但未采取对策，在停课7天后赵绝望地服毒自杀。[①]

（二）惩戒的对象

惩戒的对象，是指惩戒行为所指向的对象，即学生的特定越轨行为。惩戒的对象只能是学生的特定越轨行为，而不能是学生个人或其身体、心灵，这是由惩戒的教育性质决定的。惩戒是为了教育学生，戒除其不符合社会规范的行为，促进合范行为的产生，其针对的只能是学生的越轨行为本身，而不是学生个人。此外，在由教师、学生和相应的权利义务关系所构成的惩戒法律关系中，教师和学生同属于主体，其客体也只能指向学生的越轨行为。

正确认识惩戒的对象对惩戒权的合法行使意义重大。只有明了惩戒的对象是学生行为，而不是学生自身，才能在惩戒时做到“对事不对人”，不致出现带有个人感情色彩的极端惩戒现象，真正本着教育目的对学生施行惩戒。学校中学生的越轨行为通常可以分为两类：一类是影响教育活动正常秩序的行为，如携带危险物品入校、扰乱课堂、打架等；另一类行为则较少影响他人，仅是学生个人的低价值行为，如不专心听课、作弊、逃学等。此外，学生越轨行为的发生地既可能是学校内，也可能是学校外。不是所有的学生越轨行为都会成为教师惩戒的对象。作为教育权力的行使，惩戒所指向的只是那些具有一定严重程度，但又未触及国家法律、不引起法律制裁的越轨行为。也就是说，教师只能管理学生的一般越轨行为，较严重的越轨行为（即违法犯罪行为）不属于其惩戒权限，而过于细微的越轨行为尚不构成惩戒的对象。无论学生的校内或校外越轨行为均可以成为教师惩戒的对象，前提是：此行为不仅违反了有关社会规范，而且造成了或可能造成一定的不良教育影响，不惩戒就无法维护正常的教育教学秩序，就不能保证学生个体的教育利益及健康发展。

在判断什么样的越轨行为才能引起惩戒行为的产生时，各国的观点和做法是不同的。一般来说，构成惩戒对象的越轨行为必须具备以下几个要件[②]：

① 郝庆堂．教育法律案例与思考［M］．沈阳：辽宁大学出版社，1990：365—366.

② 劳凯声．变革社会中的教育权与受教育权：教育法学基本问题研究［M］．北京：教育科学出版社，2003：392-395.

1. 违规性

这是确定惩戒对象的前提条件。越轨行为必是违反一定社会规范的行为，这一点是毋庸置疑的。能成为惩戒对象的越轨行为一定要有违反规范的性质，并且它所违反的规范是合理的，体现了教育的正当价值要求和合理的社会规范取向。

2. 破坏性（客观危害性）

作为惩戒对象的特定越轨行为必然对学校生活造成某种程度的破坏，对其他学生有一定的负面影响，并对学生本人的教育和发展造成了相当的困难。这种破坏性或者表现为对一定学习秩序、纪律的扰乱，影响着正常教育教学活动的继续进行；或者表现为长期、频繁的侵犯性行为及不道德行为，影响其本人或他人的正常学习生活。在学生的越轨行为与作为其结果的破坏性影响之间应存在着一定的因果联系。倘若学生的越轨行为并不必然引起相应的破坏性后果，在破坏性后果的产生原因上还有更直接、更重要的因素，或者两者间纯粹是某种巧合时，就不能依据其破坏性后果的严重程度来确定对其越轨行为的惩戒程度。

3. 学生自身的过错与过失

即学生行为的产生来自于其认识错误或行为疏忽，既包含一定的故意越轨成分，也包含相当的无意过失成分。也就是说，学生越轨行为的产生必须是其自身因素导致，而不应有别的外加行为因素的影响。在这种情况下，学生对可能导致惩戒的各种越轨行为及相应的社会规范都已了解，不存在学生因不知道其行为会引起惩戒产生而无意中越轨的可能。这也即要求各种行为规范应事先通告给学生，使其对允为和禁为行为有所了解，在此前提下，对学生的越轨行为（不管是故意还是过失）才可以考虑使用惩戒手段。

4. 越轨行为系学生个体所为，越轨者有能力控制其行为的产生与发展

作为独立个体的学生依其年龄大小具有不同程度的行为能力，一般来说，学生对其行为应有一定的负责能力，具备了基本的权利能力和行为能力。因此，追究学生越轨行为责任时，必须考虑到学生在多大程度上应为其行为负责，其是否具备为此种行为的权利能力和行为能力，考虑到学生身心发展成熟程度的影响。不能要求学生为其行为能力之外的事件或行为负责，也不能要求学生在其行为能力不完全的情况下为其不可为或做不到的行为。如有的地方因未交集资款而将部分学生赶出教室，有的教师因学生未完成作业而惩罚学生（不问清具体原因），都不符合这一要件的要求。

惩戒对象的构成必须满足上述四个要件，即能够引发教师惩戒行为产生的学生越轨行为应是上述要件的总和。只有在这种情况下，惩戒权才有行使的必要。

三、我国中小学班主任惩戒权的现状与建议①

（一）我国中小学班主任惩戒权的现状

我国中小学教师惩戒权问题存在着一个怪圈：一方面，传统的教育观念使许多社会成员对教师惩戒权有种种误解，如认为教师惩戒权是教师天然拥有的超越于家长教育权和学生自身人权之上的无约束权力，或者将教师惩戒权简单等同于体罚权，断然否定教师拥有此种权力；另一方面，现行教育政策法规并未提供明确的教师惩戒权依据，对此多采取回避态度，立法不足的同时伴随着监督机制、救济渠道的缺乏，使教师惩戒权“有实无名”，其行使处于严重的无度状况，教师违法惩戒事件屡有发生。这两方面互相影响，形成恶性循环，影响了中小学教育活动的正常进行。下面就着重从观念、政策法规和实践三个层面来探讨我国教师惩戒权的现状及其成因。

1. 观念层面

传统的教师如父，崇尚“师道尊严”的文化氛围使不少家长和教师都在无形中把本是平等的师生关系曲解为教师的绝对权威。在这种情况下，教师作为学生知识的传授者与道德培养者的地位得到进一步强调与重视，教师的象征性权威得以高度肯定，实际抬高了教师在教育过程中的地位。而这种象征性权威在经历了历次政治运动和改革开放以来重商主义风气的冲击后已经显得十分脆弱，尽管在法律中教师的象征性权威得到继续肯定和抬高，但在社会生活中教师地位并不令人满意。当这种极脆弱的象征性权威呈现在学生面前时，其所具有的对学生的影响力也大大减弱。这种明显的权威反差使不少教师难以适应，无所适从。由此引发了教师对自身角色的反思。当教师过分强调自己的角色意识时，其师生不平等意识得到强化；而当教师过分淡薄其角色意识时，就会产生对学生的放任不管态度。就现状看，前一种情况更为普遍，更有代表性。从南京市的一项调查来看，有56.7%的小学教师和38%的中学教师更为看重自身的象征性权威，认为自己是偏重提供价值示范的道德性教师②。也就是说，有相当一部分教师将价值文化传递作为自身重要任务，承认自身的价值规范的中介地位。象征性权威的发挥作用，在很大程

---

① 本部分内容主要参考：劳凯声．变革社会中的教育权与受教育权：教育法学基本问题研究［M］．北京：教育科学学出版社，2003：425-436.

② 参见刘云杉．我国中小学教师权威状况探析［J］．教育理论与实践，1997（4）．

度上是教师惩戒权的行使过程。当教师过分强调自身的象征性权威，在认定自身角色时一味把自己看做是学生的指引者、真理的化身时，就会把教师惩戒权视作对付不听话学生或胆敢“冒犯”“师道尊严”者的工具，教师惩戒权就失去了其应有的意义。这种观念上的偏差不仅使教师滥用其惩戒权力，也使社会其他成员对教师惩戒权产生了误解。近年来发生的教师侵权案件中，有不少就起因于教师为维护其所谓“师道尊严”而大打出手。

2. 政策法规层面

政策法规对教师惩戒权的规定与引导，是保障教师惩戒权合法、有序行使的重要前提，而在这一层面上，我国的欠缺还很多，主要表现在如下方面。

（1）立法不足。立法不足是我国教育法立法中经常存在的问题，在教师惩戒权方面尤其严重。在现有政策法规中，对教师惩戒权基本持回避态度，既未肯定教师有此权力，也未明确否定；而《教育法》、《教师法》中关于学校教师的权利、义务的设定中，教师对学生的管理指导权、学校对学生的管理处分权又分明隐含着教师惩戒权的应有之义。这种模棱两可的态度本身就表明了有关决策者在此问题上的摇摆不定和认识不清。立法时的有意回避使我国中小学教师惩戒权缺乏明确的立法依据，给教师惩戒权的正常行使带来了极大的困难。再加上现有法律条款语言的模糊性及缺乏相应的判定标准，已有的对于教师惩戒权的限定只停留在法律纸面上，未能转化为有力的实践指导工具。立法不足使现有法规在教师惩戒权方面存在着许多空白，在很大程度上不利于我国教师惩戒权的合理行使。

（2）缺乏完善的监督机制。任何权力，如果没有监督与制约，都可能导致权力的滥用，即使这种权力的存在有多么合理和必要，也不能保证其权力的行使不会造成坏的结果。“一切有权力的人都容易滥用权力”①，因此，必须对权力进行某种限制，对权力运行过程予以必要的监督。对教师惩戒权而言，其面对的是自我保护能力较弱，权益易受侵害的未成年学生，更需要受到全面的监督与制约，以保证教师惩戒权的行使合理、公正，具有最大的教育性。由于教师惩戒权的法律依据不明，这种立法上的不足使人们对教师惩戒权问题认识模糊，什么是教师惩戒权，教师在何种情况下、何样范围内、以何种形式行使其惩戒权才是合法的，对广大社会成员包括许多教育工作者

① 孟德斯鸠语，转引自程燎原，王人博．赢得神圣——权利及其救济通论［M］．济南：山东人民出版社，1993：194.

自身来说都是迷惑不清的。这严重地影响了公民个人、社会团体及舆论对教师惩戒权监督作用的发挥。

3. 实践层面

观念的偏差、政策法规导向的不明使中小学教师在惩戒权的现实行使中存在着较为严重的随意性，缺乏适当的“度”的控制。教师惩戒权的这种无度行使主要表现在以下几个方面。

（1）体罚现象屡禁不止，侵权事件不断发生。尽管有关法律明文规定禁止体罚和变相体罚，但各地的体罚现象有增无减，花样也不断翻新。除原有的罚站、打骂、罚跑、罚抄等形式外，还出现了罚跪、罚爬、罚劳动等多种形式。体罚的原因也涉及方方面面，上课迟到、课堂讲话、做小动作、不按时完成作业、作业质量差、课间调皮打闹、考试成绩不佳等都能导致体罚发生。①

（2）教师惩戒行为的随意性大，在采用惩戒方式时无固定的标准，缺乏科学性。众多案例表明，教师在行使惩戒权时缺乏相应的标准，其惩戒形式的选择往往随意性很大，特别是教师个人惩戒权的行使，常常由个人喜好、心情好坏决定，其随意性更大。这种随意性不仅易使教师独断专行，造成对学生权利的侵害，也使教师的惩戒行为具有较大的不公正性，对不同的学生表现出截然不同的态度。

（3）学生的合法权益在惩戒过程中得不到尊重和保护，常受到教师有意无意地侵害。尽管教育法律对学生权利规定了相应的保护性条款，如禁止体罚、变相体罚及有辱学生人格尊严的行为，但学生权益仍未得到应有的尊重与保护。除体罚外，学生的人格尊严屡受践踏，是当今较为严重的普遍性问题；有的学者称之为“心罚”，认为是一种摧残学生心灵，与体罚相比有过之而无不及的教育病理现象②。据北京市教科院的调查，小学、初中、高中学生中有时看见教师嘲笑、讽刺、挖苦同学的分别为44.8%、70.2%和80.3%，经常性见到的则分别为10.8%、20.2%和9.5%③。此外，由于对具体的惩戒形式及其程序无明确统一的规定，学生的程序性权利基本处于缺损状态，其实体性权利也得不到切实保护。

---

① 参见筱克：“中小学教师素质：一个社会关注的热点”，载人大复印资料《中小学教育》，1997（1）；周林官等：“制止体罚学生对策初探”，载《学校管理》，1997（5）.

② 参见田汉族．心理惩罚教育——一种隐性的学校教育病理现象［J］．高等师范教育研究，1997（1）.

③ 北京市教科院：《对构建素质教育的课堂教学体系的初步研究（调查报告）》（未发表），1998.

(4) 教师行使其惩戒权时，并未体现惩戒的教育性，而多是以惩代教、以罚了事。惩戒只是教育的一种手段，其目的是为了教育学生去除越轨行为，促进学生合规范行为的产生。但在教育实际中，许多教师却把手段视为目的，为惩罚而惩戒，动辄以罚要挟学生，将其视做恐吓工具、杀手锏，使惩戒失去了其本身应有的教育意义。惩戒应该是制裁与教育的结合，可在一些教师眼中，惩戒就是单纯的惩罚，本应讲求方法，追求教育效果的惩戒权的行使过程就演化为赤裸裸的惩罚过程。

(二) 对我国中小学班主任惩戒权完善的几点建议

1. 制定切实可行的法律法规

面对当前严重的教师惩戒权的无度行使问题，作为实践指导的政策法规不能再对教师惩戒权问题保持沉默，一味回避，而应明确国家态度，通过相应的立法授予中小学教师以合法的惩戒权力，并拟订实施细则将其行使限定在法律允许的范围内。其涉及的内容应包括：中小学教师惩戒权的内涵、外延、意义及其法律地位，教师惩戒权的性质、目的与法律许可或禁止的形式，以及对惩戒权行使的合理范围限定、监督与救济途径的设定，等等。

2. 正确引导社会舆论，使社会对教师惩戒权有一个公正的认识

一般来说，完全否认中小学教师有惩戒权的并不多，多数人还是倾向于肯定教师在一定条件下拥有相当的惩戒权，只是对惩戒权的具体行使有不同的理解而已。传统观念的影响，使许多教师把惩戒权视为无任何限制的绝对权力，酿成了不少不该发生的悲剧，也使很多家长和学生对教师惩戒权存有顾虑，担心确认其存在会加重惩戒权的肆意行使。因而必须对其加以恰当地引导，使人们从观念上能接纳并了解教师惩戒权，同时对教师惩戒权的行使予以必要的监督。

3. 改变传统的管理方式，更新教育教学观念，防止教师过于依赖惩戒

传统的学生管理方式以控制为主，要求学生绝对服从教师，不提倡学生异想天开、自由创造。与之相应的，是教育教学方法的刻板与僵硬，较为看重惩罚手段。要使教师惩戒权走上有序合理行使的轨道，光靠限定教师惩戒权本身是远远不够的，必须去除这一制度性顽症的基础。首先必须更新教育教学观念，对传统的管理方式、教育方法予以更新，防止教师过于依赖惩戒方式，过分使用其惩戒权。其次，在条件允许的情况下，应努力从制度方面予以突破。再次，加强对教师的法制教育和职业道德教育，增强其权利意识与敬业观念，树立尊重学生权利的新师道观。

4. 建立完善的监督与救济机制，保护学生的合法权益不受侵害

首先应保证监督机制的有效运行。在明文公布教师惩戒权正常行使的标准之后，严格依据此标准由相应的监督主管机关对教师惩戒权的实际行使状况进行监督，发现不当行使立即按照有关规定处理。其次，明确教师惩戒权不当行使时学生寻求救济的具体途径，使学生诉权得以真正实现。

5. 建立非行政性中介仲裁咨询性组织，对惩戒权行使中的有关纠纷予以调解和仲裁

首先，这种组织是非行政性的，是依托社区，由相应的社区人员组成，包括一定比例的中小学教师、学生、学生家长及社会工作者，介于教师和学生之间开展工作。其次，其工作对象是轻微至中等程度的、有调解可能的教师惩戒权纠纷，教师的行为可能属违法惩戒，也可能在正常的惩戒权行使范围内。再次，此组织担负着向学生及其家长提供有关教师惩戒权的背景知识的任务。在现实生活中，家长、学生对教师惩戒权并不十分了解，对其行使缺乏完整的具体认知，加上他们往往对教育过程中的各种问题不太理解，对自身权利并不完全知晓，因而在维护自身权益方面存在着许多困惑与不解。

第三节　班主任惩戒的合法性审查

教育不能没有惩罚，惩罚是教育中必不可少的一种教育方式，尤其对于成长中的未成年学生来说更为必要。但是，班主任如何使用自己的惩戒权，如何使自己的惩戒权控制在合法、合理的限度内，则是值得探讨的话题。

一、惩戒的原则

班主任惩戒权的行使并不是漫无目的、毫无限制的，必须遵循一定的原则性要求，受到一定的程序性限制。这在很大程度上取决于班主任惩戒权的特定行使环境，取决于其惩戒相对方的特殊性——必须对作为未成年人的学生的合法权益予以尊重和保护。在这一点上，世界各国的出发点是相同的，其做法也有很多相通之处。班主任在行使惩戒权时，应该遵循以下原则①。

① 劳凯声．变革社会中的教育权与受教育权：教育法学基本问题研究［M］．北京：教育科学学出版社，2003：396-399.

(一) 惩戒必须具有教育性

学校的职能是教育学生，因此班主任所施行的惩戒行为在本质上是教育性的，其出发点是为了使学生受到教育，而不仅仅是通过强加惩罚使学生感受痛苦和耻辱而已。马卡连柯曾专门论述了现代学校惩罚制度与传统学校惩罚的不同，认为在基于社会严重对立的旧学校里惩罚已变成了暴力，成了对学生人格的残酷侮辱，而现代学校惩罚制度应起积极的教育作用。他反复强调，"惩罚本身不是目的"、"其内容并不重要"，使用惩罚应考虑到其教育效果；"惩罚应当是教育"，应使被罚者"真正认识到为什么要惩罚他，并且理解惩罚的意义"①。日本学者指出，"学校组织的制裁职能，是为了纠正从教育观点上看学生发展的各种问题行为而执行的"，应"是从教育角度对学生的关怀"，"以教育方法为目标"②。日本教育法在赋予班主任惩戒权的同时，指明其使用应出于"教育上的必要"，日本法院在判例中也表示班主任惩戒权的行使应考虑到教育目的，应从教育角度出发来确定惩戒的形式③。作为一种不得已才采用的教育手段，班主任在行使惩戒权时不能不首先考虑其教育性如何；毕竟我们的目的是使学生改过迁善，是为了促进其合规范行为的产生，使学生个体得到更好的发展。

2. 尊重学生的人格

惩戒是对学生的一种教育，它要求学生进行反思，改变现有的不合规范行为，体现了班主任和社会对学生的要求与期望。惩戒行为在体现相当要求的同时，必须表现出对学生的尊重。正如马卡连柯所倡导的，任何教育都应是尊重学生与严格要求相结合，应该"尽可能多地尊重一个人，也尽可能多地要求他"。班主任行使惩戒权时也应遵循这一教育的基本原则。对学生的惩戒不是侮辱，"不应使学生受到痛苦，不应有丝毫的压抑性质，不应有丝毫侮辱儿童人格的内容"。惩戒应当本着对学生的人格抱以尊重、关切与爱护的态度施行，惩戒本身应包含有尊重学生的成分。④ 这一点在国际公约中也有体

---

① 参见《马卡连柯教育文集》，上卷，第 94 页，284—285 页，人民教育出版社，1985；何国华，燕国材：《马卡连柯教育思想》，第 223—230 页，湖南教育出版社，1986.

② ［日］石田幸武，武井植次："学校与犯罪"，载《国外社会科学情报》，1989（9）.

③ ［日］文部省大臣官房総务课法令研究会编：《学校管理运营实务必携》，第 298 页，第一法规，1978.

④ 何国华，燕国材：《马卡连柯教育思想》，第 223—230 页，湖南教育出版社，1986；《马卡连柯教育文集》，上卷，第 98—100 页，人民教育出版社，1985.

现。1959年的《儿童权利宣言》主张，“儿童的最佳利益应该是负责儿童教育的指导原则”，即“不要伤害任何儿童”。1989年《儿童权利公约》再次重申“关于儿童的一切行动应以儿童的最大利益为首要考虑”，“学校执行纪律的方式”应符合儿童的尊严，确保儿童“不受任何酷刑或其他形式的残害、不人道或有辱人格的待遇或处罚”①。惩戒绝不等于对学生的侮辱，这一点是班主任行使其惩戒权时必须牢记的。

3. 惩戒应合理并公正

在学校情境中，学生相对于班主任来说，总是处于一种弱势地位，往往只能被动地接受班主任合法或非法的行为而无力抵制其非法侵害，这就要求班主任在行使其惩戒权时必须做到“合理公正”（Fairness & Reasonableness），不滥用自己的权力，切实维护学生的合法权益。这主要包括：在惩戒行为发生前，应使学生明白什么样的行为会受到惩处，自己的行为为什么会受惩处；在确定具体惩戒方式时，不应过于严厉，应考虑到学生的身心发展水平、平时表现等其他因素，并与其越轨行为的程度相对应；在行使惩戒时应遵循一定的标准、制度合理地进行惩戒，而不是为了报复学生或班主任对自我情绪不满的宣泄，不因个别学生的越轨行为而迁怒于学生团体，不采用集体惩罚而使学生无辜受罚，等等。

班主任所拥有的惩戒权不是毫无限制的，其行使必须遵从一定的范围限制，不超出法定的合理界限。在日本，惩戒是为了达到教育目的而不得不强加给学生的一种制裁手段，必须在教育上确有必要的前提下行使。班主任行使惩戒权时，不能超过法定的界限和合理的限度，其采用的惩戒方式要与学生年龄、身体状况、当时情境等环境因素相一致，不能超出学生的承受能力，剥夺学生的受教育权、施行体罚等都是不允许的，不能构成实质的对教育活动的损害。

总之，班主任惩戒权的行使，必须符合两个条件：合法和合理。合法表现为行使惩戒权的只能是惩戒的主体，其惩戒行为必须遵循权限要求和法律约束，其所采用的惩戒方式应该是法律允许的，惩戒过程应严格遵守法律程序的要求；合理则表现为班主任在对学生特定越轨行为进行惩处时，其自由裁处权的使用应符合教育活动的价值要求，与对学生的教育相一致，有充分

① 参见（台）“中华民国”教育学会编：《教师的权利与责任》，第296—297页，（台）师大书苑出版公司，1995；李龙，万鄂湘：《人权理论与国际人权》，第250—252页，武汉大学出版社，1992；劳凯声，郑新蓉等：《规矩方圆——教育管理与法律》，第475页，中国铁道出版社，1997.

客观的事实根据和法律依据，同学生的越轨程度相对应，不带有任何个人偏见与感情因素。只有满足这两个条件的惩戒行为，才符合教育法的本质要求，才能促进学生行为的真正转变，而不至于造成消极影响。

二、惩戒的形式

班主任惩戒权的行使在不同具体情境下有差异，其形式也并不固定。在由班主任个人行使的教育性惩戒中，惩戒的具体形式常由班主任个人决定；学校行使的惩戒处分也往往不限于停学、开除等固有形式，在一定情况下可由学校自行选择。惩戒权的行使本身是一权力运用过程，因不同情境而带有一定的灵活性，其形式也就多样化，而教育法不可能对其采用列举方式一一列出，只能作出原则限定、列出主要形式，这就给班主任选用惩戒形式留下了较多的自由裁量余地。但惩戒权毕竟是着眼于帮助学生改变越轨行为的教育性权力，班主任所采用的惩戒形式必须具有教育性，能切实改变学生的越轨行为，终止或消除其行为的不良影响。班主任在确定具体惩戒形式时，必须考虑到学生的年龄、身体状况、性格特点、越轨行为的严重性、应予惩戒的实质和严重程度、学生平时表现等多种因素；此外，还应考虑到是否存在采用较轻惩戒形式也能达到同样效果的可能性。在各国法律规定及实际运用中，较为常见的惩戒形式，一般包括以下几种①。

1. 言语责备（Verbal reprimands）

言语责备是指用语言直接对学生进行批评，指出学生行为的不可接受性，以督促学生改正的手段。这是惩戒中最轻微的一种形式，往往由班主任个人在课堂或班级情境下使用。它可以是公开的，也可以是私下的；可以是直接的口头批评，也可以是间接的言语暗示。它是一种最初的警告，也是一种善意的提醒，其目的在于引起学生的注意，使学生明白自己行为的越轨性，从而帮助学生控制自我行为，遵从各种行为规范。

2. 隔离措施（Time out）

这种隔离措施借助于把学生从其扰乱背景中分离出来的方法来控制学生行为的后果，是一种简单的社会隔离方式，以此促使学生反思其行为的越轨性。隔离措施有各种具体形式，如在教室里隔离，让学生坐到教室一固定角

① 劳凯声．变革社会中的教育权与受教育权：教育法学基本问题研究［M］．北京：教育科学出版社，2003：400-402.

落里或教室后部空地处，以中断其扰乱行为；或者让学生坐在教室门外或窗口听课，送学生到另一班级的教室去短期借读，或是将其送往校长办公室或其他中性场所，等等。隔离措施的关键是把具有扰乱行为的学生暂时从当前活动中移走，以免影响其他学生的正常学习；被隔离的学生常被送往一中性的、脱离原活动范围之外的场所，并在一定程度上保证其受教育权的正常实现。这种隔离措施多使用于课堂情境中，其时间不宜过长，课堂内的隔离一般在 5 分钟左右，而其他隔离方式一般控制在一刻钟至一小时之间，不应持续太久。

3. 剥夺某种特权（Denial of privilege）

学生行为不当的一种否定性制裁后果是剥夺其某种特权，这常表现为对其参加课外活动的权利予以一些限制。被剥夺的特权必须是学校正常教学活动之外的、与学生受教育权无直接联系的权利，如参加某种课外兴趣小组的权利、出外野游的权利等。参加体育课、参与国家统一考试等的学业性权利不属于可被剥夺的特定权利之列。

4. 没收（Confiscation）

当学生的越轨行为与其特定的物品有关，这些物品的存在妨碍了学生本人或他人的学习、受教育或威胁到其健康与安全时，作为惩戒，班主任可以没收这些物品。班主任没收行为必须有合理的动机，即其没收是基于对学生教育的考虑，而不是出于收归己用的利私心理，否则此行为不属于惩戒，而构成法律上的非法侵害他人财物。对那些只具有一定扰乱性、自身并无危害性的物品，如玩具、课外书籍、宠物等，没收只是暂时的，班主任应在对学生进行教育后将其归还给学生本人或家长。

5. 留校（Detention）

留校，是指在放学后把学生扣留在学校里一段时间。这种惩戒形式一般由班主任根据学生的越轨行为程度决定其时间长短和性质。留校通常不应超过半个小时，不应变成对学生的一种随意性处罚，不应成为体罚的变种。对班主任来说，使用留校这种形式必须考虑到其目的，并安排额外的一些活动，不使留校成为学生的娱乐性奖赏或同辈间炫耀的工具而丧失其惩戒作用。留校时间内，班主任应保证学生在校安全，并不影响学生正常的生理需要。必要时，班主任应与家长取得联系，告知留校事由、大致时间，保证学生能安全返家。

6. 警告（Warning）

这是一种较严重的责备方式，属于全校范围内的惩戒批评方式，常用于对学校教育教学秩序影响较大的学生越轨行为的惩处，是学校对学生的惩戒处分中最轻微的一种。它可以是在全校师生大会上的点名批评，或是在学校公告栏中张贴布告予以批评，常借助于学校整体舆论力量促使学生改变其不良行为。

7. 记入学生档案的处分（Record of discipline）

这只适用于学生越轨行为严重，对学校影响较大的情况，即把学生所犯错误记载下来，作为学生档案的一部分。它往往会造成对学生日后进入社会的实质性障碍，影响其未来的受教育和就业机会，因此一般不轻易使用。在采用此形式时必须严格按事实本身记录，并给予学生申辩机会；学生家长或年满 18 周岁的学生应有权查阅学生档案，了解有关记录是否客观、公正、合理。我国的记过处分基本上属于这种形式，不同的是，在我国，警告、记过、留校察看等纪律处分都要记录在案。如何正确合理地适用此惩戒形式，涉及学生的公正评价权、个人隐私权等，并要求对学生本人及家长有一定程度的公开，这在我国还未完全提上议事日程。

三、惩戒权合理行使的认定①

班主任惩戒权的行使不应以学生的合法权益的缺损为代价，这是惩戒权合理行使的前提。这就需要明确惩戒权行使的合理界限，对班主任的惩戒权力予以某种限制。

合理的惩戒权的行使首先是符合学生身心发展的需要与特点，与国家有关法律法规相一致的。学生的道德认识、行为发展是分阶段，有层次的，不同的年龄阶段，不同性格、性别的学生，其遵从外在行为规范的具体条件也有差别，不宜采用一刀切的做法。因此，班主任在适用惩戒权的不同具体情境下，应根据实际情况，综合考虑相关因素采用恰当的惩戒方式。其次，在不同的教育类型中所适用的惩戒手段也存在着差异性。如在义务教育阶段，一般不能采用停学、勒令退学或开除等惩戒形式，而在非义务教育阶段，对上述惩戒方式的限制就较小。在公立教育中，学校班主任惩戒形式一般由国家明确规定，学校自身无权增删；而私立学校则可在遵守法律的前提下，根据与学生家长的事前约定，对学生采取必要的其他形式的惩戒。再次，合理

① 劳凯声．变革社会中的教育权与受教育权：教育法学基本问题研究［M］．北京：教育科学学出版社，2003：417–418.

的班主任惩戒权的行使注重对学生权利的尊重与保护，班主任惩戒行为是在遵循惩戒权行使的实体限制和程序限制的前提下进行的，对学生诸权利给予了一定的关注，一般不会侵犯学生的合法权益。

认定班主任惩戒权的行使是否合理，一般需涉及以下因素。(1) 其惩戒行为是在其权限范围内做出的，无越权现象。即班主任惩戒权的行使主体必须符合法定条件，其惩戒行为必须与其身份相符。(2) 班主任惩戒行为是针对学生的特定越轨行为作出的，其严厉程度与学生越轨程度是一致的。这要求惩戒行为必须发生在学生的特定越轨行为之后，是学生越轨行为的自然结果。(3) 惩戒权在行使时班主任完全出于教育目的，无任何借此机会教训、打击或报复学生的故意。班主任应确信自身的惩戒行为对学生富于教育性，不会造成学生权利的受损。(4) 班主任惩戒权的行使未损害学生的合法权益，或与损害事实间无直接因果关系。也就是说，班主任惩戒行为不是造成学生意外伤亡的直接原因。根据上述因素，就可以判定班主任惩戒权的行使是否合理，班主任是否应为惩戒结果负法律责任。这是区分合理惩戒与非法惩戒的关键。

本章小结：教育环境对学生过错的态度直接影响着学生是非观、道德观的形成与发展。当学生犯下了较为严重的错误而又对班主任的劝告置若罔闻，以致有恃无恐、为所欲为时，适宜的惩戒对学生的成长非常必要。提倡教育中运用适宜惩戒的运用，既是为了学生，也是为了教育。没有惩罚的教育不是完整的教育，没有惩罚的教育是一种虚假的教育、脆弱的教育、不负责任的教育。可见，惩罚是学校教育的需要，是学生成长的需要。惩戒只是教育的一种手段，其目的是为了教育学生去除越轨行为，促进学生合规范行为的产生。惩戒教育不是体罚教育，有它本身的原则和不可替代的作用，如果能恰当地发挥它的作用的话，对学生的教育效果将更加完美，我们的教育手段也会进一步完善。惩戒的着眼点应真正是从保护学生、引导学生和发展学生的角度出发，批评、惩戒也是阳光。既不吝啬表扬，也不放弃批评，既要学会赏识，又要学会惩戒，尽力使学生常常处于阳光之中，这应是班主任永恒的责任。

【思考题】

1. 简述问题学生的表现特征。
2. 简述班主任惩戒权的涵义。
3. 简述班主任行使惩戒权的原则。

4. 如何认定班主任的惩戒权合理？

5. 结合实际，论述问题学生的转化策略。

6. 案例分析：

西安市某省级重点中学，为了杜绝学生的迟到现象，学校实行量化管理，规定：每天迟到的学生要签到，扣所在班级量化管理分数。量化管理分数是各班级评比先进集体的依据，也是决定班主任月奖金等级的依据。因此各班主任都非常重视学生的迟到现象。大部分班主任班会和学生谈心等方式，教育学生严格遵守学校作息制度，不迟到早退。但也有一些班主任在班级实行了一些“土政策”：

甲班班主任规定：罚迟到学生扫操场一周。

乙班班主任规定：罚迟到学生早操后在操场跑步十圈。

丙班班主任规定：迟到的学生干脆别进校，回家自习，下次上课时间再来。

思考：试用所学习的教育法律的相关知识分析上述甲、乙、丙三个班主任的行为；并谈谈你对如何制止学生迟到现象的看法。

【阅读导航】

1. 万玮、张万祥、郑学志．班主任工作助手丛书·遭遇问题学生：问题学生的教育与转化技巧［M］．北京：中国轻工业出版社，2010 年版。

2. 李迪．大夏书系·做学生欢迎的班主任［M］．上海：华东师范大学出版社，2009 年版。

3. 周达章．21 世纪班主任工作案例精粹（小学版）［M］．宁波：宁波出版社，2005 年版。

4. 陈惠英、赖新元．班主任工作经典教案·班主任对学生的激励与处罚［M］．哈尔滨：北方文艺出版社，2008 年版。

第十章 基于法律法规的班主任自我发展策略

案例导读： 一位年轻的女教师愉快地走进自己的教室，发现黑板上画着一个头像，上边写着她的名字，在名字后面还加上“遗像”两个字。看来，暴风雨即将降临在这个教室了！但是，这位女教师的表现却出乎人们的意料。她面带笑容对着画像欣赏了一番，转脸环视全班，平静地说：“画得很像我，字也写得不错，可是多写了一个字。”当她从学生表情上认定画像是杨帆的“杰作”之后，点名提问了他。杨帆回答：多了一个“遗”字。“为什么?”教师追问。“因为老师没有死，所以不是‘遗像’”。“回答得很好!”教师微笑着点头赞许，并请他把画像擦掉，然后宣布上课。事情就这样不动声色地结束了。从此女教师从未再提起这件事。一天女教师接到了杨帆的信，向教师承认错误。女教师找到他说：“近来你进步很快，我很高兴，相信你已经懂得人与人之间最重要的是相互尊重人格，有了这种尊重，人与人之间的关系才能和谐。”杨帆频频点头。

爱迪生曾经说过：“任何问题都有解决的办法，无法可想的事是没有的。要是果真弄到无法可想的地步，那只能怨自己是笨蛋，是懒汉。”尽管话近乎尖刻，却也不失深刻。身为教育工作者，在遇到令人尴尬的问题时，要时刻懂得以退为进的方略，让学生在一种温情脉脉的氛围中接受教师的建议和批评。只要我们拥有平静的心态和创新的思路，不露痕迹地、积极地进行心理暗示，即可促使学生提高源自内心的觉悟，进而达到自律。这才是真正打动人心的教育艺术，是教师教育智慧的体现。

第一节 班主任应有的智慧与情怀

有人说，班主任不是人做的，因为班主任太辛苦了，而且很多工作得不到理解、认同和回报。这句话有道理，但是，班主任也不是什么人都能做的。没有教育的智慧与情怀，没有对孩子喜爱与尊重，没有对自己责任的认知与担当，是做不好班主任的。

（一）做有智慧的班主任①

班主任要有教育智慧，有智慧的班主任才能培养出有智慧的学生，富有教育智慧恰恰是班主任专业化的理想境界。

近代英国教育家洛克把教育理解为“四件事情”，即“德行、智慧、礼仪、学问”，并认定“学问最不重要”而“智慧最重要”。他认为智慧可使人能干、有远见，能很好地处理事物，并对事物专心致志。因此，做“智慧型”班主任是班主任专业化的不懈追求。

什么是“教育智慧”呢？中科院院士王梓坤先生说：“智慧的一般概念与教育的结合变成了教育智慧，也就是说，教育智慧是对教育的深刻理解、领悟以及正确的判断和预测。”郭秀娟先生的《智慧的教师培育有智慧的学生》中有这样一句话：“育人的智慧实在没有什么奥妙可言，只要让学生乐意接受你的教育方式，并能改正错误就行了。”这话说得再朴实不过了。至于哪些方法学生乐于接受，哪些方法学生不愿接受，这里边还大有学问。实践证明，同一种教育方式对甲学生适用，对乙学生就未必适用；同一种教育方式在这种场合学生会欣然接受，换一个场合就可能适得其反。因此，教育智慧决不单单是方式方法问题，而是要研究“学生乐于接受”背后的东西，这也恰恰是教育智慧之所在。人们都清楚，学生的个性是千差万别的。不同个性的学生，在不同场合，出现的问题、所犯的错误也会各不相同，自然要有针对性地选择不同的谈话时机、场合和方法，这是体现教育智慧的重要方面。

所以，班主任的教育智慧关键体现为在对学生深入了解、研究的基础上，对教育规律的科学把握，对教育环境的巧妙选择，对教育方法的灵活运用。除此之外，更重要的是，热爱每一个学生。教育智慧的特质是指，在对学生尊重、理解、信任、宽容的前提下，在对教育价值的深刻领悟的基础上，从自己的教育教学实践和学生思想实际出发，能动地驾驭教育教学局面，并对各种教育教学现象有正确的认识，对实践中遇到的问题具有敏锐的观察力，处理偶发事件具有当怒不怒的自控力、迅速而准确的判断力、审时度势的变

---

① 本部分内容主要参考：杨连山．教育智慧——班主任专业化的理想境界［J］．天津教育，2006（6）：48-49.

通力。这些能力是班主任在掌握丰富的专业知识及实践经验与教育科学理论相结合的基础上，建立起来的教育哲学思想，是体现在施教中能够符合教育规律、用自己的睿智在各个教育教学环节中巧妙地引导学生主动发展的智慧。

班主任的教育智慧是怎么形成的呢？

首先，教育智慧在师爱中孕育。一个人可能很有智慧，但是，如果他从事教育工作仅仅是不得已而为之的选择，或只是一种暂时谋生的手段，那他就不会热爱教育事业、不会热爱他的学生，就会因为班主任工作的艰巨、复杂而感到烦恼，甚至对学生中出现的问题缺乏耐心，控制不住自己的情绪，产生违背师德的行为，如此，谈何教育智慧？许多专业素养高的班主任的实践证明，只有热爱学生，才能把学生犯错误视为其生命成长的必然，才能理解他们，并在尊重其人格的前提下，帮助教育他们，才能保持良好的心态，并从中孕育教育智慧。

某小学一年级的一名新生，还不适应学校生活，经常赖在家里不去上课，父母一筹莫展。为此，班主任登门家访。学生对班主任说："我不愿意上学！"班主任微笑着说："你不去上学，我会想你的！"学生高兴极了，从此每天都早早地来到学校，她对同学们说："老师可喜欢我啦，我不来上学老师会想我的！""你不去上学，老师会想你的！"好让人感动啊，难怪学生会天天早早地来到学校，不仅改掉逃学的毛病，而且还产生了一种自豪感，班主任的话语好似一股春风温暖了学生的心。

其次，教育智慧从知识中生成。"知识重于财富，智慧重于知识"，这已经成为世人的共识。但是，说起知识和智慧的关系来，知识乃是智慧生成的基础，智慧则是灵活运用知识解决教育中实际问题的体现。可以这么说，智慧从知识中来，知识是追求智慧过程中的阶段性产品，是智慧的基本指标。因此，班主任只要善于学习、善于思考、善于运用知识观察新现象、分析新问题、解决新矛盾，就会产生新思路、新方法，教育智慧就会展现出来。

一位年轻班主任，在课上要求学生用举右手表示肯定的判断，用举左手表示否定的判断时，突然一位女生站起来说："老师，我不知道哪是左手哪是右手。"语音刚落，全班学生大笑。这位班主任一愣，随即冷静下来。他首先制止了全班学生的笑声，对提问的学生说："请王华同学看好，这是左手，这是右手。"班主任边示范边说："同学们，其实这并不可笑，我们每个人都可能发生这种情况，心理学上叫暂时性遗忘。据说大科学家爱因斯坦有一次竟忘了自己的姓名。"然后，他话锋一转："哪是左手哪是右手的问题都敢提，这是一种敢于质疑问难的良好学习习惯，也是一种非常好的学习品质。我相信有了这种好习惯，王华同学一定能把功课学得很好。”

一个初中生不知道哪是左右手，真的不可思议，也足以让教师动怒。然而，这位班主任对这件事的处理真的让人肃然起敬。他何止是在教学生如何读书学习，分明是在呵护学生脆弱的心灵。他不仅没有批评，而且是为“王华不知左右手”的令人不解的现象找出心理学依据（“暂时性遗忘”）和事实依据（爱因斯坦“忘了自己的姓名”），这实际是在呵护学生的自尊、灵性和生命，就像对待荷叶上的露珠一样小心翼翼地保护着学生的心灵。教育是智慧的工作。这位班主任如果没有丰富的专业知识，就不可能产生这种教育智慧。

再次，教育智慧在经验的积累中升华每位班主任都有从事教育教学的成功的经验和失败的教训，这些都是班主任专业化发展的宝贵财富。因为，班主任的专业素养恰恰是在对自己教育教学成功与失败的反思中提高的。反思可以使班主任超越懵懂走向成熟；反思可以使经验不断积累，实现由量变到质变的飞跃，即由经验积累到智慧的升华。教育智慧是在透视现实、改造经验、提升道德人格、锻炼综合能力的过程中形成的。班主任面对教育的复杂现实、异彩纷呈的教育现象和个性鲜明的学生，只有不断反思与改造自己的教育行为，才能形成新的观念、新的思想、新的理解，在若干次成功与失败的较量中实现顿悟，形成教育智慧。

在物理课上，男生小敏总是喜欢说话，影响周围的同学听课，任凭刘老师怎样教育，他就是置之不理。刘老师忍无可忍，终于发怒了，他拉住了小敏的手，把他请到了校长办公室。小敏低着头，满脸沉重地坐在那里。班主任王老师得到了消息，飞快地赶到了校长办公室，坐在小敏旁边，一言不发地看着他，稍后，平静地问道：“你现在感觉怎么样?”“还好。”小敏用颤抖的声音回答。这时，只见王老师随手在一张白纸上画了四张“脸谱”，分别是高兴的、悲伤的、发怒的和尴尬的表情。小敏在旁边饶有兴趣地看着王老师把画画完。王老师把笔递给了小敏，对他说：“请你仔细辨认一下，此时哪张脸最能代表你的心情? 你可以在下面打个钩，行吗?”小敏狠狠地在发怒的“脸谱”下打了个钩。“你现在非常生气，是吗?”小敏点了点头。“你现在能不能告诉我，为什么生气呢?”“刘老师他抓疼了我的手。”小敏让王老师看了看他手上被抓红的地方。“不过，你是不是也使老师很生气，就像你的手被抓红了一样?”小敏点了点头。“你能不能在这些脸谱中，找到老师的心情?”小敏很快地在发怒的脸谱下又打了个钩。

“你知道老师生气的原因吗?”王老师又问。“因为我没听老师的话，总是讲笑话，影响别的同学听课。”小敏低下了头，露出了一丝歉疚的尴尬。“那你喜欢看老师的笑脸还是发怒的脸?”小敏抿着嘴笑了，好像在说：“这还用问吗?”“你知道以后上课该怎么做了吗?”面对王老师的提问，小敏的头埋得更低了，他用力点了点头。在整个过程中，充分体现了王老师高度的责任心和丰富的经验。王老师没有任何板着面孔的斥责与说教，有的只是循循善诱与平心静气的交流，问题却迎刃而解，从他处理问题的艺术中我们能感受到他的睿智。

最后，教育智慧在处理偶发事件中展示。教育智慧是一种处理偶发事件的临场智慧。偶发事件是班主任教育教学中经常遇到的始料不及的特殊事件、特殊矛盾，常常会令班主任怒火中烧。因此，能否控制住自己的情绪，做到当怒而不怒；能否对事件的性质作出判断，做到迅速而准确；能否控制住场面，做到临场不乱；能否选择变通的办法，做到审时度势，这正是班主任综合能力的体现，也是班主任展示教育智慧、体现专业水平的机会。如本章初始的案例导读。

（二）做有高尚情怀的班主任①

“教育不能没有爱，没有爱就没有教育”。作为老师，尤其是班主任，面对自己的学生，更要多一份的爱心，多一份高尚的情怀，要让自己像磁场般地紧紧地把学生凝聚在自己的周围。班主任对学生全心全意的爱，这种爱，既是慈母之爱，又是严父之爱，更是益友之爱。

1. 爱得得体的慈母情怀

在人的生命基因里，早已埋藏了爱的密码。每一位正常的父母，必然会钟爱自己的孩子，这是每一个生命体的本能。可是现实生活中，当盲目的激情与狭隘的世界观结合起来，“爱”就成为一种伤害，孩子则成了“爱”的牺牲品。因此，中国素质教育积极的倡导者孙云晓老师曾提出“真爱”的核心概念：“所谓真爱，就是把孩子当成真正的人，尊重其人格，满足其需要，引导其发展，而不求利欲之利，也可以说，这是一种纯粹的爱、科学的爱、理智的爱。”以此推之，作为班主任，我们也应有着慈母之心，有着慈母之爱，让“爱”作为师生心灵之间的林荫小道，但这种爱并非“宠爱”，更非“溺爱”。在工作中，我们爱的投资越多，教育的成果就越大。我们要对其在

① 本部分内容主要参考：达明菊．班主任老师的人格魅力［J］．学校党建与思想教育（下半月），2010（3）：88. 标题编者作了调整。

生活上、学习上、思想上多方面无微不至地去关心他们、热爱他们。当学生在学习上碰到困难时，我们要鼓励他，帮助他；当学生遇到家庭变故时，我们要扶助他，帮其张开生活的风帆；当学生患病无助的时候，我们要及时地送暖问寒……总而言之，一个真诚的微笑，一只热情的手，一双鼓励的眼睛，一句亲切的问候……都会使学生如沐春风，如淋甘霖，对于这样的班主任，学生哪能不爱之如母。正如马卡连柯所说："爱是一种伟大的感情，它总是在创造奇迹，创造新的人，创造人类最伟大的珍贵的事物。"

2. 爱得适度的严父情怀

如果说慈母之爱如火山爆发般热情，那么，严父之爱则如汪洋大海般深沉。严父之爱，是一种严格之爱，在爱学生的同时，对其缺点和错误，绝不姑息，绝不袒护。但是，我们不要将这种严格单纯地理解为拍桌子，将严厉理解为板着脸孔，不苟言笑，甚至动辄惩处。其实，严，并非单纯的严厉，严与爱互相统一，严中有爱，爱中添严，严而有格，严而有度，严而有恒，严而有方，只有爱严交融，才会产生神奇的教育效果。

3. 爱得理性的益友情怀

苏霍姆林斯基曾说："一个好教师意味着什么？首先意味着他热爱孩子，感到跟孩子交往是一种乐趣，相信每个孩子都能成为一个好人，善于跟他们交朋友，关心孩子的快乐和悲伤，了解孩子的心灵，时刻不忘自己也曾是个孩子。"那么对待学生，我们既是良师，又是益友。学生希望班主任成为他们的朋友，他们试图摆脱教师权威的同时，又渴望以朋友的方式追随老师，希望获得班主任的支持与指导。当然作为教师，我们不能把朋友之义理解得太简单、太狭隘，以免导致工作中的位置失衡，导致班主任失去角色感，失去威严感，以情代理，以情徇私，情在其中，乱在其中。因此，没有原则的爱，没有是非观念的爱，会导致班风不正，学生难管。其实，作为班主任，我们应该把握好朋友之尺度，把握好朋友之距离，正所谓"距离产生美"。作为朋友，和学生平等相处，以诚相待，让学生乐于接近你。只有师生平等、生生平等，才会形成和谐的班集体。也只有这样，才可称之为真正的益友，才可以做到不失敬、不失威。

第二节　班主任应有的追求与坚持

在社会纷繁复杂的今天，班主任的眼光只盯着校内是不行的，班主任对社会上形形色色的流行观点，没有自己的批判是不行的，班主任对学生身上表现的各种新情况、新问题，没有自己清醒的认识是不行的。这些需要班主任要有自己的追求与坚持，做一个永葆本色，又与时俱进的班主任。

（一）班主任是一种事业的追求①

班主任是实施素质教育的中坚力量，如何提高班主任的素质是近年来人们至为关注的问题。提升班主任专业化水平、提高班主任待遇等等，都应在考虑之列，而最为重要的是引导教师确立信念——班主任是一种事业的追求。

班主任作为一个教育角色对一个班级学生的全面发展负责。他接受的是一种信托，是家长对子女的道德和心智的托付，是国家和民族对未来的托付。班主任是学生成长的重要影响源，在学生的人生道路上留有班主任的深刻印记。班主任以人格育人，使学生在生活中怀有出淤泥而不染的定力，在纷繁复杂的诱惑中不会迷失，以自己的聪明才智报效祖国，贡献社会。在这个意义上说，班主任工作是一种事业，这是用心做的事。它需要教师有明确的人生目标，高度的社会责任感，献身的精神和对学生深切而炽热的爱。

班主任的工作并不是单向的付出，更有收获。在班级这一“生命共同体”的建设中，班主任与学生情感交融，心灵相通，从中感受着学生青春的活力，品尝到成功的喜悦，精神的满足，在对学生精神领域的探究中，面对不同的个体和群体，使教育的创造性有了更大的发展空间，进一步实现自身价值。班主任工作是师生共同成长的过程，其中蕴含着教师的无尽欢乐与幸福，因而有多年班主任经历的教师有一个共同体会就是：没有做过班主任就体验不到教师的乐趣。这是一种对教师生命意义的体验！

然而，许多教师对担任班主任工作并不主动、积极热心，大多是因学校的安排和职称评定的需要才接受这项工作，其中原因当然很多，我认为根本问题是对班主任工作的意义缺乏深刻理解。美国学者、教育家库姆斯说，行为的起因在于人的知觉或个人的意义，尤其在于我们对自己所持有的信念、我们发现自己所处的情景，以及我们试图实现的目的和价值。因此要使做班主任工作成为教师的自觉，需要提升教师的思想境界，确立教育信念，有明确的自我认识，使之懂得教师不仅是职业，更是事业，班主任的职能是教师职能的延伸和发展，是教师生命价值的更集中体现。同时在实际生活中要全面关心班主任，给予专业性的指导，使他们学会自我修炼，自我提高，在工

---

① 古人伏．班主任——一种事业的追求［J］．上海教育科研，2007（11），卷首语．

作中有成就感，增强对工作意义的感悟，从而激发其内在需要。再者，对班主任繁重的、创造性的教育劳动应给予全面、科学的评价，并采取多种措施为班主任的发展提供切实保证。

有价值的事，只有对懂得它的价值的人才有意义。加强班主任队伍建设，提高班主任素质，关键在于使教师从内心深处接受和认同这一观点：担任班主任不只是任务，更是责任，班主任是一种事业的追求。

（二）打铁还得自身硬

在党和国家“尊师重教”口号的感召下，从各种保障制度到一件件实事，教师的地位和待遇在逐渐改善。但俗话说，“打铁还得自身硬”，要找回丢失的“师道尊严”，必须从教师自身做起。在中央教育科学研究所，长期研究农村教育的储朝晖发现，“偏远山区成了传统尊师的最后地带”。每次到偏远的村落考察，村民知道他是教师，都会热情接待。在当地，逢年过节人们都会邀请老师到家里做客。孩子们犯了错误，会乖乖到老师面前脱了裤子准备挨打。对这样一个奇特现象，储朝晖分析，贫困与闭塞使这里较少受到外界信息的干扰，尊师重教是代代相传的习俗。

这一现象值得深思，并非让时代倒退才能重建人们对教师的信任。实际上，从那些乡村教师身上，我们更多看到的是教育丢失的东西，譬如他们对事业和儿童纯朴而无功利的爱，他们长期的坚守与简单的幸福，他们对国家和民族由衷的责任感。而村民们对教师的敬重，则是他们尊重知识、渴求用知识改变命运的反映。无疑，只有当全社会都懂得尊重知识时，教育的地位才能真正确立。

改变教育和教师的形象，不仅仅靠教育硬件或待遇条件的改善，我们的教师必须有自己的理想信念，我们的教育要有高扬的、恒久不变的精神。也因此，我们的教育决策，绝不仅仅是“头痛医头脚痛医脚”那么简单，所谓“取法乎上，得乎其中；取法乎中，得乎其下”，怎样让我们的教育管理策略更有前瞻性，其中多一些精神层面的追求，多一些理想化色彩，可能也是值得反思的。①

“人，只能自己改变自身，并以自身的改变来唤醒他人”。② 班主任的形

① 白宏太．重筑教育的尊严——从2009年“班主任教师批评权”热议说开去［J］．人民教育，2009（24）：26.

② 雅斯贝尔斯著．邹进译．什么是教育［M］．生活·读书·新知三联书店，1991：26.

象与尊严，班主任的家长尊敬与社会认同，既有外在的政策和制度影响，也有班主任内在素养的提升。对于外界因素我们往往无法改变，我们能够改变的恰恰只有我们自身。进一步说，我们要想改变外界对班主任的看法，也只有通过改变自身做起。

（三）班主任应有的四种态度①

1. 入世的态度

入世的态度是指班主任将自己放在客观的现实社会之中，正视社会的现实状况和自己所处环境的现实条件，以积极参与的方式投身到对现实的改造、改善之中，创造更加美好的现实。

人是社会的人、是社会关系的产物，人是生活在错综复杂的人际关系之中的，每个人的利益诉求是不同的，每个人追求自己利益的方式是不同的，每个人解决自己利益与他人利益冲突的方法是不同的，每个人对实现自己利益最大化的认识是不同的，每个人在自己利益未能如期实现时的思想与行为反应是不同的……特定的社会在不同时期对不同人的利益诉求的回答与解决方式是不同的，特定的单位（群体）在不同时期对不同人的利益诉求的回答与解决方式是不同的……不厌其烦地列举如此多的不同，无非是想说明：当一个人以一种入世的态度来看世界和别人，他就会多一份理解与希望；当一个人以一种出世的态度来看世界和别人，他就会多一份仇恨与失望。正如谚语所言：如果你的眼中看到的都是天使，那你就会发现自己生活在天堂；如果你的眼中看到的都是魔鬼，那你就会发现自己生活在地狱。这就告诉我们，以什么样的态度来看待客观的生存世界，将直接影响你所感受到的主观的生存世界。班主任往往处在人际关系漩涡的中心地带，是会被各种复杂关系缠绕的，这就更加需要班主任以一种入世的态度来看自己、看别人、看世界。我无法改变这个世界，甚至无法改变别人，但是，我可以改变自己，改变自己对这个世界、对别人、对事物的看法和心态。

入世态度的养成，有利于班主任成为现实的理想主义者，而不是理想的现实主义者。也就是说，班主任应成为一名将自己理想建立在现实基础之上，并不断发挥自己的主观能动性，持续利用动态发展的现实条件，使现实不断得到改善，最终实现自己的理想（此时班主任就创造了更加美好的现实了），

① 本部分参考：李宜江，柳丽娜．大学德育应重视养成学生的“四种态度”［J］．现代教育科学（高教研究），2010（1）：110-112.

从而实现良性循环，推动自身及社会的发展与进步；班主任不应该成为一名幻想美好现实摆在眼前才去树立自己理想的人，不应该成为一名美好现实不需要自己创造，等别人创造好了直接拿来享受的人，从而陷入恶性循环，永远无法迎接自身和社会美好明天的到来。简单地说，班主任不应该成为一名坐享其成的人，应该以一种入世的态度积极地参与到社会的改造之中。世界可以分为应然状态和实然状态，应然状态是这个世界应该是什么样的，实然状态是这个世界实际是什么样的，但是作为当代的班主任能怎么样呢？此即能然状态，班主任应憧憬世界的应然状态，正视世界的实然状态，但是更应该看重通过自己努力所能够达到的状态。

2. 理解的态度

理解的态度，从德育的角度说，就是要求班主任以一种理解的心态去看待当前的中小学德育，理解中小学德育的目标、内容、方法、途径、取得的成就、存在的问题、应对的策略等等。理解的态度，从一般的角度说，就是要求班主任以一种理解的心态去看待社会、看待他人、看待事件，看待自己与社会、他人、事件之间的相互关系。

其实理解的态度与入世的态度是相连的，入世的目的也是为了理解与改造。只有理解才有更新、才有创造、才有发展。每个人都有自己特殊的遗传基因，有自己特殊的成长经历，有自己特殊的知识背景，有自己特殊的身心发展水平，有自己特殊的生活环境……不厌其烦地列举如此多的特殊，无非是想说明：每个人都是特殊的，这个特殊在很大程度上不是个人主观意志的产物，而是客观发展使然。所以，别人之所以这样或者那样，一方面是正常的，另一方面主要不是他（她）的主观过错，我们没有必要期求别人同我们一样高尚，也不可能要求别人同我们一样庸俗，我们只能用我们的高尚去引领别人敬佩高尚、追求高尚，我们也只能用我们的庸俗去告诫世人走出庸俗、远离庸俗，这就是理解的一种。

理解之于人的意义从来没有像今天这样重要，在农业社会，在以自给自足的自然经济为主导的社会里，人们的交往远没有像今天这样的频繁和复杂，人们的价值取向和文化冲突远没有像今天这样的多元与复杂。在农业社会，甚至在工业社会早期或者说商品经济发展的初期，人们基本生活在一个相对独立、封闭而又狭小的空间里，人们所秉承的文化传统和行为方式基本是一致的，可以不需要理解，因为人们之间本来就是理解的。但是，到了商品经济发展的高级形态——市场经济时期，到了经济全球化的时代、信息化的时代，人们已经摆脱了原初狭小空间的束缚，开始日益接触其他空间的人群，文化的冲突就因此而产生，理解就显得日益重要，因为没有理解，文化的冲突不可能得到妥善解决；没有理解，健康长期的交往就不可能实现；没有理解，人类就无法共存；没有理解，事关人类未来发展的核心价值就难以达成共识……

3. 批判的态度

理解的态度不是全盘接受的态度，它只是承认不合理现象存在的“合理性”，而不是承认其存在的必然性与长期性；理解是一种手段，是一种宽容，更是一种勇气，它只是对局部的、短暂的问题的一种宽容，但绝不是纵容。

批判的态度是指在理解的基础上，主要依据自己的价值取向和责任，结合身处的社会发展现实，对人或事进行质疑、反思、扬弃、重建的态度。批判既有主观性（依据个人价值取向），也有客观性（自己的责任），还有合理性（立于社会发展实际）。同时，批判不是简单的质疑和反思，更需要扬弃和重建，其最高境界应是重建。以往，我们通常认为批判的态度就是扬弃的态度，其实，扬弃只是对现存事物的一种态度，是一种选择，无需创新。但是，重建则不同，它是对扬弃的一种超越，一旦现存的事物通过扬弃已无法解决问题的时候，重建就是必须的。扬弃更多地需要一种智慧，重建则不仅需要智慧，更需要一种勇气和能力，一种敢于创新的勇气和能力。在编者看来，批判也不同于批评，因为批评侧重于质疑和反对，致力于“打破旧世界”，而批判侧重于扬弃和重建，致力于“创造新世界”。批判更不同于抱怨、发牢骚和借批判之名，行标新立异、哗众取宠之实的言论。

有了批判的态度，就有了一种革新、进步的可能，没有批判就没有扬齐和重建，就不能告别“原地踏步”的现象。受到拜金主义、享乐主义、自由主义、崇洋媚外等各种因素的影响，部分班主任在批判性态度方面程度不同地表现出抱怨有余，感恩不足；指责有余，反思不足；破坏有余，建设不足；批评有余，批判不足。一个没有批判态度的人，就是一个没有思想和精神的人，一个没有批判态度的民族，就是一个没有思想和精神的民族，就是一个不会吐故纳新的民族，就是一个随时会被历史淘汰的民族。

批判是需要智慧、勇气和能力的，批判态度的养成离不开智慧的训练，而读书，尤其是读经典名著则是训练智慧的一种最佳方式。民进中央副主席、新教育倡导者——朱永新教授强调：一个人的精神发育史就是他的阅读史，一个民族的境界取决于这个民族的阅读水平，一个没有阅读的学校不可能有真正的教育，一个书香充盈的城市，它才会是一个美丽的城市，教育的根基，最重要的活动就是阅读，因为人类的智慧，人类最伟大的思想财富，人类最重要的普世价值，都在那些最伟大的经典里面，你没有和这些著作对话的过程，就没有人类的包括个体的思想和智慧成长的过程。也许是出于实用、急用或者易读、有趣等的考虑，班主任读休闲的书籍（如言情小说、旅游日记、营养美容等）越来越多，读博客、花边新闻的越来越多，就连自己的学科专业书籍也是越来越不愿意去认真读，更不要说那些经典的著作了。出现这种现象的原因固然很多且复杂，也有许多因素是学校和班主任自身无法控制的，但是，现在不少学校的阅览室里能够找到的经典名著已经越来越少，各种休闲的书籍和琳琅满目的教参已经越来越多，班主任、教师尤其是年青班主任、教师能够坚持读经典名著的已经越来越少的现象值得我们反思。为此，学校首先要选购合适数量与种类的经典名著，其次要营造读经典名著的氛围，最后要为班主任、教师提供展现经典名著阅读成果的平台。

4. 发展的态度

理解是手段，批判也不是最终的目的或者说仍是一种手段，入世、理解、批判的目的最终都是为了发展，为了促进班主任的健康发展、促进社会和人类自身的发展。唯有发展才能起着统领的作用，才能给入世的态度、理解的态度和批判的态度以远航的方向。

发展的态度是指以发展的眼光去看待人和事，并以自己的努力促进人和事向着健康的方向持续发展的态度。发展的态度是一种积极乐观的态度，是一切向前看的态度，它需要在过去的基础上批判式的继承发展，但又不拘泥于过去，它是对未来的一种向往和追求，但又不会好高骛远，它由现在联结着过去和未来。发展是动态的、永无止境的过程，发展的态度也是如此，发展的态度中包含有牺牲小我完成大我的精神，包含有前人栽树后人乘凉的觉悟。我们未必能够做到或者等到“绿树成荫”，但我们现在可以种下一棵“绿树”，若做不到这一点，我们可以播下这棵绿树的“种子”，如果连这一点我们也无法做到的话，我们可以开垦适合这粒种子生长的“土壤”……以此类推，总之，我们会找到需要我们现在就去做的工作，只是这个工作可能会让我们失去很多或者让我们背负许多，您能够并且愿意去承受吗？这就是发展的态度，它需要我们尊重循序渐进的规律，需要我们有一种革命的乐观主义精神。

养成发展的态度，用发展的眼光去看待中国的社会，用自己的不懈努力和健康发展去发展中国，做好我们当前所能做的事情，为后续的发展奠定坚实的基础，实现可持续发展，是时代赋予当代班主任的责任，也是当代班主任的历史荣誉。“勿以善小而不为，勿以恶小而为之”，“不积跬步无以至千里，不积小溪无以至江河”，不做我们不该做的，哪怕别人认为做了可以理解和原谅，做我们该做的，哪怕别人已经放弃，做我们能做的，哪怕我们已经做得很好。

班主任发展态度的养成，宏观上有赖于整个社会的发展状态，但微观上每位班主任在与学生交往过程中以自己乐观的发展态度去影响学生更为重要和深刻。教育是一种培养人的活动，主要是培养人的态度和行为，态度的转变带有先导性，态度的转变只能以态度的方式潜移默化的施加影响，作为影响学生态度养成的重要他人——班主任的发展态度如何，将对学生的发展观产生重要影响。班主任、教师应该给学生成长和发展的希望，不仅要告诉学生现实是什么（哪怕这个现实是残酷的），更要告诉学生如何创造更加美好的现实（哪怕这个现实现在无法完全实现）。

班主任入世的态度、理解的态度、批判的态度和发展的态度不是彼此孤立、互不联系的，而是彼此交融、相互影响渗透的；不是机械地按照入世→理解→批判→发展的顺序来进行的，而是错综复杂、相互交织的，四种态度常常是同时并存的。这四种态度的关系好比是德育过程中知、情、意、行的关系，是一个动态发展、辩证统一的过程，统一于学校的德育过程之中，统一于班主任素养的形成之中，统一于班主任的班级管理实践之中。所以，班主任入世的、理解的、批判的和发展的态度的养成，一方面离不开德育实践，需要在德育实践活动中不断养成；另一方面班主任所逐渐养成的四种态度更需要为德育实践、人自身及社会发展的实践服务，要将态度、能力、行为统一到创造更加美好明天的伟大实践之中。

第三节　班主任应有的法律素养与职业操守[①]

做一个专业化的班主任，不仅要有专业的知识，专业的能力，专业的情感，还要有较高的法律素养与职业操守。

一、树立依法治教的信念

依法治教在依法治国的大背景下必然会有实质性的突破，没有各行各业

① 主要参考柳丽娜．谈教师法律素养的养成［J］．教育探索，2011（9）：113-114.

的依法管理就谈不上依法治国。从全球的教育改革来看，各国政府越来越重视对教育的法律干预，把教育纳入法律的视野之下。作为班主任自己如不树立依法治教的信念则就不能指望其他行业的人来做到依法治教。

信念的实现。信念既不能靠班主任个人实现，也离不开每一个班主任个体的努力。这句话，可以说是永远正确的废话。但是看了下面的例子后，可能作为班主任的你可能会有新的感悟。

一位父亲带着7岁的儿子在沙滩上散步，海潮潮起潮落，不断拍打着沙滩。当儿子发现有许多的鱼儿随着涨潮来到岸边，随着落潮又无法回到大海，在沙滩上艰难的扑腾时，儿子对父亲说："爸爸，我们把这些可怜的鱼儿放回到大海吧，不然他们会渴死的。"父亲回答到："傻孩子，这么多的鱼儿我们两个怎么能够救得过来呢？再说了，我们救与不救，谁会在乎呢？"7岁的儿子对父亲的回答并没有再说什么，而是俯下身子，轻轻地捧起一条小鱼，对父亲说："爸爸，这条小鱼它在乎，说完就把这条小鱼放回到大海。就着又捧起另一条小鱼，对父亲说，爸爸，这条小鱼它在乎。"就这样，儿子在很短的时间内，将十几条小鱼放回到大海。此时的父亲也被儿子的举动所感动，也像儿子一样，俯下身子，轻轻地捧起一条条小鱼，放回大海……

是的，我们有的班主任会感叹：我所带的班级中，各种各样的问题学生太多了，靠我班主任一个人能拯救的过来吗？再说了，我拯救与否，又有谁会在乎我的拯救行为呢？甚至是吃力不讨好，好心没有得到好报。但是，看了上面这个小故事后，我们的班主任可能会有所思。的确，我们作为班主任可能无法拯救学校里所有的问题学生，甚至是所带班级里所有的问题学生。但是，凭借我们的努力与执著，我们能拯救一个是一个；的确，我们对问题学生的拯救或转化行为，可能真的没有人会在乎，甚至还会有人说我们太傻或太天真。但是，被我们拯救的学生会在乎的，他们会一辈子都记得我们。有时，优秀的学生，班主任对他再好，他可能也未必领情，他认为他优秀，班主任对他好是应该的。或者是这些优秀的学生，长期生活在爱的环境中，对于班主任的爱可能已经麻木。但是，对于那些所谓的问题学生，所谓的后进生，我们若是能够给予一定的关爱与拯救，结果则会大不相同，因为他们太缺乏爱了，他们太需要爱了。也许我们的一个小小举动，就会改变他们的一生。

从某种意义上说，班主任的工作是个良心活。人常说，班主任、教师的活是个良心活。是的，再怎么严密的评价体系都不可能评价出班主任、教师努力与付出的全部，所以，在这个充满浮华与诱惑的时代，能够做到问心无愧就是一种难得的境界，为此，让学生满意是我们不懈的追求，让自己满意是一种崇高的要求。

二、做一个有理性的班主任

可以说，当今社会离开法律是万万不能的，但是，法律也不是万能的。班主任需要理性地看待法律的优势与局限，做一个有理性的班主任，将依法执教与以德执教，将以法服人与以理服人、以情服人结合起来，认识到法律正反两个方面的作用，充分发挥法律的积极性，尽量克服法律的局限性。

如同一般法律的局限性一样，教育法律的局限性主要表现在以下几个方面。第一，教育法律不是万能的。教育法不是调整教育社会关系的唯一手段，教育法律以社会为基础，教育法律不可能超出社会发展需要去“创造”社会，教育法律是社会规范之一，必然受到其他社会规范以及社会条件和环境的制约。第二，教育法律规范对教育变革的适应性是有限度的。教育法律的抽象性、稳定性与现实生活的具体性、变革性之间会存在一定不适应性甚至矛盾冲突。比如有学校在学生行为规则中规定一条：学生不得乱扔果皮纸屑。这个规定看似解决具体问题，规范学生的文明行为。但是，现实中学生的乱扔乱放行为却远不止果皮与纸屑。所以，这时的规定就要超越具体，进行抽象概括。如规定：学生不得乱扔果皮纸屑等垃圾物或废弃物。第三，教育法律所要确认的事实往往无法确定。即通常所说的举证难。也就是难以用客观的证据来证明自己的主张或行为。现实中，许多的教育法律纠纷，无论是学生及其家长一方，还是学校、班主任、教师一方，往往都会遇到举证难的问题。以班土任为例，许多班主任在日常的班级管理中，有许多好的、合法的做法，但是，由于平时做的时候没有注意留下物质痕迹（即没有采取证据的搜集和保存工作），从而导致在纠纷发生时，班主任的一些主张往往得不到法律的认可与保护。比如说，班主任在发现某位学生旷课，第一时间给家长打电话或者通过其他方式联系了家长，但是，在发生纠纷时，可能会遇到家长撒谎说，没有接到班主任的通知，而这时班主任若不能拿出令人信服的证据来则会处于被动。第四，教育法的适用范围也是有限的。如，涉及人们的思想、意识、个人隐私、信仰等方面的事务时，教育法就很难发挥其作用。法律更多的是关注人们的外在行为，对于人们的内心世界往往无能为力，更多的交由道德去调整。所以，对于学生思想意识中的问题，班主任往往无法依法教育，只能从思想品德教育的角度去进行，而这样的教育工作，因为无法有客观的标准及可操作性的行动方案，往往受制于班主任自身的品德修养。换句话说，一些品德修养不高的班主任往往是采取问题处理法，即出了问题就会对照学校的校规校纪，班级的班规班约来对学生进行处理。平时的班级管理目标主要是学生不出问题就行。而那些品德修养较高的班主任，往往是采取积极引导的方式，即对学生平时的言行举止进行积极、正面的引导，以自己高尚的情操去引领学生、感染学生。成为学生成长中的榜样示范重要他人。

三、处理好三对关系

首先是处理好权利与义务的关系。从权利与义务关系的视角，我们将班主任的境界分为三个层次。由低到高分别为：第一层次：不做自己不该做的——对别人权利的尊重；第二层次：做自己该做的——对自己义务的履行；第三层次：做自己能做的——对自己义务的拓展。我们认为即使是第一层次，有些班主任也难以做到。比如，我们在参加集体会议时是否做了自己不该做的呢？如手机响起，聊天，做与会议无关的事情等。男性班主任是否在公众场合或者在有女性班主任、教师在场的办公室里抽烟呢？或者降低要求，我们抽烟时是否征求了女性教师的意见呢？如此等等。

其次是处理好道德底限与上限的关系。张人杰教授在批判德育目标的单纯统一观的基础上，提出了德育目标的具体层次构想：在社会转型期的伦理道德价值观可分为四个层面：亦即“应该提倡的”“必须做到的”“允许存在的”和“坚决反对的”。学校德育需侧重的则是“必须做到的”和“坚决反对的”这两个层面。北京大学赵敦华教授依据希腊神话进一步细分为不同层次，与张教授的四个层面极为吻合：在理想的黄金时代，己之所欲，先施于人——应该提倡的，即先人后己、公而忘私，你想别人怎样对待你，你先怎样对待别人，这样人类友爱和平，共同发展；白银时代，己所不欲，勿施于人——必须做到的，即你不想受到伤害，也不要伤害别人，做到洁身自好，这样人类可以和平共处；青铜时代，人施诸己，也施于人——允许存在的，即以别人对自己的行为来决定自己对别人的行为，以德报德、以怨报怨，这时人类战争与和平共存；黑铁时代，己所不欲，先施于人——坚决反对的，即为免自己可能受到伤害，就先下手为强，先打击、消灭所有潜在的对手，从而摆脱可能受人攻击所带来的被动，如德、日等发动的世界大战、争霸活动，强者为王败者寇，这样人类战争不断，冲突不断。①

---

① 周兴国、朱家存、李宜江．基础教育改革研究［M］，合肥：安徽人民出版社，2008：187.

据此，我们将班主任的道德境界分为四个层次。由低到高分别为：第一层次：坚决反对的——己所不欲，先施于人。即通常所说的损人利己。第二层次：允许存在的——人施于己，也施于人。即通常所说的以德报德、以怨报怨。比如我们常说的：你对我好，我就对你好，你对我坏，我也对你坏。人不犯我，我不犯人，人若犯我，我必犯人。第三层次：必须做到的——己所不欲，勿施于人。即通常所说的利己不损人。这应该是做人的底限，也是班主任道德的底限。换句话说，作为班主任，我们肯定有我们的利益追求，但是我们在追求我们合法利益的同时，不要侵犯他人的合法权益。我们不想要的东西，不要强加给别人，因为别人可能也是不想要的。第四层次：应该提倡的——己所欲，先施于人。即通常所说的舍己为人。一般人是很难达到这个层次的，但是，尽可能多地考虑别人的一些合法利益，尽可能地在满足自己利益的同时，也给别人带来利益的满足（即利己又利人），是可以做到的。

最后是处理好当前和长远的关系。处理好想要做的和现在能够做的关系，树立正确的“政绩观”。作为班主任，我们想要做的事情太多太多，但是，我们现在能够做的事情是什么呢？我们要有清楚的认识，从我们现在能够做的事情入手，日积月累，最终实现我们想要做的事情。处理好学生现在的发展水平和未来发展水平的关系，立足当前放眼长远。教师与学生的成长必将是一个长期的、复杂的、动态的过程。所以，教育部《中小学班主任工作规定》强调，班主任要努力成为中小学生的人生导师。的确，班主任的眼光不能只放在一年、三年甚至九年义务教育阶段，而是学生的一生。有些问题，在学生求学的某一段是个问题，但是放到学生的人生长河中，可能就不是问题，或者说不再是班主任认为的那么严重的问题。反之亦然。

一位农村学校的教师执教“做自信的我”一课，有学生怯怯地问：“老师，你说，我们山里孩子比得过城里的孩子吗？”其余的孩子急切地看着老师，这是他们共同的困惑。教师读出了孩子们的忧虑，他说：“你们常常上山下田，谁能说出一种不会开花的草？”

同学们讨论开了：不会开花的草？

——蒲公英是会开花的；

——狗尾草是会开花的；

——就连那些麦田里的岌岌草也是会开花的呀！

孩子们说：“老师，没有一种草是不会开花的，所有的草都会开出自己的花。”

教师笑了：“是的，孩子们，每一种草都是一种花，栽在精美花盆里的花都是一种草，而生长在田地边和山野里的草也是一种花。不论生活在哪里，你们和其他人一样，都是一种草，也都是一种花。记住，没有一种草是不会开花的，再美的花也是一种草。”

我们要努力使每个孩子开出自己的花，散发出自己所特有的芳香，否则等我们的孩子明白过来时，他会有遗憾的，而那时，作为教师的我们是否也有遗憾呢？

我们要坚定而又诚恳地告诉每个孩子，其实每朵漂亮的花原来也只是一种草，只要他能够努力、不放弃，他也会像那些花一样鲜艳美丽。那时，我们的孩子会骄傲无比，作为教师的我们是否也会骄傲无比呢？

其实，教师的命运与学生的命运是紧密相连的，让我们少一些遗憾，多一些骄傲吧！

本章小结：佛语有云：山不过来，我过去。调整我们的思路，更新我们的观念，也许你会发现我们离山越来越近。我无法改变这个世界，甚至也无法改变我的学生或孩子，但是我可以改变我自己。当你改变你自己时，也许你会发现，原来这个世界，你的学生或孩子已经在悄然地发生变化了。

【思考题】

1. 简述班主任高尚的情怀有哪些表现？
2. 简述班主任应有的四种态度。
3. 结合实际，谈谈如何做一个智慧型的班主任？
4. 结合实际，谈谈班主任如何加强自身的法律素养？

【阅读导航】

1. 黎志新．做一个智慧型班主任［M］．上海：华东师范大学出版社，2010 年版。

2. 张万祥．中小学班主任案例式培训教程·专业发展梦之旅：做一个专业的班主任［M］．北京：教育科学出版社，2009 年版。

3. 陈晓华、张万祥．做一个魅力班主任［M］．北京：中国轻工业出版社，2011 年版。

4. 人民教育编辑部．班主任专业化指南［M］．北京：高等教育出版社，2010 年版。

参考文献

一、著作/教材类

1. 袁振国．教育政策学［M］．南京：江苏教育出版社，2001.

2. 吴志宏、陈韶峰、汤林春．教育政策与教育法规［M］．上海：华东师范大学出版社，2003.

3. 张乐天．教育政策法规的理论与实践［M］．上海：华东师范大学出版社，2009.

4. 劳凯声．教育法学［M］．沈阳：辽宁教育出版社，2000.

5. 劳凯声．规矩方圆——教育管理与法律［M］．北京：中国铁道出版社，1997：295.

6. 黄崴．教育法学［M］．北京：高等教育出版社，2007.

7. 余雅风．新编教育法学［M］．上海：华东师范大学出版社，2008.

8. 郑良信．教育法学通论［M］．南宁：广西教育出版社，2000.

9. 杨颖秀．教育法学［M］．北京：中国人民大学出版社，2008.

10. 申素平．教育法学：原理、规范与应用［M］．北京：教育科学出版社，2009.

11. 褚宏启．中小学法律问题分析（理论篇）［M］．北京：红旗出版社，2003.

12. 褚宏启．中小学法律问题分析（案例篇）［M］．北京：红旗出版社，2003.

13. 朱家存．中小学班主任工作［M］．合肥：安徽人民出版社，2006.

14. 教育部人事司组编．高等教育法规概论［M］．北京：北京师范大学出版社，2000.

15. 刘立．教育法通论［M］．武汉：湖北教育出版社，2003.

16. 刘斌、王春福等．政策科学研究［M］．北京：人民出版社，2000.

17. 张金马．政策科学导论［M］．北京：中国人民大学出版社，1992.

18. 张维平．平衡与制约——20世纪的教育法［M］．济南：山东教育出版社，1995.

19. 郝铁川．教育法基础［M］．上海：上海教育出版社，1998.

20. 魏书生．班主任工作漫谈［M］．桂林：漓江出版社，2008.

21. 李镇西．做最好的班主任［M］．桂林：漓江出版社，2008.

22. 韩东才．班主任基本功：班级管理的基本技能［M］．广州：暨南大学出版社，2009.

23. 陈兴杰、洪延平．优秀班主任99个成功的教育细节［M］．上海：华东师范大学出版社，2009.

24. 吴明乾、赖新元．班主任对班级活动的设计与组织［M］．哈尔滨：北方文艺出版社，2008.

25. 魏书生、王晓春、徐安德．中小学班主任培训用书·班级管理［M］．北京：北京师范大学出版社，2008.

26. 魏书生．好父母好家教（新版）［M］．桂林：漓江出版社，2008.

27. 魏书生．魏书生与父母对话家庭教育［M］．南京：河海大学出版社，2005.

28. 王柱国．学习自由与参与平等：受教育权的理论和实践［M］．北京：中国民主法制出版社，2009.

29. 陈韶峰．受教育权纠纷及其法律救济［M］．北京：教育科学出版社，2010.

30. 王晓春．源创教育：今天怎样做班主任．点评100个典型案例［M］．北京：教育科学出版社，2010.

31. 万玮、张万祥、郑学志．班主任工作助手丛书·遭遇问题学生：问题学生的教育与转化技巧［M］．北京：中国轻工业出版社，2010.

32. 李迪．大夏书系·做学生欢迎的班主任［M］．上海：华东师范大学出版社，2009.

33. 周达章．21世纪班主任工作案例精粹（小学版）［M］．宁波：宁波出版社，2005.

34. 陈惠英、赖新元．班主任工作经典教案·班主任对学生的激励与处罚［M］．哈尔滨：北方文艺出版社，2008.

35. 黎志新．做一个智慧型班主任［M］．上海：华东师范大学出版社，2010.

36. 张万祥．中小学班主任案例式培训教程·专业发展梦之旅：做一个专业的班主任［M］．北京：教育科学出版社，2009.

37. 陈晓华、张万祥．做一个魅力班主任［M］．北京：中国轻工业出版社，2011.

38. 人民教育编辑部．班主任专业化指南［M］．北京：高等教育出版社，2010.

39. 白铭欣．班级管理论［M］．天津：天津教育出版社，2000.

40. 张爱华．班主任工作艺术［M］．石家庄：河北教育出版社，2001.

41. 郭毅．班级管理学［M］．北京：人民教育出版社，2002.

42. 李学农．班级管理［M］．北京：高等教育出版社，2004.

43. 葛金国．校园文化建设导论［M］．合肥：安徽大学出版社，2003.

44. 雷思明．给教师的60条法律建议［M］．上海：华东师范大学出版社，2010.

45. 周兴国、朱家存、李宜江编著，基础教育改革研究［M］．合肥：安徽人民出版社，2008.

46. ［德］雅斯贝尔斯著，邹进译．什么是教育［M］．上海：三联书店出版社1991.

47. 朱家存等编．教育学［M］．北京：高等教育出版社，2010.

二、期刊类

1. 梁兴国．法治时代的教育公共政策：从“依法治教”到“教育法治化”［J］．政法论坛，2010（6）．

2. 尹力．论依法治教的实质［J］．中国教育学刊，2002（4）．

3. 尹力．我国父母教育权的现状、问题与对策［J］．江西教育科研，2001（10）．

4. 尹力．教师教育权与学生受教育权的冲突与协调［J］．高等师范教育研究，2002（3）．

5. 尹力．试述父母教育权的内容——从比较教育法制史的视角［J］．比较教育研究，2001（11）．

6. 尹力．从新中国成立以来宪法中教育条款变化看教育发展［J］．华东师范大学学报（教育科学版），1998（3）．

7. 刘群．从依法治教到依法治校［J］．人民教育，2005（23）．

8. 石士军．试论依法治教［J］．南昌教育学院学报，2008（1）．

9. 中国义务教育发展新的里程碑———全国人大常委李连宁解读新《义

务教育法》九大突破［J］．中国农村教育，2006（10）．

10. 张永华．论中小学依法治校（上）［J］．人民教育，2005（6）．

11. 张永华．论中小学依法治校（下）［J］．人民教育，2005（7）．

12. 陈静．论依法执教［J］．鄂州大学学报，2007（3）．

13. 刘世清．论新中国成立以来我国教育政策的伦理取向及其演变机制［A］．袁振国．中国教育政策评论（2008）［C］．北京：教育科学出版社，2008.

14. 叶澜．新世纪教师专业素养初探［J］．教育研究与实验，1998，（1）．

15. 第七战略专题调研组（组长：陶西平、袁振国）．加强统筹协调促进教育公平［J］．教育研究，2010（7）．

16. 李明阳．论教育公平［J］．安徽大学学报（哲学社会科学版），2009（1）．

17. 李江源．教育平等新论［J］．浙江社会科学，2001，（2）．

18. 鲍传友．转型时期我国义务教育公平的内涵与政策取向［J］．教育科学，2007（5）．

19. 陈杰琦．多元智能理论应用中需澄清的三个问题［J］．人民教育，2004（22）．

20. 沈致隆．霍华德·加德纳．多元智能理论在中国与世界的现状和未来［J］．全球教育展望，2007（1）．

21. 劳凯声：中小学学生伤害事故及责任归结问题研究［J］．北京师范大学学报（社会科学版），2004（2）．

22. 方益权．学校在学生伤害事故中的归责原则探讨［J］．教育评论，2004（1）．

23. 李伟胜．试析新世纪班级建设的目标［J］．华东师范大学学报（教育科学版），2004（3）．

24. 李伟胜．建民主集体提升生命质量——“新基础教育”研究中的班级建设［J］．中小学管理，2004（4）．

25. 李家彬．论中学班干部的选用及管理［J］．思想战线，2009年人文社会科学专辑第35卷．

26. 李源．培养班干部的“十子”要诀［J］．天津教育，2004（2）．

27. 黄春芬，罗刚淮．述职——促进班干部成长［J］．教学与管理，2010（11）．

28. 姚胜权．充分发挥班干部作用提高班级管理效益［J］．教育理论与实践，2009（10）．

29. 丁如许．班级活动的设计与开展举要［J］．思想理论教育，2010（6）．

30. 徐中锋．班级活动中班主任导向的误区及其纠正［J］．教学与管理，2007（17）．

31. 苟亚春，辛占强．义务教育阶段受教育权的法理分析［J］．教学与管理，2007（8）．

32. 许蒙．孩子有学习自主权才能学习好［J］．家长，2010（8-9）．

32. 崔云道．把学习的自主权还给学生［J］．河南教育，2004（1）．

34. 何西宁．试论我国家庭教育权［J］．当代经理人，2006（11）．

35. 姜国平，张晓青．我国家长教育权的缺失及其实现［J］．教学与管理，2008（9）．

36. 刘彬．论我国家长教育权的缺失与保护［J］．教学与管理（小学版），2009（2）．

37. 毕大祥．万牲园和校规校纪［J］．师道，2005（8）．

38. 江强．说说规矩与方圆［J］．师道，2005（8）．

39. 姚连英．“校纪校规”绝不能违背国法［J］．班主任，2007（3）．

40. 张维平．维护教育的公益性［J］．求是，2005（14）．

41. 谢先刚，张丽琴．合作互动式家校教育共同体的构建［J］．班主任之友，2010（4）．

42. 谷爱杰．家校合作：实现多向互动与深度交流［J］．中小学管理，2008（7）．

43. 严平．家校合作平等互动［J］．江西教育，2005（11A）．

44. 冯英．家校互动：打造教育“共同体”［J］．河南教育，2010（11）．

45. 倪高武．让“问题学生”不再成为问题［J］．中国教育学刊，2006（3）．

46. 罗世瑛．“问题学生”的心理特征及教育策略［J］．中国成人教育，2005（8）．

47. 白宏太．重筑教育的尊严——从 2009 年“班主任教师批评权”热议说开去［J］．人民教育，2009（24）．

48. 杨连山．教育智慧——班主任专业化的理想境界［J］．天津教育，

2006（6）.

49. 达明菊．班主任老师的人格魅力［J］．学校党建与思想教育（下半月），2010（3）.

50. 古人伏．班主任——一种事业的追求［J］．上海教育科研，2007（11）.

51. 李宜江．论课堂教学中教育法价值的冲突［J］．现代中小学教育，2006（5）.

52. 李宜江，柳丽娜．大学德育应重视养成学生的“四种态度”［J］．现代教育科学（高教研究），2010（1）.

53. 李宜江，柳丽娜．中小学生伤害事故归责原则新论［J］．教学与管理，2011（4）.

54. 柳丽娜．谈教师法律素养的养成［J］．教育探索，2011（9）.

三、学位论文类

1. 王辉．论中小学教师的惩戒权［D］．北京：北京师范大学教育系，1999.

2. 姜运隆．论问题学生的希望教育［D］．重庆：西南大学，2009.

3. 李燕青．“问题学生”的形成及转化策略［D］．南昌：江西师范大学，2005.

后 记

本书主要是为了适应中小学班主任在职培训需要而编写的，也可作为教育学、小学教育、教育硕士等相关专业学习参考用书。为了贯彻落实《中共中央国务院关于进一步加强和改进未成年人思想道德建设的若干意见》，全面提高中小学班主任队伍的素质和能力，教育部于2006年，决定启动实施中小学班主任培训计划。该计划强调，根据中小学班主任工作的实际需要，培训内容主要包括：班主任工作基本规范、学生心理健康教育指导、班级活动设计与组织、班级管理、未成年人思想道德教育、相关教育政策法规等相关专题。教育部2009年颁发的《中小学班主任工作规定》第十七条规定：教育行政部门和学校应制订班主任培养培训规划，有组织地开展班主任岗位培训。为了落实教育部相关文件精神，安徽省教育厅于2007年印发《安徽省中小学班主任培训实施方案》，进一步强调对中小学班主任加强相关教育政策法规的培训。提升中小学班主任依法执教、依法管理性水平。

目前，有关班主任工作方面的教材、著作比较多。但是，从法律法规的视角去研究班主任工作的专门教材或参考用书非常有限。为此，在芜湖信息职业技术学院培训部主任承泽恩副教授的关心、信任与鼓励支持下，我们将平时积累的相关教学资料加以整理，并大量参考已有相关研究成果，终成此书。我们知道，本书现有的体系仍然存在许多问题；相关的表述和观点亦有待进一步地斟酌和论证；作为教育研究的一个领域，其专门的术语和概念也有待进一步的规范；但就我们目前所具有的水平而言，也只能这样了。

本书是分工合作的结果。全书由安徽师范大学教育科学学院李宜江副教授、柳丽娜讲师共同担任主编。全书体系及基本框架由李宜江拟定，并经过编写组讨论修改确定，然后分工撰写。具体分工如下：李宜江撰写第一、二、三章；柳丽娜撰写第四、五、六、九、十章；王传辉博士（安徽师范大学教务处）撰写第七、八章。全书由李宜江审稿、统稿。

本书也是柳丽娜主持的安徽省高等学校青年教师科研资助计划："教师教

育行为的法律学研究”（项目编号 2008jqw022）的研究成果之一。

本书在写作过程中吸取和参考了众多研究者的研究成果，这些成果的引用，为本书增色不少，在此一并致谢！在引用资料时，尽量注明，如有遗漏，敬请原谅！

希望本书能更好地为新时期中小学班主任的培养与培训工作作出积极贡献，恳请学界同行、使用本书的老师与同学不吝批评指正。

李宜江　柳丽娜

2011 年 10 月